U0450113

德育理论探新丛书

范树成 ◎ 主编

道德外化与高校外化德育研究

马建国 ◎ 著

中国社会科学出版社

图书在版编目(CIP)数据

道德外化与高校外化德育研究 / 马建国著. —北京：中国社会科学出版社，2017.8（2019.6 重印）

（德育理论探新丛书）

ISBN 978-7-5161-8103-4

Ⅰ.①道⋯ Ⅱ.①马⋯ Ⅲ.①高等学校-德育工作-研究-中国 Ⅳ.①G641

中国版本图书馆 CIP 数据核字（2017）第 217225 号

出 版 人	赵剑英
责任编辑	任　明
责任校对	董晓月
责任印制	李寡寡

出　版	中国社会科学出版社
社　址	北京鼓楼西大街甲 158 号
邮　编	100720
网　址	http://www.csspw.cn
发行部	010-84083685
门市部	010-84029450
经　销	新华书店及其他书店

印刷装订	北京君升印刷有限公司
版　次	2017 年 8 月第 1 版
印　次	2019 年 6 月第 2 次印刷

开　本	710×1000　1/16
印　张	14
插　页	2
字　数	213 千字
定　价	75.00 元

凡购买中国社会科学出版社图书，如有质量问题请与本社营销中心联系调换
电话：010-84083683

版权所有　侵权必究

总　序

　　无论人们如何理解和界定德育，德育总是在一定的时间、空间条件下，在德育理念的指导下，教育者运用一定的策略与方法，引导受教育者内化德育内容，并将其外化为相应的行为习惯的过程。因此，德育的时间（时机）与空间、内化与外化、具体的德育理念与策略方法便成为德育理论研究与实践必须关注的最基本问题之一。鉴于此，我在指导博士生论文选题和研究过程中，有意识地引导他们围绕这些德育理论与实践问题确定选题和进行研究。经过十多年的不辍耕耘、辛勤劳作，终于结出了硕果。今天呈现在大家面前的这套《德育理论探新丛书》便是这一努力的成果。

　　当前，我国德育改革不断深入，德育实践进一步发展。在德育理论与实践中，一些旧的问题尚未解决，而且在新的时代条件下这些问题还呈现出了新的表现形式；同时，与时代发展相伴随，又出现了一些新的问题。这些问题都需要我们去探讨、去研究，提出解决这些问题的时代对策，促进这些问题的解决，推动德育理论与实践的进一步发展。

　　德育是我们这个时代的一个重要话题和课题。德育理论及其研究随着时代的变迁而变化和发展，具有鲜明的时代特征。理论是行动的先导，德育实践的发展需要德育理论的引领。要实现德育理论的引领作用，就必须从学理上对德育中的课题进行新的探究，对这些课题做出新的回答。本套丛书就是我们对这些课题做出新回答的一种尝试。本套丛书围绕德育在什么时间（时机），什么场所（空间），以何种理念为指导，采用什么样的策略与方法，以什么为目标进行才能取得理想的效果，来确定选题和研究思路，对当代中国德育的一些基本理论、基本问题进行新的研究，主要包括德育时间与空间、德育内化与外化、礼仪教育、榜样教育、智慧德育、道德智慧培养、导育等，内容具有广泛性。本套丛书力图对这些基本的理论问题和实际问题，从不同维度和视角，运用不同的方法和言说方式做出体现时代特征、符合德育规律的回答。

这套丛书力求体现以下特色：

创新性。德育理论和实践呼唤创新，德育理论研究贵在创新，德育实践同样需要进行创新，需要在新的德育理论指导下突破传统的低效的德育的束缚。因此，本套丛书并不寻求建构系统的理论体系，而是着眼于在德育理论与实践领域的某一方面有所创新。因此，从选题到具体内容均以提出新的观点和新的见解为追求。在这些著作中，有的选题学者很少研究，选题本身就具有创新性；有的选题虽然是老的话题，已有一些研究，但是人们很少作为一个专门的研究课题进行系统、深入的学理探讨；有的课题虽已有一定的研究，但是这些课题是常探常新的，本套丛书试图对这些问题运用新的理论与方法，从新的视角，根据时代的特征，提出新的观点和看法。

实践性。德育理论是一门实践性很强的理论，是一种实践理性，德育理论研究旨在服务于德育实践。因此，本套丛书虽然注重德育理论的形而上的研究，注重德育基本理论的探讨，但是，本套丛书从选题到具体内容都力求做到理论联系实际，对选题进行形而下的研究，对德育实践进行深刻的反思，并提出具体的德育实践策略，以为德育实践提供具体的理论指导。

开放性。开放是创新的必要条件。本套丛书根据研究与创新的需要，尊重作者的创作自由，从选题到研究范式与方法，从研究思路到框架结构等方面均坚持开放性，不追求形式上的一致。本套丛书的作者努力解放思想，冲破传统思维方式和观念的束缚，提出了自己的新观点、新看法。

反思性。在当代中国，从党和政府到学界都高度重视德育理论与实践。国家和社会投入了大量的人力、物力和财力进行德育，然而德育的实效性却常常遭到人们的质疑、诟病。是何种原因造成了此种状况，如何扭转这种现状，是本套丛书非常关注的一个问题。本套丛书根据研究的主题运用不同的视角对我国德育现状进行审视，从理论依据、指导思想、操作理念、实践策略等多维度反思造成这种状况的深层次的原因，以求提出具有针对性的对策。

本套丛书，除了我的《德育中的道德智慧培养研究》一书外均是我指导的博士生在其博士论文的基础上精修而成的。尽管每部专著的作者研究基础不同、学术造诣不同，但是他们都在自己能力所及范围内尽了最大努力，对自己研究的课题大胆探索、缜密思考、严谨论证、勇于创新，为本套丛书的出版贡献了自己的智慧。

我们愿借本套丛书的出版求教于专家、同人，同时我们也期待本套丛书有助于推进我国德育理论研究和德育实践的进一步发展。由于我们的理论水平和认知能力有限，书中难免有缺点、不足甚至错误，祈请各位专家、同人指教。

本套丛书的出版，得到了原河北师范大学法政学院领导的大力支持，任明编审为本套丛书的出版倾注了大量的心血，在此一并表示真挚的谢意。

范树成

2016年1月20日

于河北师范大学

目　录

引言 …………………………………………………………… (1)
 一　选题缘起 ……………………………………………… (1)
  （一）问题的提出 ……………………………………… (1)
  （二）研究意义 ………………………………………… (4)
 二　研究现状分析 ………………………………………… (6)
  （一）国外研究综述 …………………………………… (6)
  （二）国内研究综述 …………………………………… (8)
 三　研究思路和研究方法 ………………………………… (14)
  （一）总体思路 ………………………………………… (14)
  （二）研究视角和方法 ………………………………… (15)
  （三）研究重点、难点和创新 ………………………… (17)

第一章　道德外化的基本问题分析 ………………………… (19)
 一　道德外化思想的探索 ………………………………… (19)
  （一）中国古代先哲道德外化思想的萌芽 …………… (19)
  （二）西方思想家对道德外化思想的探索 …………… (24)
  （三）当代心理学研究的启示 ………………………… (27)
 二　道德外化释义 ………………………………………… (30)
  （一）道德外化的特征 ………………………………… (30)
  （二）道德外化概念的厘定 …………………………… (34)
  （三）解读道德外化的思维路径 ……………………… (36)

第二章　道德外化的过程探究 ……………………………… (44)
 一　道德外化的结构 ……………………………………… (46)
  （一）道德外化结构的要素 …………………………… (47)

（二）道德外化结构各要素的功能 …………………… (58)
　二　道德外化的矛盾 ………………………………………… (60)
　　（一）道德外化基本矛盾的分析 ……………………… (60)
　　（二）道德外化过程的具体矛盾分析 ………………… (65)
　三　动态体系中的道德外化过程 …………………………… (69)
　　（一）道德外化过程的运行机制 ……………………… (69)
　　（二）道德外化的动态运行 …………………………… (74)
　　（三）道德外化过程的动态特征 ……………………… (79)

第三章　影响个体道德外化的因素分析 …………………… (86)
　一　影响个体道德外化的心理因素 ………………………… (86)
　　（一）道德需要对道德外化的影响 …………………… (86)
　　（二）自我效能对道德外化的影响 …………………… (90)
　　（三）从众心理对道德外化的影响 …………………… (95)
　二　影响个体道德外化的环境因素 ………………………… (98)
　　（一）社会风气对道德外化的影响 …………………… (98)
　　（二）文化环境对道德外化的影响 …………………… (102)
　　（三）道德情境对道德外化的影响 …………………… (105)
　三　影响个体道德外化的其他因素 ………………………… (107)
　　（一）个体年龄对道德外化的影响 …………………… (107)
　　（二）利益计虑对道德外化的影响 …………………… (110)
　　（三）道德评价对道德外化的影响 …………………… (113)

第四章　高校德育道德外化缺失的现状分析 ………………… (117)
　一　从学生行为看"道德外化缺失" ……………………… (117)
　　（一）言行不一：学生知行的双重标准 ……………… (118)
　　（二）前后不一：学生行为的不确定性 ……………… (123)
　　（三）表里不一：学生诚信的严重缺失 ……………… (127)
　　（四）行为异化：学生在网络中失去自我 …………… (133)
　二　学生道德外化缺失的原因分析 ………………………… (138)
　　（一）社会不良因素的影响 …………………………… (138)
　　（二）学校德育实践的缺失 …………………………… (146)

第五章　高校外化德育的基本构想 …………………………… (154)
　一　道德外化：审视高校德育的一种新视角 …………… (154)

  （一）德育模式的反思与借鉴 …………………………………（154）
  （二）以道德外化为视角的高校德育转向 ……………………（163）
 二　高校外化德育的建构 …………………………………………（172）
  （一）德育目标：凸显主体道德外化 …………………………（172）
  （二）德育方法途径：道德外化实践 …………………………（174）
  （三）师生关系：强调对道德外化的引导 ……………………（189）
  （四）德育评价：关注学生道德外化 …………………………（191）

结论 ……………………………………………………………………（199）

参考文献 ………………………………………………………………（203）

后记 ……………………………………………………………………（212）

引 言

一 选题缘起

(一) 问题的提出

20 世纪以来,在道德教育的进程中,探索的脚步从未停止过。道德教育始终伴随着政治、经济、科学技术、文化和社会生活而发展,围绕着教人如何理性面对各种利益冲突,更好地处理各种关系而展开。

在国内,20 世纪初,前辈学者就将目光投向了西方道德教育领域。从杜威道德教育思想的引入,到对美国教育学家孟禄、英国哲学家罗素、德国教育学家赫尔巴特思想的借鉴,他们的教育思想在西学东渐的过程中对中国道德教育产生了重要影响。从 20 世纪 90 年代到今天,对西方道德教育思想的借鉴和对中国道德教育启示的研究空前繁荣,西方道德教育的学派和观点令每一个德育工作者耳熟能详。可以说,伴随着改革开放的脚步,顺应社会经济、政治、文化的变革和发展的需求,德育理论研究和实践探索的脚步从没有停止过。"客观公正地说,不论是德育话题的广度,还是德育思想的深度;无论是理论的解释力,还是理论的预测力,相比改革开放初期,都有了很大的进步。"①

在理论研究繁荣的背后,学校德育的效果却不尽如人意。"他们有强烈的爱国情感,却缺乏从我做起的责任意识;有真善美的道德认知,却没有良好的道德行为习惯;有期待建立和谐规范的社会道德秩序的愿望,却不愿意接受各种规章制度的约束;认同诚信价值理念,但却考试作弊、弄

---

① 杨炎轩:《中国当代德育理论发展研究》,中国海洋大学出版社 2009 年版,第 1 页。

虚作假；认同爱护公物、勤俭节约的社会公德，但校园里'长明灯''长流水'以及乱扔、乱倒、乱张贴等破坏社会公德的现象屡见不鲜；认同'重义轻利'的价值取向，但在行动上却趋同于重实惠、讲实利的功利主义的价值选择；在校内能表现出爱护公共卫生的行为，而走出校门后就随地乱扔废弃物；在成年人面前常常表现得很有礼貌，但在同伴群体中脏话、粗话毫无顾忌地使用等等。"① 可以说，青年学生社会公德意识淡化，社会责任感欠缺；过分追求个人利益，集体观念淡薄；言行不一、诚信缺失，等等已经不是个案。

虽然将学生道德状况的责任完全归罪于德育有失公允，但德育实效性不高也是不争的事实。一方面，不论是中小学还是高校，都在努力通过各种德育实践尝试理论研究的成果；另一方面，在探索和尝试的过程中，德育实践仍然没有突破传统德育的思维。因为，长期以来，德育作为一种教育实践活动，长期受到主知主义的限制：强调认知和思维在道德发展中的作用，重视在德育过程中道德认知能力的培养成为德育理论的一种普遍倾向。可以说，不论是在德育理论的研究上还是在德育实践中至今都没有摆脱主知主义德育理论的影响。在中小学德育实践中，不论是哪种形式的德育互动，强调知识和认知能力在个体道德和道德发展中的重要作用仍然是主流，培养道德认知能力，包括道德理解能力、道德判断能力和道德选择能力仍然是德育的重要任务。鲁洁所言的德育现状"以往的德育往往背离了人自身，背离了人心，背离了人的向善之心，它向人宣讲的是抽象的概念、空洞的道理，它要人做到的往往是不可企及的要求，它规定人去遵守的是一大堆违反身心发展的规训……德育因此变得面目可厌"②，并没有得到真正的改观。这直接造成了两个后果，一是学校德育课程中教授的道德推理能力与现实生活中的道德活动并不是一一对应，理论指导实践面临种种尴尬的境地；二是因为过分强调认知的作用，造成了很多言过其实、言行脱节的空头"道德理论家"，而不是言行一致的道德的实践者。

从德育研究来看，德育研究中关于个体德性的生成将目光更多放在道德内化上，强调个体道德生成的过程主要是道德内化的过程，关注社会道德意识、道德规范和道德观念与主体之间的互动关系，强调德育如何让个

---

① 董必春：《生活化道德教育——大学生道德社会化的根本需求》，《产业与科技论坛》2007年第10期。

② 鲁洁：《道德教育的当代论域》，人民出版社2005年版，第1页。

体内化道德观念，通过理性的体认、情感的认同和自愿的接受，将外在的规则融合于自我内在的道德意识，并在道德实践中凝化为稳定的德性。道德内化研究把个体道德生成的过程主要看成是道德内化的过程，在一定程度上弱化了道德外化在个体道德生成中的重要位置。虽然研究者也认识到"道德内化的最终成果不仅是形成内在的精神结构，更重要的是表现出具体的道德行为"①，但实际上只是把道德行为作为道德内化结果的一个检验。一种理念必然带来相应的实践，和道德内化研究相适应的德育实践，重视德育的社会性，重视道德规范的教授，即怎样调动一切手段对学生实施有针对性的影响，关注点是德育是否做到了让学生真知、真信。但实际上，即使是通过德育使学生内化了道德规范，做到了知信统一，但知不等于行，信同样也不等于行。学生中"知而不信、言而不行、知行不一"仍是比较普遍的现象。努力尝试与效果不佳，使德育因此长期陷入一个无法摆脱的困境之中。

进入21世纪，在推进德育改革的进程中，西方学者"生活世界"的理念开始引起德育界的广泛关注。这一理念使学校德育终于找到了解决实效性一直较差的症结——德育长期迷失了对生活世界的观照。只有让学校德育回归生活世界，学校德育才能有实质性的改进。"于是，'回归生活'近年来成为德育研究和实践领域的核心主题。在这一理念的影响下，出现了生活德育、体验德育、生命德育等德育理念和模式。"② 可以说，德育回归生活的理念给我国德育带来了一抹新的空气。

在欣喜的同时，我们也需要对这一理念进行深入的思考：回归生活世界的德育是不是能够有效解决学生中存在的"知行不一"问题？回归生活世界的理念主要是"德育内容和方法的生活化，使学生对道德的接收和接受更为自然、容易和亲切"③，改变的是德育的内容和方法，就生活培养道德，将德育回归生活。但是，回归生活的德育不能改变德育的基础，即不能脱离学生品德的生成而存在。在回归生活的理念下，生活德育、体验德育、生命德育等德育模式主要是从不同角度强化德育的方法。如果德育不能突破知性德育的控制，则不能很好地把握学生的品德生成。那么以此为基础，德育的回归生活、关注体验、关注生命等方法就成为无

---

① 胡林英：《道德内化论》，社会科学文献出版社2007年版，第31页。
② 李菲：《学校德育的意义关怀研究》，教育科学出版社2009年版，第1页。
③ 同上书，第92页。

源之水。鲁洁教授在探讨德育的新路向时指出："对德育新路向的探寻离不开一些最基本的德育问题的反思与建构。这些问题包括：道德教育的人学基础，道德教育与当代人之生成，个体品德生成的基础，道德教育在现代化过程中的境遇等等"[①]，同样将学生品德生成作为探寻德育的新路向之一。现实中，回归生活的德育虽然在一定程度上克服了知性德育的弊端，但是并没有改变德育对个体道德生成中道德内化的关注，强调的仍然是学生在生活中德性的养成，德育的目标仍然是内化道德规范形成稳定的德性。

德育对道德内化的重视和对道德外化关注的缺失，很大程度上是因为研究者对品德形成机制的认识，强调品德形成的过程主要是通过道德内化以形成德性的过程。但事实上，对于思想品德的结构来讲，道德行为是不可或缺的要素，没有道德行为的品德结构，是不完整的。个体道德生成，既包括通过道德内化形成稳定的德性，更包括通过道德外化形成稳定的德行。这就意味着德育不仅要让学生通过道德内化形成德知，更要通过道德行为的外化，与周围人、周围世界产生关联，在与社会的相互作用中发展道德，做一个有道德的人，过有道德的生活。而这，也是德育的真正意义所在。因此，德育对道德外化的关注，才是有效解决"知行不一"症结的关键所在，也只有在此基础上，生活德育、情感德育、生命德育等才能发挥其应有的作用，德育才能真正回归生活实践。遗憾的是，研究者对道德外化始终关注不够，未能综合哲学、心理学、教育学的相关成果，做出有效的回答。因此，不论从微观上探究学生个体道德生成的过程，还是从根本上解决德育的困惑，都需要我们对道德外化进行系统深入研究。鉴于此，本书将道德外化和外化德育作为本研究的课题。

(二) 研究意义

本研究在理论和实践上都具有重要意义。

第一，在理论层面上，有助于提升道德外化理论的研究水平，丰富、完善、发展德育理论，并在此基础上建构新的德育理论。当前，德育研究对道德外化的关注，相对道德内化来说，还比较薄弱。关于道德外化的研究还不成系统，成果散见于学者的短论中，还没有研究道德外化的专门论

[①] 鲁洁：《道德教育的当代论域》，人民出版社2005年版，第2页。

著。在德育理论和思想政治教育理论著作中，只是将外化作为品德生成或教育过程的一个运行阶段，与内化一起作为相关著作的一节，因此也只能对外化做最为概括的研究，使对道德外化的研究不够全面、深入、详尽。这直接造成了几个误区：一是认为对道德外化进行研究的意义不大，只要研究好道德内化，就能够起到指导道德实践的作用；二是认为不能对道德外化进行研究，把道德外化视为心理学、社会学相关领域的研究对象，利用德育相关理论研究道德外化显得力不从心；三是认为研究难度大，不论是前期研究成果可借鉴内容少，还是研究要借鉴哲学、心理学、教育学、社会学的各种研究方法，难以把握，都使道德外化的研究存在较大难度。同时，在实践中，我们现有的德育侧重知，而较少讲行，或者说很少讲怎样行。受实践影响，德育理论也在一定程度上对"行"关注较少，导致理论体系的不完整。由于道德外化是德育的一个基础性理论，运用新的视角和研究方法，对其加以全面、深入、细致的研究，形成较为完备的道德外化理论体系，会有助于道德外化研究水平的提升，丰富和完善德育理论体系。

第二，在实践层面上，有助于德育改变单纯注重"内化"的困境，增强德育的实效性。德育理论是德育实践的先导，注重什么样的理论，就注重什么样的德育实践。从内化概念运用到道德领域，运用内化理论来说明儿童道德发展的基本状况开始，道德内化就成了个体道德发展的代名词。从个体不断接受社会道德观念、道德规范，并转化为内心信念，形成稳定的德性的每一个环节，研究者对道德内化普遍关注。在此背景下，德育关注的重点是如何帮助学生接受社会的道德观念、道德规范，实现道德内化。与此相适应，我国传统德育将"灌输"作为教育的主要方法。"灌输"作为一种教育者向受教育者系统地输送某种观念的方法，因其统一的教育内容，明确的目标指向，在历史上发挥了重要作用，即使在今天，仍有存在的价值和意义。改革开放以来，西方德育模式的引进和借鉴，为德育提供了多元化的模式，如何帮助学生实现价值的"选择"，成为德育的重要方法，其中认知发展理论、价值澄清理论等成为很好的借鉴。不论是"灌输"还是"选择"，都是促使个体实现道德内化的必要手段，所不同的是，二者体现为不同的主客体关系，"灌输"把学生作为单纯的客体，教师重视的是"灌"；"选择"把教师和学生都作为教育活动的主体，教师的主要任务是"导"，因而教育的效果会存在一定的差异。新旧德育观在德育方法上的不同主要体现在"灌"和"导"上,但德育的目标都定位为使受学生道德内化形成稳定的德性。如前所述,随着我国经济社会发展取得的举世瞩目的成就,人们的物质文化生活极大丰富起来,但伴随着经济发展而来的却是道德的深重危机。与德育理论取得长足发展的现状相对比,在现实生活中处处存在着"知行不一"的现象,如"说一套、做一套","此一时、彼一时",包括言行不一、前后不一、表里不一,或道德状况长期稳定,突然改变等情况。德育,不仅有开启理性解惑传道之责任,更重要的是使学生能够履行道德义务,将所学之知转化为道德行动。解决德育实践中的"知行不一"现象,既需要在理论上对道德内化进行研究,指导道德内化实践,帮助受教育者真正实现道德内化;也需要对道德外化进行研究,指导行为实践。从这个意义上说,解决德育实践中"知行不一"的问题,必须深刻反思道德外化缺失对德育效果的消极影响,从而在德育研究中重视道德外化;在理论上对道德外化的过程、道德内化与外化的关系、影响道德外化的因素进行系统研究,会有助于德育实践中对道德外化的指导,从而使学生实现知行统一,德性获得全面和谐发展。

二 研究现状分析

何为"道德外化"?单纯从词组的构成来讲,它是由"道德"和"外化"两个词语构成的复合词,核心在"外化"上。虽然道德外化这个概念出现的时间不长,对其进行系统研究的人不多,但对个体道德发展的研究在德育研究中始终存在着。目前,关于道德外化的研究尚处于发展阶段。

(一) 国外研究综述

在国外研究中,道德外化研究首先是从心理学开始的。在不同的心理学派和心理学分支中具有不同的含义。心理学的研究主要从道德行为的角度,论述了儿童道德发展的途径、影响因素等,对道德外化研究具有一定借鉴意义。瑞士心理学家皮亚杰在《儿童智慧的起源》(1936)中强调了内化与外化的双向建构。他认为,认知结构不是来自客体,也不是先验地预成于主体。认知结构的产生源泉是主、客体的相互作用的活动。即动作和运算内化以形成认知结构，同时，已形成或正在形成的认知结构运用于或归属于客体外化为知识的结构。皮亚杰对外化的贡献体现在"道德发展并不仅仅停留在社会规范内化的阶段上，而是演成某种逻辑上的必然性，形成主体的思维图式，然后，主体又按照这些有关客体的知识把主体实际动作组织起来作用于客体，以新的方式发生主客体间的相互作用，从而改造转变客体，这就是外化过程"。苏联心理学家彼得洛夫斯基从心理过程及活动的角度来研究外化，将其定义为"从内部的、智力的动作向外部的、以运用实物的方式体现出来的动作的转化"[①]；巴黎学派的创始人瓦龙认为外化是低级水平的心理机能，如反射活动等。因此，从心理学角度说，外化的实现是一个由内部心理到外部动作的转化过程。虽然心理学侧重的是个体心理机能和机制及其可能性的研究，但对于外化的解释对研究道德外化具有借鉴意义，即：个体通过实践活动，将内在的思想观点转化为行为。

明确把"外化"概念运用到道德领域的是德国古典哲学家黑格尔。在黑格尔哲学中，外化是指内在的东西转化为外在的东西。他认为，观念存在于空间和时间之外，是一种内在的东西；而自然界存在于空间和时间之内，是一种外在的东西。所以，"绝对观念"自身发展到一定阶段以后，便"外化"为自然界和人类社会，然后在精神中再返回到自身。他认为，道德意志表现于外，便构成行为。道德行为的外部体现是复杂的综合体。在他看来，道德在主观意志阶段只是形式上的，既可能是善，也可能是恶的，还处在"转向作恶的待发点上"，道德只有外化为行为后，才是真正的道德。

20世纪各种不同的道德教育理论，如价值澄清模式、价值分析模式、认知发展模式、体谅模式、社会学习模式等，研究道德问题时，主要是借用心理学、行为理论等研究成果，从道德内化的角度，以主知、主情、主行的不同见解，分别强调道德认识、道德情感和道德行为对个体道德发展的主导作用。其中"主行"论将道德主要看作一种行为，主张从行为培养出发促进儿童的道德发展，对道德外化的研究借鉴意义最大。

另外，巴拉诺夫认为，思想品德的外化过程是受教育者自我调节、自

[①] ［苏联］彼得罗夫斯基主编：《普通心理学》，朱智贤等译，人民教育出版社1981年版，第519页。

我教育、自我管理的内部机制。他根据苏联学者的研究调查分析，描述个性形成的内部机制，概括了主体在外界因素作用下思想品德内化与外化的运行过程：刺激、动机、行为形式的选择、动机变成行为和行为变成习惯、习惯的行为形式变为个性。20 世纪 80 年代，美国心理学家雷斯特，通过勾画道德行为产生的主要心理过程描述了道德外化的过程：解释情境——做出判断——道德抉择——实施行为。

在国外研究中，还没有提出外化德育的概念。但德育研究中，道德外化始终是一个重要的概念。

（二）国内研究综述

中国古代一些思想家和教育家早就注意到道德生成过程中外化的作用。但是，他们都没有明确提出"外化"的概念。历代学者认为正确的"行"是道德外化的表现，并对道德本身所蕴含的知行关系做了深刻的论述，总体上体现了对行的重视的倾向。

当代德育研究对道德外化问题的关注还不多。就目前掌握的材料看，集中研究道德外化问题的专著还没有，关于道德外化的研究成果散见于学者的短论中。德育著作中在个体思想品德生成中谈到外化的有：鲁洁、王逢贤主编的《德育新论》、班华的《现代德育论》、谭传宝的《德育原理》、范树成的《德育过程论》、张澍军的《德育哲学引论》等；在思想政治教育学著作中谈到外化的有：邱伟光、张耀灿主编的《思想政治教育学》、陈秉公《思想政治教育学原理》等；心理学著作中谈到外化的有：朱仁宝的《德育心理学》，曾钊新、李建华的《道德心理学》，林崇德的《品德发展心理学》，张云的《思想政治教育心理学》等等。另外，杨国荣的《伦理与存在——道德哲学研究》、王国银的《德性伦理研究》等著作从德性和德行的角度也谈到了外化。以道德外化为题目的博士论文也没有，韦冬雪的博士论文《思想政治教育过程矛盾和规律研究》将外化作为思想政治教育过程的一个运行阶段进行了研究。在学术期刊网上，以道德外化为研究对象的论文数量也不多。根据笔者在中国期刊网全文数据库以"道德外化"为主题进行检索，主要有：胡晓莺的《试论德育过程的内外化关系》、傲霜的《从外化到内化谈德育的过程》、王滨有的《道德品质形成发展的内化与外化运行机制》、韦冬雪的《论思想政治教育外化过程的内涵及其实现条件》、黄志勇的《论思想政治教育中的自我教育内化外化律》、梁斯的《内化与外化的辩证统一——谈思想政治教育过程的基本规律》、李涛的《制约思想政治教育的内化与外化因素及相关问题的研究》等。但这些论文对道德外化的研究也不够具体、深入，可借鉴的内容不多。另外还有一些与亲社会行为和道德行为相关的研究著作和论文，如张文新的《儿童社会性发展》、李幼穗的《儿童社会性发展及其培养》、李丹的《儿童亲社会行为的发展》、陈会昌的《道德发展心理学》、寇彧、张文新的《思想品德教学心理学》、杨韶刚的《西方道德心理学的新发展》等。

综合起来，这些研究主要探讨了以下问题。

关于道德外化的含义研究。如何界定道德外化，我国理论界还没有统一的定论。谈到外化引用苏联心理学家彼得罗夫斯基对外化的界定较多。在此基础上，鲁洁、王逢贤主编的《德育新论》认为："就思想品德形成说，外化就是把已经内化了的思想观点、道德信念自主地转化为自己的思想、感情的行为。行为的外化包括道德行为方式的掌握、道德意志的增强、道德习惯的养成。"[①] 朱仁宝认为："道德行为外化是德育所希望达到的最理想的目标，是个体道德知识、情感、意志和信念完全一致前提下产生的个体自觉的行为。"[②] 王玄武、骆郁廷主编的《思想教育、政治教育、道德教育比较研究》认为："对思想政治品德的形成来说，外化就是在教育者的帮助和促进下，人们把在内化中已经形成的思想、政治、道德信念，自主地转化为自己的思想、政治、道德行为，并养成相应的行为习惯的过程。"[③] 范树成认为："所谓思想品德的外化，是指个体将内化阶段形成的思想、政治、道德认识转化为自身的品德行为，并养成相应的品德行为习惯的过程。"[④] 邱伟光、张耀灿主编的《思想政治教育学原理》认为："所谓外化，指受教育者将个体意识转化为良好行为，并多次重复良好行为使其成为行为习惯，产生良好行为结果的过程。"[⑤] 陈秉公认为："所谓外化是指在思想政治教育过程中基本矛盾转化的第二次飞跃，即将受教育

---

① 鲁洁、王逢贤主编：《德育新论》，江苏教育出版社2000年版，第359页。
② 朱仁宝：《德育心理学》，浙江大学出版社2005年版，第189页。
③ 王玄武、骆郁廷主编：《思想教育、政治教育、道德教育比较研究》，武汉大学出版社2002年版，第151页。
④ 范树成：《德育过程论》，中国社会科学出版社2004年版，第184页。
⑤ 邱伟光、张耀灿：《思想政治教育学原理》，高等教育出版社1999年版，第82页。

者所产生的新思想道德认识转化为行为实践,是一个由内(思想道德认识)向外(行为实践)的发展过程。"①并进一步提出"所谓外化——推动受教育者将新的思想道德认识转化为行为实践,并变为行为习惯。"②等等。这些解释虽然不尽相同,但就其实质而言,大同小异,都认为道德外化是把道德内化阶段形成的道德信念,转化为道德行为并反复践履以形成行为习惯的过程。其中涉及的关键词有:内化、转化、道德行为、行为习惯。由此看来,道德外化离不开内化、转化、道德行为、行为习惯等环节,没有内化就没有外化,内化是外化的基础;内化到外化是一个转化过程,转化是核心;外化的实现必须伴随着行为和习惯,道德外化的结果是行为和习惯的养成。

关于道德外化的过程研究。张澍军的《德育哲学引论》认为:"外化包括行为实践和习惯养成两个阶段。"③韦冬雪的论文《思想政治教育过程矛盾和规律研究》将思想政治教育的外化过程分为两个阶段:"受教育者把已经内化的思想政治品德意识转化为行为,受教育者反复践履思想政治品德行为,最终形成思想政治品德习惯及提升受教育者个体的精神境界。"④胡晓莺在《试论德育过程的内外化关系》中认为外化主要表现在三个阶段:"显现阶段、定向阶段又称取向阶段、行动阶段也叫实现阶段。"⑤王玄武、骆郁廷主编的《思想教育、政治教育、道德教育比较研究》认为:"道德外化包括四个阶段:行为动机阶段、行为选择阶段、行为实施阶段、行为习惯阶段。"⑥鲁洁、王逢贤主编的《德育新论》将道德行为看成转化的过程,认为:"这种转化可分为四个阶段:一是道德活动的开始:明确道德问题,在一定道德需要的作用下(即在一定道德动机驱使下)从指向道德活动对象开始。二是在道德动机和道德习惯制约下,确认一种道德途径。三是做出道德决策。四是实施道德计划,把外化

---

① 陈秉公:《21世纪思想政治教育工作创新理论体系》,吉林教育出版社2000年版,第245页。

② 同上。

③ 张澍军:《德育哲学引论》,中国社会科学出版社2008年版,第294页。

④ 韦冬雪:《思想政治教育过程矛盾和规律研究》,博士学位论文,西南大学,2008年,第59页。

⑤ 胡晓莺:《试论德育过程的内外化关系》,《教育评论》1996年第10期。

⑥ 王玄武、骆郁廷主编:《思想教育、政治教育、道德教育比较研究》,武汉大学出版社2002年版,第151—152页。

过程产生的内部结果转化为外显行为。"① 由此可见，对道德外化过程的认识方面，还没有形成完全一致的结论，更没有对道德外化的过程做更深入的探讨。但是，学者们的研究有一点是一致的，即不能缺少行为实践和习惯养成两个阶段。由此可以说，道德外化的核心环节是行为实践和习惯养成，没有行为实践谈不上外化，但仅仅是偶然性的行为，没有变成习惯养成，也不能说是外化。

关于道德外化和内化的关系研究。目前关于道德内化的研究，学术界有一些文章，很多在谈到道德内化的过程时，将行为的外化作为道德内化过程的最后一个环节。代表性的观点有：胡林英在《道德内化论》中认为："完整的道德内化过程不仅是道德规则向内心的内化，还包含着通过践履过程而进一步外化为道德行为的重要环节，是之谓成于内而不囿于内。"② 事实上，道德内化和外化作为思想品德形成过程中的两个环节，是密不可分的。关于两者的关系，学者有各种论述。王玄武、骆郁廷主编的《思想教育、政治教育、道德教育比较研究》认为："内化过程与外化过程是思想政治品德形成过程中密不可分的两个阶段，内化过程与外化过程是辩证统一的。两个过程既相互区别，又相互联系、相互渗透。内化过程是外化过程的前提和基础，没有内化过程，也就没有外化过程；外化过程是内化过程的目的和归宿，没有外化过程，内化过程也就失去了实际意义。内化过程与外化过程又是相互渗透的，人们只能在思维中把它们相对地分开，事实上它们总是相互交错的。"③ 胡晓莺《试论德育过程的内外化关系》认为："道德的内外化关系是个多层次、多方位、多环节的内外因素交叉重叠且更为复杂的对立统一体，往往是内化中有外因，外化中有内因。外化表现为多层次性和多变性，实质是由内化过程的复杂性决定的。"④ 朱仁宝的《德育心理学》认为："道德行为习惯形成过程中内化与外化是一个连续不断和循环往复的发展过程。从实践的意义上说，它既无起点又无终点，是个发展变化的动态系统。"⑤ 由此可见，研究道德外

---

① 鲁洁、王逢贤主编：《德育新论》，江苏教育出版社2000年版，第359页。
② 胡林英：《道德内化论》，社会科学文献出版社2007年版，第140页。
③ 王玄武、骆郁廷主编：《思想教育、政治教育、道德教育比较研究》，武汉大学出版社2002年版，第152页。
④ 胡晓莺：《试论德育过程的内外化关系》，《教育评论》，1996年第10期。
⑤ 朱仁宝：《德育心理学》，浙江大学出版社2005年版，第189页。

化问题，必须和研究道德内化结合起来。思想品德的形成，内化是基础，外化是目标，二者是一个统一体。从目前的研究来看，对二者关系的研究上，存在两点不足：一是把外化作为内化的一部分，忽略了外化单独的存在价值，有去外化的倾向；二是对内化研究的重视，掩盖了外化研究的重要性。相对于内化来讲，外化的实现更为复杂，更具有不确定性，因此研究起来难度更大。从这个意义上说对外化的研究也就更有价值。

关于影响道德外化的因素研究。目前，学者多探讨影响道德行为的因素，直接探讨关于影响道德外化的因素的不多。学者在论述道德内化和道德外化的关系时均谈到道德内化程度对道德外化的影响。除此之外，有学者论述了影响道德外化的内部因素和外部因素，比较典型的有：邱伟光、张耀灿主编的《思想政治教育学原理》认为，影响个体道德外化主要包括外部制约和内部制约两个因素。[①] 外部制约因素主要包括外化时机、个体社会角色、从众效应等，内部制约因素主要是指个体价值观，强调个体价值观对外化动机的评判和外化行为方式的选择作用。李涛的《制约思想政治教育的内化与外化因素及相关问题的研究》沿用了邱伟光和张耀灿的观点。韦冬雪从实现思想政治教育外化条件的角度，谈到影响道德外化实现的内部因素和外部因素。[②] 内部因素包括受教育者思想政治品德行为的内在需要与动机、主观能动性、已有的观念系统、知识经验和能力等；外在因素包括社会提供的物质环境和精神环境，其中精神环境主要包括民族精神和时代精神、社会风气、社会思潮等。从目前研究看，这两种观点代表了学者对影响道德外化因素研究的主要观点。但这种分类也存在着明显的不足，道德外化是个体心理社会化的过程，影响到道德外化的因素很多，如心理因素中的从众心理，很难分清是内部因素还是外在因素，它是内在与外在的因素的集合体，既包括内部心理的变化，也包括对外在环境的适应。道德外化是一个复杂的过程，其影响因素很多，研究影响道德外化的因素，对于认识道德外化过程，促进道德外化实现具有重要意义。

除以上问题外，也有部分学者对道德外化的分类、道德外化的机制、道德外化的实现途径等进行了研究，但未成体系，只是部分提及。

---

① 邱伟光、张耀灿主编：《思想政治教育学原理》，高等教育出版社1999年版，第82页。
② 韦冬雪：《思想政治教育过程矛盾和规律研究》，博士学位论文，西南大学，2008年，第60—64页。

在张文新的《儿童社会性发展》、李幼穗的《儿童社会性发展及其培养》、李丹《儿童亲社会行为的发展》、陈会昌的《道德发展心理学》、寇彧、张文新的《思想品德教学心理学》、杨韶刚的《西方道德心理学的新发展》等道德心理学的著作中从个体道德行为形成角度研究品德形成，虽然在研究过程中没有使用道德外化的概念，但对道德外化的研究具有借鉴意义。

综上所述，做如下总结。

从国内外研究现状看，学者没有对道德外化进行系统研究，主要是从品德心理和道德行为的角度研究个体道德的发展，重视道德内化和道德行为的研究，其中涉及道德外化的一些思想。国内学者同样也不例外，虽然有一些零散的文章和论述，但没有成系统的研究，更没有将道德外化和道德内化提高到一个同等的高度，深入探讨道德外化的本质、过程、影响因素，进而研究道德外化与道德教育的关系。存在的问题主要表现在：第一，缺乏对道德外化的系统研究，如对道德外化的内涵、特征，道德外化的复杂过程等缺乏整体性的判断和把握，尚未形成对道德外化研究的完整体系；二是对道德外化的影响因素研究还不全面，尚没有从个体心理、社会环境等各方面综合探讨道德外化的影响因素；三是对道德外化的德育价值认识还不到位，在理论研究和德育实践中还有"去外化"的倾向。

中外专家学者积累的相关研究成果，为本书的研究提供了丰富的资料。但是，这些研究成果不可避免地带有历史的和学科的烙印。对这些研究成果的借鉴，需要在完整消化的基础上进行系统把握，这就要求我们在继承已有研究成果的基础上，结合当前的德育实际，进一步丰富和发展已有的相关研究。

迄今为止，还没有一本专门研究道德外化问题的专著出版，也没有以道德外化为研究对象的博士论文。这说明道德外化是一个有待于深入研究的课题，尤其是将道德外化与高校德育联系起来，深入探讨道德外化缺失对高校德育的影响，进而有针对性地提出解决策略，则对加强和改进当前高校德育实践具有重要意义。而这正是本书的着力点。

三　研究思路和研究方法

（一）总体思路

道德外化研究不是对"外化"问题的一般性探讨，也不是对个体道德生成的一般性探讨，而是以当前德育困境中"知行不一"症结为导向的专门研究。道德如何"外化"，怎样才能解开"外化"之谜？外化过程有什么样的规律，如何把握这些规律，使道德外化过程顺利进行？怎样在道德外化研究的基础上形成基于道德外化的德育体系，这些都是道德外化研究所要回答的基本问题。

道德外化的研究涉及的内容比较复杂，主要是道德外化内涵、道德外化的阶段、道德外化与道德内化的关系、道德外化的途径、影响道德外化的因素、道德外化与道德教育的关系等，特别是在此基础上形成外化德育的研究。从已有的研究看，或是比较概括的研究，或是从某一角度、某一方面的研究，研究的视角和方法比较单一，研究成果比较分散，有的内容只有一个标题，仅仅提出问题，而没有解决问题的思路。

围绕上述问题，本书确定了以下研究思路。

在研究目标上，从当前德育的困惑入手，提出问题。在道德外化的内涵研究的基础上，对道德外化过程进行静态和动态的分析，把握道德外化的复杂过程和众多影响因素，从而对道德外化理论进行修正、丰富和完善。在此基础上，结合高校德育实践，审视高校德育道德外化缺失的现状，从道德外化视角提出高校外化德育改革的具体策略，从而揭示道德外化研究的教育价值。

在研究内容上，本书的核心观点是：道德外化是个体道德生成的一个重要阶段，是个体自主地将道德内化的思想观点、道德意识转化为道德行为，从而实现完善的道德自我的过程。也就是说，个体只有将内在的德性转化为外在的德行，才会对现实的道德世界产生实际的意义。从学生品德生成的规律入手，使高校德育重视学生道德外化，能够有效提高德育的实效性。本书的具体内容：除引言和结论外，共包括五章内容。第一章主要是在中外道德外化思想借鉴的基础上，从道德外化的特征入手，对道德外化概念进行初步界定，并将概念放在不同的思维路径中进行解读，进一步明确道德外化的具体特征。第二章在道德外化概念厘定的基础上，对道德外化进行共时性分析。主要是将道德外化的复杂过程截取一个静态断面，通过道德外化结构和矛盾的分析，达到对道德外化过程的初步把握。在此基础上，将道德外化过程放在个体道德生成的动态体系中，从而揭示道德外化的运行过程，就是道德外化的各构成要素，按照一定的运行机制，相互联系、相互作用，促进矛盾转化的过程。第三章在明确道德外化是一个动态的、开放的、复杂的过程，其影响因素众多的基础上，从个体心理方面如自我效能、道德需要、从众心理，环境因素方面如社会风气、文化环境、道德情景，以及个体年龄、利益计虑、道德评价、道德教育等方面系统探讨道德外化的影响因素，从而从宏观角度把握道德外化实现的背景因素。第四章主要是以该校德育为例，将道德外化理论放在高校德育实践中进行检验。通过对高校德育道德外化缺失的现状和原因进行分析，发现问题。第五章是在问题分析的基础上，提出以实践为逻辑起点的，基于道德外化为视角的高校外化德育的基本构想，为我国高校德育提供一个可供选择的尝试策略。

（二）研究视角和方法

科学的研究方法是学术研究的重要工具，是研究结论科学的重要保障。对道德外化研究也必须借助科学的研究方法。正如马克思在《评普鲁士最近的书报检查令》中所说："不仅探讨的结果应该是合乎真理的，而且引向结果的途径也应该是合乎真理的。真理探讨本身应当是合乎真理的，合乎真理的探讨就是扩展了真理。"[①] 因此，本书试图从哲学、教育学、心理学、社会学、文化学等多个视角，对道德外化进行多角度审视，以期更全面、深入把握道德外化。

本书用了以下研究方法：

多学科整合的研究方法。道德外化是一个非常复杂的问题，涉及哲学、教育学、心理学、社会学、文化学等多个学科领域。因此，研究道德外化，除了要坚持以马克思主义的基本立场、观点和方法为指导外，还需借助上述多个学科来进行。从心理学角度研究道德外化，是因为人的道德品质总是在一定的心理背景下和心理活动的过程中形成和发展的。道德外化研究离不开心理学所揭示的心理活动及其规律的指导。因此，在研究过

[①]《马克思恩格斯全集》（第1卷），人民出版社1956年版，第8页。

程中必须要借鉴心理学的概念，把需要、动机、情感、意志等心理学内容引入道德外化的研究。从心理学角度切入道德外化这一主题，主要是观照道德外化的心理结构如情感体验、意志等对道德外化过程的意义，以及个体心理中道德需要、自我效能等对道德外化的影响。外化本身就是伦理学研究的应有之义。个体道德的生成，是道德内化与道德外化双向建构的结果。从哲学和伦理学角度研究道德外化，主要是从哲学和伦理学角度切入，借助道德内化研究成果，从道德哲学的视角对道德外化进行学理上的探讨。从社会学、文化学角度研究道德外化，主要是因为，道德外化作为一个复杂的个体道德生成过程，受到各种因素的影响。从社会学、文化学角度切入道德外化研究，可以准确把握影响道德外化的各种社会、文化因素，并在道德实践中进行有利环境的创设。从教育学角度研究道德外化，主要是把握道德外化和德育的关系，从实践中对德育道德外化的缺失进行深刻反思，并提出有针对性的策略。只有对道德外化进行跨学科的综合研究，我们才能揭开道德外化的神秘面纱。为了深入认识道德外化，本书借鉴了哲学、教育学、心理学、社会学、文化学的研究方法，突破了只从伦理学、教育学研究的局限，通过多学科整合的研究方法，拓宽了研究视野和研究思路。

理论联系实际的研究方法。一切从实际出发，实事求是，是科学的研究方法。对道德外化的研究，不能只限于概念，而应从道德实践出发，在道德实践的大背景中去审视道德外化的过程，探究影响道德外化的因素，在实践中发现问题和解决问题。为此，在研究过程中，始终使用理论联系实际这一重要的研究方法：一是在道德外化的研究中，针对目前德育的困惑提出问题，使理论研究具有实践中的针对性；二是对道德外化基础理论进行阐释的同时，努力与当前的多元化社会和实际生活相贴近，力求从社会现实中阐释基础理论；三是道德外化理论研究是为了解决实践问题，将道德外化研究的落脚点放在解决德育的困惑上，用道德外化视角审视当前高校德育实践，进而发现问题，提出解决问题的对策。本书注重从理论和实践的结合上，从个体的思想实际和道德实践分析问题，并对其合理性进行分析和论证。

文献和逻辑相结合的方法。文献研究方法主要是通过分析相关文献来了解和掌握前期研究成果的一种重要方法。本书运用文献法收集资料，主要是通过对学术期刊网和相关著作的文献查阅，结合"读秀学术搜索"

对与道德外化相关文献的筛查，整理成相关资料并进行系统分析，为本书的研究提供了文献基础和论据支持。由于前期研究中对道德外化的研究十分分散，没有集中研究的系统成果，大多是从不同学科出发运用不同的理论专题研究的，不能直接支持本书，这就需要在写作中运用逻辑的方法对相关资料进行整合，使资料清晰、条理，能够为我所用。

比较研究的方法。比较研究方法是对照彼此有联系的事物进行对照和比较，确定其相同和相异之处，从而揭示事物本质和规律的方法。对道德外化进行研究，无疑要借鉴已有的研究成果，特别要借鉴道德内化的研究成果。道德外化过程与道德内化过程在个体道德生成的动态体系中各自发挥着不同作用，相互联系、相互作用。在研究过程中，要对两个过程进行比较分析，注意区分相同点和不同点，防止照搬照抄。此外，道德外化是一个动态的、开放的、复杂的过程，其影响因素众多，运用比较研究的方法对这些影响因素和道德内化的影响因素进行比较，有助于我们更加清楚地认识道德外化过程的特征和本质。

除此之外，本书还运用历史研究方法、系统研究方法、结构分析方法等，在广泛研究前期成果的基础上，进行分析、概括、梳理、借鉴，得出科学的结论。

(三) 研究重点、难点和创新

本书的研究重点和难点：道德外化涉及哲学、教育学、心理学、社会学、文化学等多个学科领域，研究难度较大。在当前多元化社会的德育实践中，道德外化理论和实践的缺失造成了德育实践中的很多问题。因此，如何对道德外化的复杂过程进行系统把握，并指导德育实践，探寻道德外化的教育价值，是研究的重点。具体讲，本书的研究重点有：一是对道德外化基本概念的厘清；二是对道德外化的复杂过程从静态和动态两个方面进行把握，探讨道德外化过程的实然状态；三是在分析高校德育道德外化缺失的现状的基础上，提出以实践为逻辑起点的高校外化德育的基本构想，从而探讨道德外化的高校德育价值。其中，二、三是本书研究的难点。

本书的创新点：一是在借鉴前人研究的基础上，突破了基于思想品德形成中的外化、思想政治品德外化、德育过程中的外化等外化概念的限制，厘清了道德外化概念。并对道德外化的特征进行了多视角的考察。二是在道德外化静态结构和矛盾分析的基础上，把握道德外化的动态过程。认为道德外化的运行过程，就是道德外化的各构成要素，按照一定的运行机制，相互联系、相互作用，促进矛盾转化的过程。并且在道德外化过程研究中，提出了道德外化图式的概念。道德外化图式不是认知心理图式，而是行为心理图式，涉及道德情感、信念、意志及行为等各种因素，在道德外化过程中发挥着选择定向、实施动力和反馈调节等功能。三是以道德外化视角审视高校德育，明确其高校德育价值，并将"实践"作为基于道德外化的高校德育建构的逻辑起点，从而提出了建构的具体策略。

第一章

道德外化的基本问题分析

一 道德外化思想的探索

道德外化是研究个体道德发展的最基础理论,是研究个体道德发展经常使用的概念。但是,对道德外化的研究并没有像道德内化的研究一样深入,甚至对道德外化的界说还没有一个确定的定义。梳理人类历史上一切和外化相关的思想,是研究道德外化的前提和基础。

(一)中国古代先哲道德外化思想的萌芽

在中国古代思想史上,先哲们虽然未对外化有过专门的论述,但是,他们的教育思想中已经有了外化思想的萌芽。这些思想对于我们研究道德外化具有很好的借鉴作用。

1. 正确的"行"是道德外化的表现

"知行之辨是重要的哲学命题,这一论题在相当程度上亦涉及了德性和德行的关系;与仁知统一的理论框架相联系,所谓知,首先往往指向德性之知,而知与行的互动,则既意味着在习性过程中培养德性,也蕴含着化德性为德行的要求。"[①]中国古代先哲对道德本身所蕴含的知行关系作了深刻的论述,总体上体现了对行的重视的倾向。

早在春秋时期,《左传·昭公十年》中就提出了"非知之实难、将在行之",《尚书·商书·说命中》商朝名相傅说对商高宗说:"非知之艰,行之惟艰"。可以说,这两部著作中均涉及知行的矛盾论述,并明确提出知易行难的论断。

---

① 杨国荣:《伦理与存在——道德哲学研究》,华东师范大学出版社2009年版,第167页。

我国古代著名的思想家、教育家、儒家学派创始人孔子也十分重视"行"。他的"言行一致、知行统一"的思想在很多论述中都有体现:《论语·学而第一》"贤贤易色。事父母能竭其力,事君能致其身,与朋友交言而有信。虽曰未学,吾必谓之学矣。"意思是一个人以贤为贤,并能践行忠、孝、信等德性,虽说没有接受什么教育,学到多少东西,但这本身就是一种学习,一种更本质的学习。这句话论述了学与行的关系。"弟子入则孝,出则悌,谨而信,泛爱众而亲仁,行有余力,则以学文",强调道德首先是实际行动,而非空谈文章。相对于行而言,学永远是第二位的。这些论述非常典型地表达了孔子重行的思想。正是基于对知行关系的深刻认识,孔子主张将"行"纳入道德教育的过程,注重对学生道德行为习惯的培养,认为一系列道德行为习惯的养成,是形成人个性的重要手段。《论语·颜渊》中樊迟问崇德"先事后德,非崇德与?"意思是,先去做而后再收获,才是提高品德的方法。在此基础上,孔子认识到道德教育的一个规律性特点,就是必须把学生的道德认识转化为道德行为,形成他所希望的品质,才是真正达到了道德教育的目的。没有道德行为的道德教育,就是坐而论道。《论语·子路》中的"言必行,行必果",《论语·为政》中的"先行其言,而后从之"都体现了孔子对行的重视。孔子虽然没有提出外化的概念,但他对行的重视,对实践的重视,对道德行为习惯的养成的重视,以及认识到将道德认识转化为道德行为才是道德教育的真正目的等观点,实际上已经强调了道德生成中外化的重要性。

孔子之后的又一个具有巨大影响的思想家墨子,十分重视实践在道德养成中的作用。他认为,道德形成离不开实践,实践是使外在道德规范内化为道德信念的前提和基础;道德品质需要在实践中磨砺和考验,离开了实践,道德品质既不能形成,也不能稳固发展,道德的进步就失去动力。他在《墨子·修身》中提出"士虽有学,而行为本焉。"强调只有学识是远远不够的,更要去身体力行。他认为,行与言相比,行更为重要。作为主政者尤其要重视行。他在《墨子·公孟》中强调:"政者口言之,身必行之。"只说不做,就是言行不一,言语讲得再好,也只是空谈。他在《墨子·耕柱》中说:"言足以复行者,常之;不足以举行者,勿常。不足以举行而常之,是荡口也。"强调言论足以付之行动的,就推崇它;不足以付之行动的,就不要推崇。不足以付之行动,却要推崇它,就是空言妄语了。他强调了作为一个有道德的仁者,不仅要坚守兴天下之利和除天下之害的信念，而且更重要的是将信念外化为行动，付诸实践。信念只有和实践结合才能产生巨大的人格力量。

孟子和荀子在知行关系上，也多有论述。孟子把社会实践排除在人格修养过程之外，他认为修养是与实践无关的"反求诸己"的内省，所求者只是"求放心"，即是为了"存其心、养其性"，修养是道德主体的单纯的主观体验活动。他提出了道德的"内生说"，认为人的道德和智慧生来就以某种可能的形式存在于人的心中，道德的生成在于借助外部力量帮助下的自我扩展。在知行关系上表现为知行合一观，知即行，行即知；荀子提出了道德的"外铄说"，认为人的道德和智慧并非内心所固有，而是在实践的过程中不断通过外铄的方式得来的，他在强调知行结合的基础上，一定程度上要更重视行。"不闻不若闻之，闻之不若见之，见之不若知之，知之不若行之。学至于行之而止矣。"① 认为一个人只有做到了行，将道德认识付诸实践，才能成为"圣人"。

宋代大儒朱熹对知行关系的论述将古代先哲对知行关系的讨论推到一个新的高度。他将认识与实践过程分为学习、认知和行三个阶段。对这三个阶段，朱熹更重视"行"这个阶段。他认为知与行是不可分离的，是相互依存和相互促进的关系。他认为，"知行常相须，如目无足不行，足无目不见"②，但是他并不认为知与行是同等重要的。在他看来，在知行关系上，"论先后，知为先；论轻重，行为重"③，"然论其轻重，则当以力行为重"④，"知之知要，未若行之之实"⑤。"穷理"在先，"力行"在后是时间的先后顺序，但"力行"更重要，行既是知的目的，又是知的检验标准。因此，"笃行"是检验道德成败的标准。他认为，"欲知知之真不真，意之诚不诚，只看做不做，如何真个如此做底，便是知至意诚。"⑥

道德生成思想经过宋明理学"性体论"的发展，到王阳明达到了统一。王阳明以"心体论"为基础，强调通过心的内部活动将外在的理内

---

① 《荀子·儒教》。
② 《朱子语类》卷九。
③ 《朱子语类》卷十。
④ 《朱子语类》卷二。
⑤ 《朱子语类》卷十三。
⑥ 《朱子语类》卷十五。

化于心。但是，王阳明并不是简单地将道德的生成指向由理到心的内化，强调心与理的统一，在知行关系上，强调知行合一并更重视行。他虽然没有提出外化的概念，但却明确表达了道德外化的思想，即心通过外化而展现天理。王阳明提出了"在物"的过程，即"此心在物则为理"，强调经过天理的内化，心逐渐获得了普遍的内容，经过践履的过程而进一步外化为道德行为。"吾心之良知，即所谓天理也。致吾心之良知之天理于事事物物，则事事物物皆得其理矣。"杨国荣认为，"从心与理的关系来看，这一过程表现为通过心的外化而建立理性化的道德秩序。"① 将内化的道德意识外化为道德行动，从而达到社会人伦的理性化，是王阳明"由良知而德性，由德性而德行"道德思想的具体体现，也是古代先贤道德外化思想的集中体现。

2. 德性生成是道德内化与道德外化统一的过程

古代先贤认识到，道德生成过程中，道德认知、道德情感、道德意志和道德行为是个统一的过程，教育的过程就是使上述因素并重培养，不但通过道德认知的培养，使学生内化道德信念，更要培养学生的道德情感和道德意志，进一步外化为道德行为。知行是个统一的过程，通过这个统一过程的培养，使学生成为统治阶级所需要的士或君子。

对道德规范、道德知识的掌握是德性生成的基础。成圣思想，是儒家道德追求的基本主张。孔子认为，要获得对道德的感性认识，要多闻、多见，积累相关的经验，为理性认识打下基础，并"择其善者而从之"②；同时，他认为，在感性认识的基础上，要通过思维的力量对感性认识加以归纳、总结和引申，提高到理性认识的水平。"切问而近思，仁在其中矣"③ 就是要重视"近思"在认识中的重要作用，达到"仁"的境界。在这里，"近思"就是理性的反思。孟子认为，道德认识并非由外部灌输、植入人们的观念之中的，而是人们内心先天就具有的，它"不虑而知""不学而能"，故称之为"良知""良能"。良知、良能是"人皆有之"的人类共性。一表现为"孩提之童，无不知爱其亲者；及其长也，无不知敬其兄也。亲亲，仁也；敬老，义也；无他，达之天下也。"④ 二

---

① 杨国荣：《伦理与存在——道德哲学研究》，华东师范大学出版社2009年版，第167页。
② 《论语·述而》。
③ 《论语·子张》。
④ 《孟子·尽心上》。

表现为"人皆有不忍心之心"①。他把良知、良能作为人与动物区别的根本所在。可见，孟子是将良知、良能作为道德生成的基础。

重视个体道德生成过程中道德情感的激发。孔子最早通过"性相近，习相远"提出了对道德情感的初步看法。他认为，道德情感是道德品质的重要构成要素。"唯仁者能好人，能恶人"，②具有正确的道德情感，是判断一个人能否达到"仁者"境界的标准。只有"安贫乐道""安仁乐道"，并且"乐此不疲"才能"成人"。孟子的"四端之心"每端的初始情感状态代表品质的不同发展方向，使不同类别的情感可以扩充为相应的德性。"恻隐之心，仁之端也；羞恶之心，义之端也；辞让之心，礼之端也；是非之心，智之端也。"③他注意到人的道德情感体验对善端的引发和扩充作用。他要求人要学会知耻改过，反求诸己，革除恶端的丛生。在寡欲、自省、改过、求放心的扩充善端的过程中，同情心、羞耻心、恭敬心等基本道德情感的培养就成为道德外化的动力。

道德意志的培养在道德品质的形成过程中起着十分重要的作用。孔子认为，如果人没有坚定的意志作保证，即使有了道德认识，也不能保证长期的道德行为。他认为，"三军可夺帅也，匹夫不可夺志也。"④ 强调志向和坚守是非常重要的，是儒家修身的基本内容之一。他还强调"志于道"，做人应以"闻道""行道"为志，这里的"志"就是意志，就是人不可剥夺的独立意志。《论语》中的"士不可以不弘毅，任重而道远"，"毅"主要指的是一种精神力量，也就是道德意志。孔子所崇尚的"仁""智""勇"三达德，其中的勇就是一种意志品质。孟子说"夫志，气之帅也；气，体之充也。夫志至焉，气次焉。故曰：持其志，无暴其气。"⑤ 这里的"志"指的是意志。朱熹对"意"做了详细解释，"意者，心之所发也"，"心者，身之所主也。"⑥ 这里的心指人的精神或意识存在状态及其功能，"心"之未发状态可称之意向。解释"诚者，实也。意者，心之所发也。实其心之所发，欲其一于善而无自欺也"。

---

① 《孟子·公孙丑上》。
② 《论语·里仁》。
③ 《孟子·公孙丑上》。
④ 《论语·子罕》。
⑤ 《孟子·公孙丑上》。
⑥ 《四书章句集注》。

"诚意"就是诚实其意志,按照善的意志本来面目发生、发展,不虚伪欺诈,这才是真正的道德意志。道德修养做到了"诚意",才能达到止于至善的境界。

总之,他们认为,受教育者只有在掌握道德知识的基础上,通过道德情感的激发,坚守道德意志,并将道德认识转化为道德行为,才算是真正形成了个体的道德品质。中国古代先贤基于对知、情、意、行关系的辩证认识,尽管持不同知行观,在这四者关系上,有一点态度是一致的,即正确的"行"是道德的真正表现,德性生成是道德内化与道德外化统一的过程。没有道德行动,不能算是真正的道德,也就不能真正成为统治阶级需要的"士"或"君子"。

(二) 西方思想家对道德外化思想的探索

在西方,学者们在论述德性的过程中对外化思想进行了初步探索,对于我们研究道德外化具有一定的借鉴意义。

1. 注重道德践行和行为习惯的养成

古希腊以来的理性主义传统把理性作为道德的起源和基础,他们几乎都是从理性的角度来规定人的本性。但这并不代表理性主义忽视了道德的践行。

苏格拉底最重视知识和美德的关系,他提出了"知识就是美德"的著名命题。但是,在他看来,美德是过好生活或做善事的艺术。苏格拉底认为,如果一个人自称知道一件事是善,但又不积极践行,则并未知道这件事的善,也就是不了解相应的知识。一个人如果知道了什么是善,必然会行善,知道善而不去行善是自相矛盾的。因此,在苏格拉底看来,知、善是一体的,只有知行合一,只有善外化为行为,知识才能成为美德。可见,苏格拉底的"知识就是美德"是建立在知行合一基础上的。

柏拉图"以善为核心"的德性观也将理性作为生成道德的重要途径。认识真理的人必须按理性行事。人的恶行是因为对善的无知,道德行为的价值在于成功遵守了关于善的理性知识。可见,在柏拉图的德性观中,同样将道德行为作为判定是否道德的标准,重视道德的践行。此外,柏拉图还十分重视习惯的养成,他认为年轻时期的模仿对于道德的陶冶至关重要:"你有没有注意到从小到老一生连续模仿,最后成为习惯,习惯成为第二天性,在一举一动,言谈思想方法上都受到影响吗?"① 不过,柏拉图对模仿对象有严格规定,只允许"模仿那些勇敢、节制、虔诚、自由的一类人,凡与自由的人标准不符合的事情就不应该参与或巧于模仿。至于其他丑恶的事情,当然更不应该模仿,否则模仿丑恶,弄假成真变为真的丑恶了"②。

亚里士多德认为一切德性都是实践的,人之成德,在于力行。他在《尼各马可伦理学》中谈道:"我们成为具有某种品质的人,是由于对于善的或恶的东西的选择,而不是关于何者善何者恶的意见。"③ 也就是说,一个"道德人"不在于懂得善而在于行善,"在生命中获得高尚与善的是那些做得好的人"。④ 他同时认为"公正和节制都是由于行为多次重复才保存下来",要达到公正节制,必须要有道德践行。如果没有对道德的践行,就不可能有公正节制,也就不可能成为一个善良的人。同时,道德践行也是个体的自愿选择,不是外部强制的结果。只有行为出于自愿,才是良好的行为,是真正的道德践行;而行为如果是出自外部的强制,就是恶劣的行为,不是真正的道德践行。所以良好的行为应该受到应有的奖赏,恶劣的行为应该受到责备和惩罚。亚里士多德在《尼各马可伦理学》中还对行为习惯进行了专门阐述。他认为"道德或德性本非天赋,亦非违背本性而生",人的德性绝非本能的自然而然地在我们身上产生的,都是来源于习惯。这就是说,一个人在认识善的同时,要积极的实践善并养成良好的习惯,就可以掌握德性。"德性则是由于先做一个个简单行为,而后形成的。这和记忆的获得一样。当我们学过一种技艺时,我们愿意去做这种技艺,于是去做。就由于这样去做,而学成一种技艺。我们由于从事建筑而变成建筑师,由于奏竖琴而变成竖琴演奏者。同样,由于实行公正而变为公正的人,由于实行节制和勇敢而变成节制和勇敢的人。"⑤ 亚里士多德以此论证了在道德生成过程中行为实践和行为习惯的作用。

---

① [古希腊] 柏拉图:《理想国》,郭斌和、张竹明译,商务印书馆 2009 年版,第 98 页。
② 同上。
③ [古希腊] 亚里士多德:《尼各马可伦理学》,廖申白译,商务印书馆 2003 年版,第 66 页。
④ 同上书,第 23 页。
⑤ 同上书,第 28 页。

2. 强调情感体验对道德外化的重要性

休谟认为，理性的作用在于发现真伪，但发现真伪并不能导致行善，也不能激发或抑制道德行为。他提出道德不是来源于理性，而是来源于情感，道德的本质不在于理性，而在于情感。他说："理性是并且也应该是情感的奴隶，除了服务和服从情感之外，再不能有任何其他的职务。"[①] 在休谟看来，道德感是人类的本性，每个人天生就有这种共同的道德感，在这种共同的道德感里，蕴含着道德行为的动力和原则。这种道德感一旦被群体所共有，就变成了大家共同遵守的规则。因此，对于道德来讲，不论是道德的认同和判断，还是外化为道德行为，道德情感都在其中起到重要的作用。

亚当·斯密同样意识到情感在道德外化中的作用。他的《道德情操论》对情感的论述在休谟的理论上更进了一步。他认为，道德情感是影响和决定行为的主要力量，成为人们道德关系的纽带。道德法则只有在情感的推动下，才能成为德性的内容。他以"情感共鸣"这一概念论证自己的看法。在他看来，情感共鸣是道德产生的基础，也是道德判断的基础。道德原则不是一种"社会规定"，而是一种"共同的感觉"。这种感觉经过后天经验习惯的强化逐渐为人们感知和奉行。他把道德的应该与不应该诉诸人们在一定情境下所感觉的适当和不适当的情感，并由赞同或反对的共同感觉决定道德原则的禁止与提倡。在此基础上，同情心构成了人们之间道德交往的基础。如果每个人都能够将心比心，注重对方的情感体验，形成一种情感共鸣，那么个体道德就会完善，整个社会的伦理秩序就会建立起来。亚当·斯密注重美德的情感因素，强调情感对道德生成的影响，但是并没有否认理性的作用，同样强调理性在情感发挥过程中的作用。亚当·斯密所说的情感是包含道德要求的理性情感，比休谟对于情感的论述又进了一步。

卢梭认为，道德的基础是情感而不是理智。他从良心的角度论述了道德情感的重要性，认为人原始的情感是良心，因为有良心的存在，人才能够以善行对待他人，对待自己。他认为，个体道德品质的养成不是通过说教，而是通过社会实践的这一途径。儿童只有在与社会各阶层人的接触中，才能从情感上真正了解人世间的不平等和邪恶，从而在实践的基础上

[①] [英]休谟：《人性论》，关文运译，商务印书馆1980年版，第453页。

培养起善良的情感和同情心，进而树立正确的道德标准，明辨善恶。同样，也只有在实践的基础上，只有经过反复的道德实践，多行善事，激发情感，才能形成良好的道德意志。总之，卢梭认为情感是道德形成的重要标志。

此外，英国近代道德哲学家和政治哲学家霍布斯认为欲望和情感是一切道德行动的原动力。人本主义教育的倡导者罗杰斯，道德教育"体谅模式"的倡导者麦克菲尔同样也强调情感对道德行为的重要作用。不论是休谟、亚当·斯密、卢梭，还是其他西方教育学家，他们都强调道德情感在道德生成中的作用，比单纯理性的认同更重要。就道德行为而言，有情感体验的认同不同于人为的勉强，它使道德从他律走向自律。休谟在《人性论》中所说的"我们的义务感永远遵循我们情感的普通的自然的途径"一定程度上表达了对情感体验的关注。

(三) 当代心理学研究的启示

外化首先是作为一个心理学的术语出现的，在不同的心理学派和心理学分支中具有不同的含义。借鉴心理学的研究成果，对于道德外化的研究具有重要的意义。

1. 皮亚杰：道德是内化与外化的双向建构

皮亚杰是瑞士著名心理学家，发生认识论的创始人。他在研究人的品德发展方面做出了突出贡献，奠定了品德心理研究的科学基础。他认为，认知发展是道德发展的必要条件。在他看来，道德发展既不是隐藏在内心的良知良能的展开，也不是通过外界的刺激导致道德行为的产生，而是有机体与环境作用引起的心理变化。当认知结构达到了较高的层次时，道德判断和道德选择也就达到了较高的水平。他在《儿童智慧的起源》中谈到，认知结构不是来自客体，也不是先验地预成于主体。认知结构的产生源泉是主、客体的相互作用的活动。即动作和运算内化以形成认知结构；同时，已形成或正在形成的认知结构运用于或归属于客体外化为知识的结构。但是，主体对客体的建构过程不是一次完成的，它是一个互动的双向的永无止境的过程，即"认识既不能看作是在主体内部结构中预先决定了的，它们起因于有效的和不断的建构；也不能看作是在客体预先存在着的特性中预先决定了的"①。这就把主体与客体在认识活动中统一起来，思维与存在在建构活动中被统一起来。皮亚杰对外化的贡献体现在："道德发展并不仅仅停留在社会规范内化的阶段上，而是演成某种逻辑上的必然性，形成主体的思维图式，然后，主体又按照这些有关客体的知识把主体实际动作组织起来作用于客体，以新的方式发生主客体间的相互作用，从而改造转变客体，这就是外化过程。"②

2. 班杜拉：社会学习影响个体道德外化

美国著名心理学家班杜拉在20世纪60年代提出了著名的社会学习理论，认为儿童通过观察学习就能获得大部分的新行为。他认为儿童道德行为的形成和发展，受到环境、社会文化关系、客观条件以及榜样强化等的直接影响。在教育过程中，充分考虑到这些影响因素，利用这些因素鼓励学生的正确行为，则有利于学生良好道德行为的形成与发展。班杜拉认为，在社会学习过程中，交互决定、自我调节、自我效能都对道德行为会产生一定影响。班杜拉把人的品德的形成看成是人与环境相互作用中的社会化的过程，是内部因素与外部环境共同作用的结果。其一，内部因素可以影响人的行为，但人的行为也能一定程度上对内部产生影响，如通过观察模仿道德行为，儿童会形成一种新的道德标准，并逐步形成自己的道德品质；其二，人的行为会在一定程度上改变和创造环境，而改变和创造的环境也在一定程度上影响人的行为。班杜拉认为自我调节是个体通过将自己对行为的计划和预期与行为的现实成果加以对比和评价，来调节自己行为的过程。个体在外化道德行为时，要依据个体内部确立的行为标准，通过自我观察、自我判断和自我反应等环节实现对行为的调节，个体的感受符合自己确立的行为标准，则行为能够顺利外化；如果个体感受不符合自己确立的行为标准，则行为不能顺利外化。班杜拉认为，在道德行为过程中，自我效能发挥着重要作用，如果个体能够具有较强的自我效能感，对行为的成功具有胜任感和自信、自尊等方面的感受，则对道德行为的外化具有促进意义；反之，如果自我效能感较弱，对道德行为的外化产生畏惧感和恐惧感，则不愿付出较大的力气，不利于行为的外化。社会学习的上述理论对于研究道德外化的个体心理因素和社会环境因素的影响具有积极

---

① ［瑞士］皮亚杰：《发生认识论原理》，王宪钿等译，商务印书馆1981年版，第16页。
② 宁娜：《皮亚杰道德发展思想述评》，《苏州大学学报》1991年第1期。

意义。

3. 艾森伯格：亲社会行为培养有利于道德外化

艾森伯格是美国当前较有影响的儿童心理学家。她的亲社会道德理论是在批判科尔伯格的研究方法和研究内容的基础上，结合自己多年的实验研究得出的。亲社会行为是指人们在社会交往中对他人有益或对社会有积极影响的行为，包括谦让、帮助、合作、分享、安慰和捐赠等。① 由此可见，凡是符合社会期望而对他人、群体或社会有益的行为都是亲社会行为。艾森伯格的亲社会行为理论认为，一个人做出道德判断的实质就是在满足自己的愿望、需要与满足他人的愿望、需要之间做出选择。他利用亲社会两难故事研究儿童的道德判断的发展趋势，概括出儿童亲社会道德判断的年龄变化趋势，总结出关于儿童亲社会道德判断的五个阶段，把可能影响亲社会行为的各种因素有机地统一在亲社会行为产生的整个过程之中，并对其作用机制进行较深入的剖析，特别是认知、情感和人格因素的作用做了详细说明，这对探讨亲社会行为复杂的心理机制提供了一条新的思路。事实证明，通过对影响亲社会行为因素的干预能在一定程度上增强儿童的亲社会行为。如通过对儿童的移情训练可以提高儿童亲社会行为发生的频率；通过为儿童提供亲社会行为的范例可以强化儿童亲社会行为等。② 亲社会行为不一定是道德行为，但亲社会行为的培养显然有利于道德行为的外化。另外，艾森伯格亲社会行为理论中对道德判断的年龄变化的趋势和道德判断的五个阶段，也对我们研究道德外化过程中个体做出道德判断具有积极的意义。

基于上述观点，在如何看待道德行为和道德外化的问题上，不同心理学家有不同的侧重点。皮亚杰、科尔伯格、班杜拉、艾森伯格等都是通过探究道德行为产生的心理机制来解释道德发展的，对于研究道德外化有如下启示：一是通过内化与外化的双向建构可以促进道德行为；二是道德行为来源于个体和社会的相互影响，道德外化受到社会环境的制约；三是自我调节、自我效能影响道德外化；四是可以通过替代强化和亲社会行为培养，以形成道德习惯，有利于道德外化。如果我们充分利用这样一些条件和方法，鼓励个体的道德行为，抑制其不良习惯，将有利于道德行为的

---

① 李幼穗：《儿童社会性发展及其培养》，华东师范大学出版社 2004 年版，第 223 页。
② 王美芳、庞维国：《艾森伯格的亲社会行为理论模式》，《心理学动态》1997 年第 4 期。

外化。

二 道德外化释义

(一) 道德外化的特征

何为"道德外化"? 单纯从词组的构成来讲,它是由"道德"和"外化"两个词语构成的复合词,核心在"外化"上。阐明"道德外化"的内涵,首先要明确界定"外化"这一概念。

如前所述,外化作为一个专用术语,出现的时间并不长,但关于外化的定义,在哲学、心理学、教育学中都有不同的意义。虽然人言人殊,但内涵却是基本相同的。苏联心理学家彼得罗夫斯基主编《普通心理学》借用心理学的研究成果,将外化定义为"从内部的、智力的动作向外部的、以运用实物的方式体现出来的动作的转化"①,揭示了外化的基本含义。

彼得罗夫斯基对外化的定义包含了三层意思: 其一,外化和内化是相对的。内化是一个从外到内的过程,而外化是一个由内到外的过程; 其二,外化是内部的精神向外部动作的转化,是主观转向客观的过程; 其三,外化表现为一个具体的转化过程。从这一解释来看,外化的定义突出了外化的外显性、转化性等本质特征,表现为一个动态的、开放的、复杂的过程。

外化的含义很广,例如言语反应、行为表现、计划或方案的实现等都是外化的结果。道德外化是一种外化,它不仅具有一般外化的转化特征,更具有独特性。行为的主动性、过程的复杂性、结果的外显性是道德外化区别于其他外化的主要特征。

1. 行为的主动性

辩证唯物主义认为,整个世界是一个相互联系的统一的整体,世界上的一切事物、现象和过程都不是孤立存在的,而是通过不同形式与周围的事物、现象和过程产生联系。正如马克思所说:"我们所面对的整个自然

---

① [苏联] 彼得罗夫斯基主编:《普通心理学》,朱智贤等译,人民教育出版社1981年版,第519页。

界形成一个体系，即各种物体相互联系的总体，而我们在这里所说的物体，是指所有的物质存在……这些物体是相互联系的，这就是说，它们是相互作用着的，并且正是这种相互作用构成了运动。"[①] 道德外化，也不可能脱离与周围事物的联系而孤立的存在与发展。他与个体的道德需要和内化程度都有着密切的联系。

　　道德需要的自律性特质决定了道德外化行为的主动性。道德具有自律的特质。康德用"意志自律"这一概念来论说道德的自律，在他看来，人的价值在于它的"意志自律"，将自己的道德行动从服从和被动变为自觉和主动，从而达到一种更高境界。如果道德主体的行为受到理性之外的其他因素制约，包括神、社会的权威、环境、理性欲求等，则不是自律的，是他律的。康德对道德自律的理解虽然是片面的，但是对理解道德的自律具有一定意义。道德的自律，应当是个体在充分认识自然必然性、历史必然性和道德必然性的基础上，自觉地按道德规范的要求去做，变被动为主动，主动建构德性，做出行为的选择。道德的自律性特征决定了道德需要的自律。道德需要是个体对道德的内在要求、心理意愿或心理倾向。没有主体对道德的内在要求，道德活动就没有动力。道德需要作为一种心理机制，表现为个体在履行道德义务和做出道德行为时，在内心中有一种满足了自己需要的满足感。曾钊新将道德需要的功能概括为三个方面：[②]一是从事道德活动的诱因；二是为个体提供价值导向；三是促使个体产生积极的道德动机。从道德需要的功能来看，产生积极的道德动机也包含着自律的特征。道德需要的这种特征决定了道德主体在外化过程中，主动启动道德动机，提供价值导向，激励道德意志，最后顺利外化为道德行为。由此看来，没有个体强烈的道德需要，道德外化就难以实现。从这个角度可以说，道德需要是道德外化的前提，是道德外化的必要条件。可以说，在个体道德外化的过程中，受自律性道德需要的影响，个体道德外化的每一个环节，个体都是积极主动在发挥作用，自觉排除外化过程中的每一个影响，达到理想的外化状态。如果说外化行为不是源于个体强烈的道德需要，不是主动的状态，而是受外力制约的被迫行为，其行为很难说具有道德性，这种情况下发生的行为虽然看似是道德的，但却不是真正的道德行

[①] 《马克思恩格斯全集》（第20卷），人民出版社1971年版，第409页。
[②] 曾钊新等：《心灵大碰撞——伦理社会学的虚与实》，湖南出版社1993年版，第20—23页。

为，这一过程因而也不是真正的外化。

道德内化的主动性决定了道德外化行为的主动性。道德内化是道德外化的基础，没有道德内化，就谈不到道德外化。关于道德内化，我国学者多有研究。顾海根根据道德内化的形成方式和内化的程度，将道德内化分为三种类型，消极型、榜样型、原则型[①]；金国华则根据道德内化的动因，将道德内化分为强制性内化、移情式内化和理解认知性内化三种类型；[②] 胡晓莺将道德外化分为三种类型，并分别提出了每一种外化对应的道德内化程度。[③] 从以上研究来看，道德内化有不同程度，不同程度的内化，取决于个体对社会道德原则、规范和要求的接受程度。不论什么程度的内化，都是外在他律性道德原则、规范和个体自我意识相统一的过程。在这个过程中，不论个体接受外在道德原则、规范的程度如何，个体都是主动将外在道德原则、规范与自身的内在要求统一的过程，没有个体内在高度的自律，道德原则和规范只能成为一种无意义的摆设。从这个意义上说，不论是什么程度的道德内化，个体都是主动地接受道德规范的过程，不同的是，个体受各种外在因素的制约，接受的程度不同。但有一点是肯定的，在道德内化的过程中，个体的态度一定是主动的。道德内化是道德外化的基础，没有个体积极主动的态度，道德外化同样不能实现。受道德内化程度的制约，决定了个体在道德外化过程中，不是机械、被动地接受道德的外部灌输，盲目遵从既定规则，而是在内化的基础上，审视做出选择和判断，自主转化为道德行为，完成内在道德意识的外化。

总之，不论是道德外化源于个体强烈的道德需要，还是受道德内化的主动性程度的影响，决定了道德外化的不盲从，不被动，主动判断，主动选择、主动行动的基本特征。

2. 过程的复杂性

道德外化的实现，受到各种复杂因素的影响。埃德加·莫兰的复杂方法认为，"对于世界上复杂的事物来说，决定的因素是多样的，常常不能把这多种因素化归为一种因素，甚至也不能在其中确定一个主导因素导致

---

① 顾海根：《道德内化的心理学分析》，《上海师范大学学报》（教育版）1999年第2期。

② 易法建：《从"生物人"到"道德人"——道德社会化研究》，红旗出版社2006年版，第351—352页。

③ 胡晓莺：《试论德育过程的内外化关系》，《教育评论》1996年第10期。

低估其他因素"①。道德外化过程的实现，既可能因内化程度因素的影响难以实现，又可能在外化过程中受环境等因素的影响而突然发生改变。

从内化程度看外化过程的复杂。道德内化和道德外化，一内一外，看似截然相反的两个过程，但却是在个体道德发展中不可割裂的两个过程。德育实践表明，道德的内外化关系是个多层次、多方位、多环节的内外因素交叉重叠且更为复杂的对立统一体，往往是内化中有外因，外化中有内因。② 个体道德内化程度如何，直接关系着道德外化结果。在教育者的引导下，个体对外部道德规范的接受既有可能是主动的真正的接受，也可能是被动的虚假的接受，同时有可能是不完全的接受。与此相适应，道德内化的程度既可能是自觉性道德内化，也可能是随意性道德内化，还有可能是虚假性道德内化。对于自觉性道德内化来讲，个体真正达到了知、情、信的统一，由道德信念自觉支配道德行动，个体不受任何外力和环境限制，很容易达到真正的外化；而随意性道德内化，个体没有达到知、情、信的统一，在条件成熟的情况下，受道德环境的影响，既可能外化为道德行为，也可能不能外化为道德行为。道德行为具有很大的偶然性，可能是某种习惯的作用，也可能是从众心理的影响，不是真正意义上的外化；虚假性道德内化不能导致有效的外化，是个体在外力的作用下的一种内化假象，因而由此产生的道德行为也是外力干预的结果，一旦外力消失，则相应的道德行为则不会再现。由此可见，道德内化的程度决定了道德外化过程的复杂性。

从行为多变看外化过程的复杂。个体道德行为发端于对道德情境的认知，在道德认识的基础上进行道德判断，并权衡利弊得失，做出道德抉择，产生道德行为意向并付诸实践，内部道德动机转化为外部的道德行为。③ 由此可见，任何个体心理上的变化，都会影响到道德行为的变化。学者胡晓莺列举了行为多变的特征：一是"言行不一"，二是"前后不一"或"表里不一"，三是"长期稳定，突然改变"④。她认为，造成行为多变的因素是多方面的。从内化角度看"言行不一"的表现，可从个

---

① 黄志成主编：《西方教育思想的轨迹》，华东师范大学出版社2008年版，第432页。
② 胡晓莺：《试论德育过程的内外化关系》，《教育评论》1996年第10期。
③ 王树洲：《试论道德行为产生的心理机制》，《江南大学学报》（人文社会科学版）2007年第8期。
④ 胡晓莺：《试论德育过程的内外化关系》，《教育评论》1996年第10期。

体道德认识、情感、信念和意志等心理要素中找到答案，说明各心理要素间关系不协调，或者说发展不平衡。这只是说明了行为多变受内化程度的影响。行为的外化除受个体内化程度的影响外，还受到各种外部因素的制约。首先是外在道德环境的影响。个体的思想意识要转化为外在的行为，受一定道德环境的限制。时间、地点、条件许可，个体就会做出有利的道德判断，并在此基础上做出正确的道德抉择，个体的思想意识就容易转化为外在的行为；反之，道德环境不适宜，个体就会做出不利的道德判断，从而影响道德抉择，个体的思想意识就不容易转化为外在的行为。外在道德环境对行为的影响是多方面的，社会生活习惯、社会文化氛围、不同的道德场景，都会对个体道德判断产生正面或负面的影响，从而影响行为的变化。其次，群体效应也会对行为产生影响。个体在集体环境和公共场合，行为的产生往往受制于所在群体的效应。在不同的群体效应面前，由于个体行为会受到众人思想、意志和行为的制约，相对群体的思想和意志，个体的意志就显得微乎其微。此时，个体是否会产生正确的道德行为，则受制于不同的群体效应，或助推，或弱化。最后，在道德外化过程中，对于个体来讲，各种因素都会对道德行为产生影响，并不单纯是个体主观意志的结果。可见，道德外化的过程是复杂的。

3. 结果的外显性

如果说道德内化的最终结果是形成一种稳定的精神结构，那么道德外化总是以具体的道德行为为结果。歌德曾经说过："行为是一面镜子，在它面前，每个人都显露出各自的真实面貌。"对于个体道德生成来讲，不论个体如何将外在的道德规范内化为稳定的德性，都只能是一种稳定的精神结构。只有将内在的道德意识外化为具体的行为后，才是个体道德生成的具体体现。

换言之，道德外化的结果都是外显的，都以具体的行为为结果。

(二) 道德外化概念的厘定

概念的厘定是理论研究的基础工作。列宁指出："在人面前是自然现象之网。本能的人，即野蛮人，没有把自己同自然界区分开来。自觉的人则区分开来了，范畴是区分过程中的梯阶，即认识世界的过程中的梯阶，是帮助我们认识和掌握自然现象之网的网上纽结。"① 研究道德外化，同样离不开这一基础工作。

根据道德外化的特征分析可见，道德外化是关于个体道德意识、道德行为和道德主体之间的互动关系的范畴。它具有以下几个方面的内涵：第一，道德外化是个体的内在道德意识向外在的道德行为的转化过程。当个体经过观察、认知、选择、认同等活动，通过道德内化过程将外在的社会道德规范转化为自己的道德意识后，并不能说已经完成了个体道德生成的过程。道德内化只是完成了个体向善的向度，使道德行为的发生成为可能。但这种可能在社会复杂环境的制约下，既可能为善，也可能不为善。个体只有将内在的道德意识转化为现实中的道德行为，并形成习惯，才是真正地道德外化，才是真正地实现了个体道德的生成。第二，道德外化是成就道德自我的过程。自笛卡尔以"我思故我在"揭开了主体性思维的帷幕，自我就构成了近代以来哲学、心理学研究的关注的主题和对象。杨伟涛认为，"道德自我是将伦理德性、法权德性有机统一和升华，以良心和义务作为行为动因，体现个体道德自主性、自律性、自由性、同一性、超越性的完善人格精神实体"②。道德外化实现了个体完善的人格。人格内含着知、情、意、行的统一，其中既包含着自我对道德规范的理解和认同，也包含着德性意义的建构，包含着道德行为的选择能力和评价能力，更重要的是，人格以道德行为为道德目标的确认和道德理想的追求。很显然，个体通过道德外化获得的，不是单纯的精神世界，而是以道德行为为价值追求的稳定的道德生成。第三，道德内化和道德外化是个体思想品德形成的相互依赖的两个方面，一方面，通过道德内化过程，实现个体对外在道德规范的接受和认知；另一方面，通过道德外化过程，实现内在道德意识转化为现实的道德行动。这两个过程，是个体道德形成的两个机制，虽然是一内一外，却是两个统一的过程。道德内化是道德外化的基础，没有内化根本谈不到外化；道德外化是道德内化的目标，没有道德外化，就不是真正意义上的道德内化。

由此可见，厘清道德外化的定义，必须以道德内化为基础，以道德行为为目标，突出主动性、复杂性、外显性等特征。德国古典哲学家黑格尔

---

① 列宁：《哲学笔记》，中共中央党校出版社1990年版，第98页。
② 杨伟涛：《道德自我的确证及其价值意蕴》，《浙江社会科学》2011年第5期。

是第一个将"外化"概念运用到道德领域的。在黑格尔哲学中，外化是指内在的东西转化为外在的东西。他认为，观念存在于空间和时间之外，是一种内在的东西；而自然界存在于空间和时间之内，是一种外在的东西。所以，"绝对观念"自身发展到一定阶段以后，便"外化"为自然界和人类社会，然后在精神中再返回到自身。他认为，道德意志表现于外，便构成行为。道德行为的外部体现是复杂的综合体。在他看来，道德在主观意志阶段只是形式的，既可能为善，也可能为恶，还处在"转向作恶的待发点上"，只有外化为行为后，才是真正的道德。巴拉诺夫认为，思想品德的外化过程是受教育者自我调节、自我教育、自我管理的内部机制。他根据苏联学者的研究调查分析，描述个性形成的内部机制，概括了主体在外界因素作用下思想品德内化与外化的运行过程：刺激、动机、行为形式的选择、动机变成行为和行为变成习惯、习惯的行为形式变为个性。20世纪80年代，美国心理学家雷斯特，通过勾画道德行为产生的主要心理过程描述了道德外化的过程：解释情境—做出判断—道德抉择—实施行为。

借鉴彼得罗夫斯基对外化的定义和前辈学者对道德外化的分析，把握道德外化的特征，我们可以将道德外化定义为：道德外化，就是在道德内化的基础上，个体自主地将内化的思想观点、道德意识转化为道德行为，从而实现完善的道德自我的复杂过程。道德外化包括道德行为方式的选择、道德意志的增强、道德习惯的养成。

（三）解读道德外化的思维路径

除了对道德外化概念的初步界定外，明确一个概念的另外一个重要方法就是将其放在不同的思维路径中进行解读，以便进一步明确该概念的具体特征。

1. 道德外化的过程：从思想到行动的转化

过程是唯物辩证法的基本范畴。马克思、恩格斯把世界看成过程的集合体，认为任何事物作为一个过程，自身都充满了矛盾，而事物的发展过程都是有规律的。正如恩格斯在批判机械唯物论时指出的："它不能把世界理解为一种过程，理解为一种处于不断的历史发展中的物质。"[①] 认为

---

① 《马克思恩格斯选集》（第4卷），人民出版社1995年版，第228页。

机械唯物主义"主要是把事物当作是一成不变的东西去研究",认为"必须先研究事物,尔后才能研究过程。必须先知道一个事物是什么,尔后才能觉察这个事物中所发生的变化"①。显然,这就是"把自然界的各种事物和各种过程孤立起来,撇开宏大的总的联系去进行考察,因此,就不是从运动的状态,而是从静止的状态去考察;不是把它们看作本质上变化的东西,而是看作永恒不变的东西;不是从活的状态,而是从死的状态去考察"②。恩格斯在揭示黑格尔哲学体系中辩证法的合理因素时也指出:"一个伟大的基本思想,即认为世界不是既成事物的集合体,而是过程的集合体,其中各个似乎稳定的事物同它们在我们头脑中的思想映像即概念一样都处在生成和灭亡的不断变化中,在这种变化中,尽管有种种表面的偶然性,尽管有种种暂时的倒退,前进的发展终究会实现。"③ 由此可以归纳,辩证唯物法关于过程的基本思想主要包括两个方面:一是世界是过程的集合体。世间一切事物,包括自然、社会、精神领域的一切事物都是作为过程而存在的。二是过程在一定条件下互相转化。过程是事物发展的动态过程,包括事物的运动、变化和发展。旧事物的灭亡和新事物的产生过程,就是事物的转化过程。事物的发展就是在无数个旧过程的结束和新过程的开始中转化进行的。这说明不转化的过程是没有的。唯物辩证法关于过程的思想,为我们研究道德外化提供了理论基础。

道德外化是道德实践的存在方式和发展状态,同样都表现为一个转化过程。道德内化是道德外化的前提和基础,研究道德外化这一过程,必须先从道德内化过程谈起。

对道德内化过程的研究,古今中外研究者进行了深入的探索。不论是从系统角度还是从机制角度,对道德内化的运行过程都看作各构成要素的综合作用。胡林英认为,道德内化的过程就是形成道德内化图式的过程,在这一过程中,道德内化主体先存的各种道德意识状态结合在一起,共同形成一个整体结构。在道德内化图式意识要素的构成上,"既有情感的因素,又包含内在的欲望、意愿和态度;既指道德知识和逻辑结构的结合,又包括意志和行为的能力倾向"④。任何一个要素的缺失和发展不完善,

---

① 《马克思恩格斯选集》(第4卷),人民出版社1995年版,第224页。
② 同上书,第360页。
③ 同上书,第244页。
④ 胡林英:《道德内化论》,社会科学文献出版社2007年版,第119页。

都会影响到道德内化。并且，这些意识要素自身没有独立的形态，在内化图式中，各种意识要素交织在一起共同实施对内化图式的影响。胡林英用"虚壹而静""以身体之""知行合一"描述道德内化的过程。在她看来，"虚壹而静"主要是获得道德经验和情感共鸣的过程；"以身体之"是道德内化过程的核心环节，主要包括图式匹配和行为取向，要进入主体视野的新的道德信息必须经过道德图式的检查、取舍、判断、匹配的过程，形成行为的取向，转变为自我主体意识的组成部分。"知行合一"是内部道德意识的培养和外部道德行为的统一。在胡林英看来，"道德内化不仅是形成内在的精神结构，同时要表现出具体的道德行为。完整的道德内化过程不仅是指道德规则向内心的内化，还包含着通过践履过程而进一步外化为道德行为的重要环节，是之谓成于内而不囿于内"①。对此，笔者持否定态度。判断真正意义上的道德内化，外化道德行为的检验是其中一个很重要的标准。但是，有些道德内化并一定是以行为的外化为标准的。就如一个个体，没有做出"见义勇为"的举动，但并不一定是没有将"见义勇为"这种"道德"内化于心，形成行为的取向，而是没有遇见"见义勇为"的机会。所以说，具体的道德行为不是道德内化过程的必然组成部分，道德外化也不是道德内化的一个必要环节。完整的道德内化，是形成稳定精神结构的过程，通过道德内化过程，个体已经形成了稳定的行为取向，为道德外化做好了准备。

从以上分析来看，不论是形成道德内化图式，还是完成道德内化的过程，道德内化只是完成了"个体对一定的社会思想、社会道德的认同、筛选、接纳，将其纳入自己思想品德结构之中，变为自己的观点、信念，成为支配、控制自己思想、情感、行为的内在力量"②。从这个意义上说，道德内化主要是形成道德信念，完成的只是思想层面的提升。辩证唯物主义告诉我们，自在客体总是通过主体的能动建构才能成为人脑中观念把握的客体。道德内化的过程同样是主体能动建构主体思想的过程，本质上是个体自主、能动的思想品德的建构过程。

道德内化不是道德活动的终点。检验个体道德生成的标志是看个体在一定的道德环境中能否把通过道德内化形成的思想观点、道德信念自主转

---

① 胡林英：《道德内化论》，社会科学文献出版社2007年版，第140页。
② 鲁洁、王逢贤主编：《德育新论》，江苏教育出版社2000年版，第358页。

化为道德行为。林崇德《品德发展心理学》将这种转化分为四个阶段：①（1）道德活动的开始：明确道德问题，在一定道德需要的作用下从指向道德活动对象开始。（2）在道德动机和道德习惯的制约下，确认一种道德途径。（3）做出道德决策。（4）实施道德计划，把外化过程产生的内部结果转化为外显行为。可见，这一转化是以道德行为为结果的。道德外化过程就是一个从思想到行动的转化过程，是将道德内化阶段形成的道德信念（即思想）转化为道德行为的过程。

2. 道德外化的目标：德行价值的实现

作为人类生活实践的一个基本维度，价值具有十分丰富的内涵。生活中人们大量使用价值的概念，但"价值是什么？"仍然是一个老生常谈且探索和争论不休的问题。孙伟平在《价值哲学方法论》中对一些具有代表性的价值定义进行了剖析和批判。② 他在实体说、属性说或功能说、观念说、关系说的基础上，综合分析了前人关于价值的系列探索，认为价值是一种关系，是个体满足主体需要的关系，这和李德顺在《价值论》中的看法是一致的，认为："我们所理解的价值，就是在人的实践——认识活动中建立起来的，以主体目的、需要为尺度的一种客观的主客体关系，……通俗地说，凡是与主体本性、目的、需要、能力相一致、相适合、相接近的客体内容，就是有价值的，或有正价值的。"③

道德作为一种实践精神是注定要走向客观现实的。如前所述，价值作为主客体之间的关系的一种主体性描述，同样适用于道德领域。道德外化是道德主体以外化方式实现道德价值的过程。道德价值是道德关系的表现和确证，通过对特定道德关系和道德现象的判断，来体现人的价值追求。"因此，可以把道德价值定义为，道德事实和人之间的特有的社会关系，是道德事实对人的本质之确证和完善的标志。"④

德性与德行，是个体道德所追求的两个目标。德性与德行，是两个关系密切的概念。在中国古代思想史上，德性与德行统一到"德"上。在道家看来，"德"意味着由道而获得的具体规定，它构成了事物发展的现实根据。老子从哲学本体论的高度深刻指出："德者，得也。"《庄子·天

---

① 林崇德：《品德发展心理学》，上海教育出版社1989年版，第41页。
② 孙伟平：《价值哲学方法论》，中国社会科学出版社2008年版，第66—73页。
③ 同上书，第77页。
④ 王敬华：《道德选择研究》，中国社会科学出版社2008年版，第12页。

地》中说:"物得以生谓之德。"东汉许慎在《说文解字》中解释"德"说:"德,外德于人,内得于己也。"张载认为:"得天下之理谓之德","德者,得也;凡有性质而可有者也。"朱熹认为,"德者,得也,就是行道而又得于心者也。"所谓"德",就是在处理人际关系时,一方面,内得于己,实现普遍道德规范向个体品格的转化,使善念存心中;另一方面,外得于人,以善德对待他人,用良好的道德行动对待他人。

但实际上,德性与德行还是有区别的。亚里士多德是西方伦理思想史上最早对德性进行定义的伦理学家,他认为,人的德性就是一种品质,是使人善良的一种品质。在他看来,"每种德性都既使得其德性的那事物的状态好,又使得它们的活动完成得好。比如,眼睛的德性使得眼睛的状态好,又使得它们的活动完成得好。同样,马的德性既使得一匹马状态好,又使得它跑得快,令骑手坐得稳,并迎面冲向敌人。如果所有的事物德性都是这样,那么人的德性就是既使得一个人好又使得他出色完成他的活动的品质。"[①] 麦金泰尔认为,德性是一种获得性品质。黄富峰在《道德思维论》中总结前人对德性的分析后,提出"德性包括三方面的内容:首先,德性是人的一种内在品质,是一种善的积淀;其次,德性是一种使人的内在完整精神不断发展和深化的精神动力,它具有提升人的精神境界的作用;其三,德性必须与实践相结合,要作用于、应用于实践"[②]。因此,德性就是一种良好的品德,是一定社会的道德原则和道德规范在个体思想中的内化,是道德行为的比较稳定的内在动因和定式。对于德性的培养,主要是通过道德内化过程实现德性形成。在这一过程中,首先是"知善",即对道德知识的了解过程。"德知"是外在于个体的客观存在,在与个体发生关系前,对于德性没有实际意义;其次是"认同",是个体主动内化以使"德知"内在于自身的过程。通过这一过程,使得外在的"德知"向内在的德性的转化,这是个体一种"自觉而自愿"的非强制性的过程。通过个体的内化过程成就德性是有道德意义的。道德的根本意义在于成就人的德性,使人心灵美好,获得一种优秀的品质。从这个意义上讲,德性是有内在的道德价值的。但是,德性主观内隐的特性使得我们无法从外在验证它的形成与存在,在它和社会现实不产生联系时,就不会产

---

① [古希腊] 亚里士多德:《尼各马可伦理学》,廖申白译,商务印书馆2003年版,第45页。

② 黄富峰:《道德思维论》,中国社会科学出版社2003年版,第21页。

生现实意义。

所谓德行，就是德性行为，是德性支配下的道德行为。黑格尔把德行定义为："意志作为主观的或道德的意志表现于外时，就是行为。行为包含着下述各种规定，即（甲）当其表现于外时我意识到这是我的行为；（乙）它与作为应然的概念有本质上的联系；（丙）又与他人的意志有本质上的联系"① 这意味着德行有四个基本的特征：第一，德行是基于一个人德性基础上的行为外显，是德性内在品质的外显，是德性支配下的道德行为。如果行为没有内在德性支持，就不能算是真正的德行，只是表象看来有道德的行为的偶然发生。第二，德行是意志支配下的自愿、自我选择的道德行为。在道德行为的产生过程中，意志起着自主能动的作用，支持着个体自愿、自我选择道德行为。换言之，德行的产生是个体自主选择的结果，不是外部意志强加的结果，因外部强加产生的道德行为，不体现为德行。第三，德行并不是孤立的自我意志的表现，而是与他人和社会发生关系的活动，与他人的意志有着本质的联系。第四，道德行为的选择是依据一定社会道德规则做出的，不符合社会道德规则的道德行为不算是德行。很显然，德行的这四个基本特征和德性都有着基本的关联，德行是德性的外化。内在的德性只有外化为良好的德行，才具有德行价值。道德外化只有实现了德行价值才真正和社会现实发生了联系，也才算是真正对道德世界具有了实际意义。因此，判断道德外化的目标是否实现，主要看是否实现了德行的价值。

3. 道德外化的途径：生活实践

实践是马克思主义哲学的首要的基本的观点。马克思指出："从前一切唯物主义（包括费尔巴哈的唯物主义）的主要缺点是：对对象、现实、感性，只是从客体的或直观的形式去理解，而不是把它们当作感性的人的活动，当作实践去理解，不是从主体方面去理解。"② 马克思批判了唯心主义的错误，即只是从人的、主体的而不是从客体的、物的方面去理解现实的感性世界；同时又批判了旧唯物主义只是从物的、客体的而不是同时从人的、主体的方面去理解感性世界的片面性。在马克思看来，既要从人的、主体的方面，又要从物的、客体的方面来理解创造感性世界的实践活

---

① ［德］黑格尔：《法哲学原理》，范扬、张企泰译，商务印书馆1961年版，第116页。
② 《马克思恩格斯选集》（第1卷），人民出版社1995年版，第54页。

动,即人的实践活动是人和世界、主体和客体的相互关系、相互作用的统一体。"环境的改变和人的活动或自我改变的一致,只能看作是并合理地理解为革命的实践。"① 马克思克服了费尔巴哈只是以"直观的形式去理解"客体和黑格尔神化或"抽象地发展"主体"能动的方面"两个不足,科学洞察了实践本质:人的自觉自为的感性对象性活动,即人的本质力量对象化和对象化扬弃的活动。

马克思的实践观对我们研究道德外化具有深刻的指导意义。客观世界首先是人的实践和改造的对象,同时也是人的认识对象,人是在改造客观世界中认识客观世界的。个体的思想品德形成过程实际上也是一个实践的过程,个体只有把获得的道德认知付诸实践,形成良好的行为习惯,才能说是良好的品德真正形成。人的实践活动既是主观的精神活动,也是客观的物质活动。我们要运用马克思的这一实践观,把道德外化过程看成是与物质活动密不可分的实践活动,即是与改造客观世界紧密相连的改造主观世界的实践活动。道德外化的实践性,不仅表现在道德外化的结果表现在行为实践上,检验道德外化是否完成也必须看其行为实践,而且还表现在道德外化的基础亦是实践活动。在道德外化过程中,个体的内化的道德认识需要在实践中验证和加深,道德情感需要在实践中陶冶,道德信念需要通过实践形成和巩固,道德意志需要在实践中锻炼,行为习惯也需要在实践中养成。总之,实践是道德外化的途径。个体道德生成的外化过程,是在实践活动的基础上展开、发展和完成的。因此,实践性是道德外化的一个根本属性。离开了实践活动和整个社会实践背景,道德外化就不可能实现。

回归生活世界是现代哲学的基本走向。从胡塞尔前科学的、给定的、主体间性的生活世界,到海德格尔"共在"的日常生活世界,包括哈贝马斯基于交往背景的生活世界,都在一定程度上对科学主义世界观提出了挑战,认为现存世界是人的世界,即为人把握,人所感触到的世界。这一世界是人生活在其中,与人密切联系,和人内在统一的,对人产生意义的世界。但是,他们所理解的生活世界,仍然是一个抽象的日常的精神生活。马克思认为,全部社会生活在本质上是实践的,生活实践构成了人的全部。在马克思看来,人的生活就是他所表现的生活。生活的过程,就是

---

① 《马克思恩格斯选集》(第1卷),人民出版社1995年版,第54页。

人的发展过程。马克思理解的生活世界，是具体而又现实的，是基于实践这一人的本质属性的生活实践，是把日常生活与非日常生活、物质生活与精神生活在实践视域上的高度统一，是对现实生活世界的真正把握。

道德意义上的实践活动，离不开生活世界。正如杜威所言："道德同存在的事实性密切相关，而不是同脱离实际的理想、目的和责任相关。作为道德基础的事实，来源于人们相互之间的密切合作，来源于人们在愿望、信仰、满足和不满的生活中相互关联的活动结果。"① 道德的外化过程，同样离不开生活实践，是在生活实践的基础上展开、发展和完成的。在由德性到德行的外化过程中，生活实践是这一过程的途径。道德外化就是在是包括道德选择、交往、评价、行为等具有实践特性的道德活动中实现的。而选择、交往、评价、行为等都是生活实践的一部分。生活实践是道德从内在到外在转化的唯一途径，没有生活实践，德性就只能永远停留在内隐阶段，而无法外化为实际的道德行为。

---

① ［美］杜威：《新旧个人主义——杜威文选》，孙有中等译，上海社会科学院出版社1997年版，第105页。

第二章

道德外化的过程探究

道德外化是个体自主地将内化的思想观点、道德意识转化为道德行为，从而实现完善的道德自我的复杂过程。如果说对道德外化的概念分析是为了准确把握道德外化的本质，那么对道德外化的过程探究，才能够从宏观上把握纷繁复杂的个体道德生成过程。

马克思、恩格斯把世界看成过程的集合体，认为任何事物作为一个过程，自身都充满了矛盾，而事物的发展过程都是有规律的。过程作为唯物辩证法的基本范畴具有广泛而深刻的世界观和方法论意义。

如前所述，道德外化的过程是从思想到行动的转化。有关这一转化过程，前辈学者从本人的研究领域出发，进行了具体的分析论述。范树成教授认为，在哲学视域内，过程是事物在时间上的持续性和空间上的广泛性，是事物存在的基本状态，是事物、运动、时间和空间的辩证统一。事物的根本属性是运动，时间、空间是运动着的事物的存在方式，因而，任何事物的存在、运动、变化和发展都要表现为一个过程，都需要有一个过程。过程，作为唯物辩证法的基本范畴具有客观性、普遍性、动态性与转化性、阶段性与连续性、秩序性与可调性等特征。①他在《德育过程论》中，对德育过程从本质、规律、矛盾、机制、模式、体验等方面进行了深入探讨。认为外化是受教育者思想品德形成机制的一部分，受教育者的思想品德是在教育者的价值引导下通过受教育者的自主建构实现的。这一过程要实现两个转化：一是外在的思想道德、政治、道德内化为受教育者的观点和信仰；二是受教育者的思想政治、道德观点、信仰外化为行为、作

---

① 范树成：《德育过程论》，中国社会科学出版社2004年版，第11—13页。

用于社会。① 他强调外化是一个转化过程，这一转化过程与内化的转化过程是一个连续的过程，与德育过程的规律、矛盾有机联系、共同作用于德育的过程，是一个复杂的过程。陈秉公教授认为，思想政治教育接受过程是指在思想政治教育接受过程各构成要素的参与下，接受主体对思想政治教育者所传导的接受客体进行选择、加工、内化、外化的连续反应，从而形成社会、阶级或社会集团所期望的思想品德的过程。并进而提出，这一过程大致包括以下内容：教育传导者认同和掌握思想政治教育接受客体的过程；教育传导者传导思想政治教育工作接受客体的过程；接受主体选择、加工、内化思想政治教育工作接受客体的过程；接受主体将内化的接受客体（思想道德认识）外化为行为实践的过程。思想政治教育接受过程是这一切具体过程的有机联系和动态组合。② 他强调外化过程是思想政治教育接受过程的一个重要组成部分，接受主体将内化的思想道德认识外化为行为实践的过程是整个接受过程的最终环节，这一过程与内化等其他接受过程是有机联系和动态组合到一起的。蒋一之由道德原型入手认为，从个体道德发展机制看，个体的道德发展是内外部道德原型经由主体活动交互作用的结果。并进而强调，所谓外化，是指作为道德意识活动倾向性的个体内部的道德原型在实践活动的引发下表现为现实的道德意识活动。③ 她并不完全认同"外化是内化了的道德信念和思想观点转化为个体可以为他人感受到的思想、情感和行为"这一观点，认为这只是反映了个体道德发展状况的一部分，而不是全貌。外化是心理道德原型的现实展开，它并不必然地以内化为基础。外化是"由内到外"的建构。外化是个体心理道德原型从一种潜在的道德意识和道德行为倾向显现为真实可感的道德意识和行为。④ 她并不否认外化是一个转化过程。只是更强调这个转化过程不是简单地将道德信念和观点进行转化，而是在文化环境下的复杂建构过程，其中可能涉及内在心理机构的变化，这种变化开始可能在心理道德原型的框架之内，达到一定程度后将使心理道德原型发生改变，即

---

① 范树成：《德育过程论》，中国社会科学出版社2004年版，第176页。

② 陈秉公：《21世纪思想政治教育工作创新理论体系》，吉林教育出版社2000年版，第199页。

③ 蒋一之：《道德原型与道德教育——道德原型及其教育价值研究》，浙江大学出版社2008年版，第155页。

④ 同上书，第155—157页。

量变导致质变。实际上,这一内化过程还是为道德外化的可能性做好了准备。

不难看出,上述研究在外化过程的理解上,已经注意到外化过程涉及的心理、能力、行动等各方面的有机联系和动态组合,认识到外化过程是一个涉及多方面因素的复杂的转化过程。基于上述理解,要完整把握道德外化的过程,必须要对道德外化过程的结构进行系统分析,把握构成外化过程结构的要素及各要素的关系,分析道德外化过程的内部矛盾,从而在此基础上揭示道德外化的动态过程。

一 道德外化的结构

伴随着科学技术的进步和思想的多元化,结构已经成为一个非常重要的概念。对道德外化结构的剖析是研究外化过程的前提。结构原意指"部分构成总体的方法和原理"。"结构主义者借用结构这一词表示构成系统的各要素间的有机关联性,以及由有机关联性而形成的相对稳定的作用形式。"[1] 结构主义者所说的结构,是抽象的和内在的,接近于事物的普遍本质,是对事物质的方面的把握。法国哲学家列维·施特劳斯认为,一切社会活动和社会生活中隐藏着一种内在的、支配表面现象的结构,他在《社会结构》一文中对结构做了较为完整的定义:"结构"一词根本与经验的实在无关,而只是与某种依据经验实在建造起来的模式有关,强调了五个方面:[2] 第一,尽管"结构"与"关系"有关,是在各种"关系"的基础上构造而成的,但是必须严格区分"结构"与"关系"。"关系"是可以体验和观察到的;而"结构"是超越经验的"深远的实在","结构"绝不仅仅归结为所有"关系"的总和。第二,"结构"呈现出系统化的性质与特征。"结构"是一个完整的整体,它虽然由许多元素构成,但这些元素之间是相互制约的,以致其中任何一个都无法独立发生变化。第三,每个模式(结构)都可能或者说允许发生一系列的变化,其结果并非从一个模式变成另一个模式,而是从这一特定模式演变出一群同样类型的模式。第四,如果一个结构中的某些

---

[1] 蔡志良、蔡应妹:《道德能力论》,中国社会科学出版社2008年版,第105页。
[2] 转引自黄志成主编《西方教育思想的轨迹》,华东师范大学出版社2007年版,第172页。

元素发生了特定的变化，该结构就不复存在了。第五，结构应该体现于一切被观察的事实的模式，也就是说，"结构"的意义就在于"直接地认识被观察的一切事实"。皮亚杰、布鲁纳等也十分注重对"结构"的研究，将结构思想广泛运用于心理、认知、教育领域。皮亚杰把结构视为"由具有整体性的若干规律组成的一个自身调整性质的图式体系"①，并在此基础上提出了结构的三大特性：整体性、转换性和自身调整性。② 布鲁纳按照结构主义表达其认知观。他认为，良好的认知结构具有两个重要的特点：一是简约性，即良好的知识结构总是以最经济、最简单、最有概括性的方式来表征的；二是可迁移性或生成性，即经过结构化的知识具有繁衍的价值。

由以上观点可以看出，事物的结构就是事物的构成要素间的相互联系和组成形式。把握事物的结构，主要是把握构成事物的各个要素。其一，把握构成事物的各个要素，看各要素对事物整体的影响；其二，把握各个要素之间的关系，看各要素之间相互制约、相互联系的状态；其三，把握各个要素客观存在的状态，看其变化规律。结构的观点也符合唯物辩证法的思想。唯物辩证法告诉我们，世界是一个普遍联系的整体，没有一个事物是孤立存在的。事物之间以及事物内部各要素之间存在相互影响、相互制约和相互作用的关系。每一个事物都具有其相对稳定的内部结构和外部结构。要科学把握和研究事物的本质和规律性变化，就必须运用结构的研究方法，研究事物的整体构成形式，研究各构成要素的相互联系和有机结合的状态。

（一）道德外化结构的要素

研究道德外化的过程，就要研究道德外化的结构。本书认为，道德外化的结构十分复杂，其构成要素是多层次多方面的，各要素之间的联结方式也是多种多样的。具体地说，道德外化结构是道德外化的各个构成要素及其相互联系、相互作用的方式，是各要素之间的关系和组织方式。道德外化结构是一个由心理、能力和行为三个子系统及其多种要素按一定的方

---

① ［瑞士］皮亚杰：《结构主义》，倪连生、王琳译，商务印书馆1984年版，第2页。
② 同上书，第3—9页。

式联结起来,具有稳定倾向性的多维立体结构①。道德外化的结构具有以下特征:一是整体性。对于一个具体的道德外化过程,无论从哪个要素来看,都是一个结构整体。整体性对于我们揭示道德外化过程的规律和矛盾具有重要意义。道德外化的结果,是各构成要素共同作用所决定的。把握道德外化的过程,必须从结构的整体性入手,将道德外化过程作为一个有机整体来看待;二是可变性。道德外化结构整体都处在不断的动态变化之中,不论是心理、能力和行为三个子系统中的每一个要素发生变化,达到一定程度之后,都会对原有的稳定结构产生冲击,打破原有结构要素的稳定关系,打破整体结构的已有平衡,使原有结构在动态变化中形成新的平衡关系,从而影响道德外化的结果;三是调节性。道德外化过程的结构的各个要素,都具有自我调节的特性。如心理结构中的理性认同、情感体验、意志激发的各个要素,需要、动机、情感、信念、效能,总是要随时接受外化环境的考验。对于每一个要素而言,针对外化环境的考验,都会形成不同的心理内在驱动力,影响道德外化的效果。这一过程中,道德外化的心理结构要保持相对稳定,就要求结构本身进行自我调节,不断减少内部的不稳定因素,实现结构本身的自我调节功能。

1. 道德外化心理结构

心理活动是人体生理活动基础上发展起来的大脑器官的特殊机能,对道德外化起着基础性的影响作用。道德外化的心理结构,主要是理性认同、情感体验和意志激发。

(1) 理性认同

理性认同以道德认知为基础,是道德认知的最高层次。"道德认知是对道德规范以及社会伦理秩序的观察和理解,并通过自身道德思考、道德选择与判断,把握和揭示规范的内在本质,更好地使规范被自身所接受。"② 道德认知不同于一般学科的认知,不是将道德规范作为一般的道德知识来学习,更不是对规范的无条件遵守,它既包括对道德规范在义理

---

① 在道德外化过程中,心理结构主要包括理性认同、情感体验、意志激发等。能力指顺利完成某一活动所必需的主观条件。能力虽然是个性心理特征,但和道德外化心理结构不在一个层面上,能力结构是理性认同、情感体验、意志激发过程中形成的保障道德外化顺利实现的内在精神力量。

② 俞世伟、白燕:《规范·德性·德行——动态伦理道德体系的实践性研究》,商务印书馆2009年版,第109页。

上的理解，还包含着在道德实践中对具体道德情形的判断和分析。道德认知一般包含以下几层意思：第一，个体在道德实践中通过直观认识、理性思考、直觉顿悟等形式，了解和掌握社会道德规范的要求，形成自己的初步的道德观念。第二，受个体认知能力的制约，不同个体基于各自的心理结构会形成不同的道德认知。第三，个体形成的道德观念在具体的道德情景中接受检验。具体道德情景既有符合道德规范要求的，又有不符合道德规范要求的。个体要将道德观念与具体的道德情景进行比对，以做出新的道德判断。这个道德判断是初步道德观念与具体道德情景的有机结合，形成的是一个包含着情景检验和自我道德判断在内的高层次的道德观念。因此，道德认知的过程实际上就是个体基于自身的心理结构，在道德实践中建构起的内在道德观念的过程。

认同与认知不同。认知是对外在道德规范的建构过程，表明个体对外在道德规范的理解和掌握，虽然经过了一定道德情景的检验，但对道德规范是否永远正确，还需要经过检验。而认同则排除了对道德规范正确性的怀疑，肯定其正确性。《辞海》界定为，认同在心理学上是指认识和感情的一致性，并认为经过认同能够形成人的自我概念。[①] 弗洛伊德认为认同是一个人对另一个人或团体的价值、规范与面貌的模仿、内化，并形成自己的行为方式的过程。认同的最高层次是理性认同。理性认同是道德认知的最高层次。本书认为，理性认同不仅是个体对外在道德规范的深度认同，而且是个体在理性选择基础上的深度认同的升华，是个体在道德内化基础上转向道德外化的关键，是道德认知转化为道德行为的关键和桥梁。

理性认同有以下几个特征：一是高度的主动性。理性认同是个体受道德需要的动机驱使，在道德认知和道德认同基础上的主动认同的过程。理性认同不受任何外在力量压力和干扰，在清楚的意识、明确的认识基础上形成的，没有任何盲目和冲动。二是深度的接受性。理性认同代表的是个体情感的积极参与和内心的接受，表明个体在情感深度参与的基础上，已经自觉和深度接受了外在道德规范，并内化为自己的道德信念。三是态度的坚定性。理性认同一经形成就难以改变。理性认同表明个体此时的态度是坚定的，不会因为外界各种干扰而有所改变。这种坚定来源于对认识对象的深刻认同，来源于个体与认同对象价值的高度统一。这种态度的坚定

---

① 夏征农主编：《辞海缩印本》，上海辞书出版社1989年版，第43页。

性甚至可以用"不可逆转性"来概括。

（2）情感体验

情感属于主观意识的范畴，是一种基于主观需要的体验、态度或反映；情感是对某一客观事物的体验，根据客观事物的变化而产生相应的态度；情感不同于一般的主观对客观的反映，而是一种特殊的反映，是对客观事物与人的需要之间关系的反映。心理学认为，"情感是人对客观现实的一种特殊反映形式，是人对于客观事物是否符合人的需要而产生的态度的体验"①。《心理学大辞典》将情感定义为"人对客观事物是否满足自己的需要而产生的态度体验"。愉快、忧愁、赞叹、厌恶、愤怒、恐惧等都是情感的表现形式。情感虽然有各种表现形式，但并不都和道德相关。道德情感是与道德相关的情感，是在个体的道德需要的基础上，不带有任何功利色彩的一种情感。道德情感不是由道德生活的需要和道德观念是否得到满足而产生的内心体验。苏联著名教育家苏霍姆林斯基曾指出："情感就是道德信念、原则性和精神力量的核心和血肉，没有情感，道德就会变成枯燥无味的空话，只能培养伪君子。"②徐启斌认为，"道德情感乃是道德意识的重要内容之一，指人们对现实道德关系，道德行为的内心体验和主观态度。这种内心体验和主观态度与一定道德准则、善恶判断相联系，以主体道德需要满足与否为基础，以好恶、喜怒、爱憎、乐悲等情绪形式表现出来"③。很显然，道德情感不是一般意义上的喜怒哀乐层次的情感，它是与一定社会的社会道德规范和道德法则联系在一起的，是个体道德需要与一定社会的道德规范和道德法则的交锋后形成的一种肯定或否定的态度，徐启斌称为"高级社会性情感"。道德情感既然是一种"高级社会性情感"，必然与一般情感具有明显的差异性。俞世伟、白燕认为，道德情感与一般情感的差异显示着道德情感的以下特点：④第一，道德情感显示着个体理性因素和感性因素的完美统一。第二，道德情感既然是个体行善时表露出的情感，必然具有强烈的外显性特征。第三，道德情感是推动个体内心向善的情感，它在一定程度上约束着非理性的一般情感。

---

① 李建周主编：《心理学》，高等教育出版社1991年版，第113页。
② 王天一：《苏霍姆林斯基教育理论体系》，人民教育出版社1992年版，第108页。
③ 徐启斌：《论道德情感的基本特征》，《江西社会科学》1997年第2期。
④ 俞世伟、白燕：《规范·德性·德行——动态伦理道德体系的实践性研究》，商务印书馆2009年版，第112页。

体验是一个多学科共有的概念。不论是哲学、教育学、心理学，都以体验作为研究对象。《现代汉语词典》中对体验做了两个界定，其一，通过实践认识周围的事物；其二，亲身经历。从《现代汉语词典》的解释来讲，没有实践，就没有体验；实践是体验的基础和途径。朱熹认为："讲论自是讲论，须是将来自体验。说一段过又一段，何补！……体验是自心里暗自讲量一次。"① 王守仁认为："皆是就文义上解释，牵附以求，混融凑泊，而不曾就自己实工夫上体验。"② 二人均认为体验通过亲身经历获得对事物的认知、情感的过程。由此可见，体验既是一种心理活动，又是一种实践活动，是"心理和生理、感性和理性、情感和思想、社会和历史等方面的复合交织的整体矛盾运动"③。

情感体验是基于道德情感基础上的一种复杂的心理活动，也是一种复杂的实践活动。情感体验是在个体对道德规范的理性认知基础上产生的道德情感与自身体验活动的有机融合。情感体验不同于感受，感受是将个体置身于活动之外，是一种纯心理的活动，而情感体验是将个体置身于活动之内，使自己暂时根据面对道德活动的环境、立场、观点去观察思考，并做出判断，同时在观察和思考的基础上，直接参与道德活动，是心理活动和实践活动的结合。《大学》中所说的"好而知其恶，恶而知其美者，天下鲜矣"就是情感体验的作用。情感体验在道德外化过程中发挥作用最为显著。情感体验不是一个简单的体验活动，而是个体对外在道德规范的深度认同基础上做出的理性选择，是带有道德情感判断的主动的体验活动，对于个体做出外化选择，转化为道德行为具有重要作用。

(3) 意志激发

"意志是个体所独具的自我意识的一种特殊的心理现象"④，是人有意识、有目的、有计划地调节和支配自己行为的心理过程。意志是自觉地确定目的，并根据目的调节并支配自己的行动，克服困难去实现预定目的的心理过程。意志在人主动地改变现实的行动中体现出来，对行为（包括外部动作和内部心理状态）有发动、坚持和制止、改变等方面的控制调

---

① 《朱子语类》卷一一九。
② 《传习录》卷中。
③ 沈建：《体验性：学生主体参与的一个重要维度》，《中国教育学刊》2001年第2期。
④ 宜凤云：《论个体道德意志的心理机制》，《苏州大学学报》（社会科学版）2005年第2期。

节作用。因此，心理学上将意志称为意志品质，即自觉性、果断性、自治性和坚忍性。① 不论是理性认知，还是情感体验，意志都在其中都发挥着重要作用。道德意志是个体在理性认知的基础上，通过积极的情感体验，在意识层面上对践履道德形成的稳定的心理定式。意志激发的过程，就是个体在道德认知力量和道德情感力量的基础上，对道德意志力量的凝聚过程。意志激发既是理性认知和情感体验的保证，也是道德行为外化的决策力和支持力。

意志激发的作用包括三个方面：一是保障作用。道德外化的过程总是处在一定的社会环境和道德情境中，会受到各种因素的干扰，造成个体心理结构各要素的不平衡。意志激发可以调控个体的注意力，排除干扰，保证理性认同和情感体验的方向；二是能动作用。意志激发支持行为外化。在一定的道德情景中，个体会对理性认同的结果进一步进行检验。虽然理性认同具有高度的主动性、深度的接受性、态度的坚定性等特征，是个体与认同对象价值的高度统一，但如果缺少道德意志的继续保证，也很难保证个体的理性认同不被动摇，情感体验继续支持。意志激发决定着个体在一定的道德情景中，抑制个体心理中的非道德冲动，自觉地、有意识地克服一切困难，正确做出道德选择，支持和保证行为的外化，做出道德行为。三是调节作用。主要表现在对道德外化过程中情感体验的控制作用，即通过意志的自控力控制情感体验的波动，帮助个体正确分析和对待可能出现的困境，调节情感体验可能出现的不利因素。

意志激发具有三个明显的特征。一是主动性。意志激发是个体依据理性认同和情感体验的结果做出的主动选择，是对原有道德意志的进一步激发和升华。二是稳定性。道德意志的形成是个体在长期的道德实践中道德意识的内在诉求，表现为稳定的道德信念和道德动机。无论是面对怎样的道德情景，道德意志都能够在个体的努力之下顺利激发出来，克服非道德的障碍，从而实现道德行为的外化。三是方向性。道德意志是意识层面影响道德践履的稳定的心理定式。道德意识强弱，一定程度上影响道德践履的结果，影响道德外化的实现。意志激发主要是充分调动人的道德意识，促进道德践履的进程，指导个体朝着向善的方向前进，推动行为沿着社会要求的道德规范轨道前进。可见，意志激发的方向是固定的，是为了激发

---

① 阴国恩等编著：《普通心理学》，南开大学出版社2000年版，第315—325页。

人的道德意识，而不是消解人的道德意识。

如果没有意志激发作为保证，理性认同就难以变为道德行为；即使有所行动，也难以持久。可见，意志激发是心理结构的重要因素。

2. 道德外化能力结构

道德外化的能力结构同样是一个复杂的系统，是道德外化实现的前提。分析这一系统的内部结构，准确把握各构成要素及其相互之间的关系，对于把握外化过程的结构具有重要的意义。

道德能力是人认识、理解道德规范，且在面临道德问题时能够鉴别是非善恶、做出正确道德评价和道德选择并付诸行动的能力。[①] 蔡志良、蔡应妹认为：道德能力既是思维能力又是实践能力，是由道德认识能力、道德判断能力、道德选择能力、道德践履能力、道德自觉能力和道德创造能力等要素构成的。应该说，这一观点对道德能力的把握是比较周全的，对于把握外化的能力结构具有启示意义。对于道德生成的过程来讲，道德认识能力是其中的一个基础能力。道德认识能力是在对道德知识和道德规范的理解和掌握的基础上，对道德现象和道德关系的把握能力，主要表现为两个方面：一是对实际道德现象的感性的把握能力；二是对道德现象和道德规范的理性把握能力，在面对具体的道德情景时，能够进行理性的认识。可以说，没有道德认知能力，个体就不能进行道德判断、选择和践履。从这个意义上说，道德认知能力贯穿到道德能力的各个方面，即道德判断、道德选择和和道德践履能力，都是以道德认知能力为基础的。康德在《判断力批判》中就将"知性"作为"诸认识能力"的最基础要素，充分肯定了道德判断能力的基础地位。可见，将道德认知能力和判断能力、选择能力、践履能力放在同一层次上讨论，将出现概念的交叉。

本书认为，道德外化的能力结构，主要包括道德判断能力、道德选择能力、道德践履能力。这三个能力要发挥作用，都需要在科学的道德认知基础上，对外在道德规范上进行充分内化。也可以说外化过程的能力结构，是建立在个体道德充分内化的基础上的。

（1）道德判断能力

道德判断能力是指个体在道德充分内化基础上，对面临的道德环境和

---

① 蔡应妹：《论道德能力的涵义及其特征》，《浙江师范大学学报》（社会科学版）2006年第2期。

道德问题进行充分辨析，做出正确的是非判断的能力。在道德外化的能力结构中，道德判断能力是针对道德行为的，因此，道德判断能力主要是道德行为的判断能力，即是否能对面临的道德环境和道德问题进行充分的辨析，做出是否进行外化道德行为的判断。

道德判断主要包括道德鉴别和道德评价两个环节。道德鉴别是个体运用已经掌握的道德规范对一定的道德问题进行分析和辨别，即看是否符合道德规范的要求。道德评价是在道德鉴别的基础上，对道德问题的善恶性质做出具体的判定。不论是道德鉴别还是道德评价，都需要辨别和评价的能力。善恶美丑，是非对错，对不同的个体有不同的鉴别和评价标准，就会有不同的评价结果。做出道德鉴别和道德评价是为了道德行为的判断，是为了做出道德行为的选择。

康德曾经指出：普遍的判断形式不是能由经验提供，而必须由理性提供；一个科学判断包括道德判断，如果要成为普遍必然性的，除经验提供的事实材料外，还必须有理性提供形式。① 因此，道德判断不仅包含着具体道德问题的过程、结果、情景等经验层面的认知，同时涉及个体自我领悟、感受、认同等不同层次的个体体验。道德判断因此既包括对道德问题的事实判断，也包括对自我体验的判断，同时包括对二者结合的价值判断，只有在科学分析三者的基础上从表层的辨别到对个体和道德问题的深层次感悟，才是真正意义上的道德判断。而能够进行深层次意义上的道德判断的能力，才是真正的道德判断能力。也只有这样的道德判断能力，才能超越简单的居于道德规范的判断，才能在复杂的道德情景中做出正确的道德判断，指导个体做出理性的道德行为选择。

道德判断能力在道德外化能力结构中处于重要位置，是个体做出道德行为选择的前提，没有道德判断能力就不可能产生真正意义上的道德选择能力，也就不能做出正确的道德行为选择。

(2) 道德选择能力

什么是道德选择？道德具有自愿自觉的特性。一个完全在外力胁迫下做出的、违反个体本人意愿的行为显然不是被选择的。只有当一个人知道他要做的行为，并且出于意愿地、因其自身之故而选择它时，这种行为才

---

① 罗国杰、宋希仁编著：《西方伦理学史》（下卷），中国人民大学出版社1988年版，第417页。

是真正具有道德意义的。亚里士多德认为,选择比行为更能判断一个人的品质。罗国杰认为,道德选择是一种特殊的社会选择,是人在一定的道德意识的支配下,根据某种道德标准,在不同的价值准则或善恶冲突之间所做的自觉自愿的抉择。道德选择是一种价值取向,是人为了达到某一道德目标,而主动做出的道德取舍。道德选择是价值观的表现形式,它把人们内在的价值观念、道德品质等心理活动和行为活动的形式呈现给自己或别人。① 由此可以看出,道德选择既包括道德意识的选择,也包括道德行为的选择。本书所论述的道德选择,是界定在道德外化的能力结构中。因此,仅将道德选择的外延界定在个体对道德行为的选择上。

道德选择能力就是个体在一定道德判断的基础上,自觉、自愿、自主地进行道德行为选择的能力。在道德外化能力结构中,道德选择是一个关键因素。正是因为有了道德选择,个体才能在道德判断的基础上,完成由道德意识到道德行为的转变。科尔伯格认为,"成熟的道德判断是成熟道德行为的一个必要条件"②。他的论断充分说明了道德选择的重要性。杨国荣认为:道德选择"则意味着实践理性向实践过程的转换"③,道德选择是道德意识向道德行为,道德理性向道德实践转变的关键点,而保障个体选择去实现这种转变的能力就是道德选择能力。

个体的道德选择能力包括两个方面:其一,个体能够充分把握做出道德选择的客观环境。个体做出的道德选择总是受到一定客观环境的制约,包括社会道德规范环境和具体道德环境的制约。对于不同的个体来讲,社会道德规范环境是不断变化的,具有具体性和相对性。在具体的道德环境面前,个体在做出选择的时候,必须做出取舍。正如马克思指出的:"如果他要进行选择,他也必须是在他生活的范围里面,在绝不由他的独自性所造成的一定事物中间去选择的。"④ 个体要顺利做出选择,必须有把握道德选择客观环境的能力。其二,个体进行道德选择的自由。道德选择意味着个体要在道德判断基础上在善恶、美丑、崇高与卑劣、利己与利他、应当与不应当之间做出选择。而做出怎样的选择,个体必须有进行选择的自由。"自由,自古以来就是人们进行一切活动的前提,又是人们活动所

---

① 罗国杰:《伦理学》,人民出版社1989年版,第344页。
② 王海明:《新伦理学》,商务印书馆2001年版,第620页。
③ 杨国荣:《伦理与存在——道德哲学研究》,华东师范大学出版社2009年版,第126页。
④ 《马克思恩格斯全集》(第3卷),人民出版社1960年版,第355页。

追求的目标。作为人的活动前提的自由既包括一定历史时期给人提供的按照自己的目的和愿望行动的可能性，也包括人独立地按自己的愿望在这些可能性中做出决定并采取行动的能力。"① "人独立地按自己的愿望在这些可能性中做出决定并采取行动的能力"指的是人的一种内在自由，主要是意志自由，即人的一种自主自觉能力，即人在任何事物面前具有接受和拒绝的自主性。道德选择作为人的活动的一种形式，也具有人的活动与自由之间关系的一般特征。在道德选择中，意志自由具有重要的作用。没有充分的意志自由，就不可能具有进行选择的能力。

在道德外化过程中，从具体的情景分析、规范引用，到理性权衡、意志决断过程中都需要道德选择能力发挥作用，特别是道德行为的选择能力，制约着道德外化的结果。所以说，在道德选择过程中，道德选择的具体环境只是限定了道德选择的应然的状态，道德选择的实然状态，主要是依赖于个体的道德选择能力来实现。

(3) 道德践履能力

个体做出道德行为的选择，意味着个体的道德活动从意识的领域即将进入实践的领域。在道德外化的过程中，影响道德外化的各种环境因素都会对个体道德外化产生影响。如何使个体按照内化的结果，在分析所面对的客观环境，做出道德判断和道德选择的基础上，保证道德行为的实现，就需要一种能力来支撑，这种能力就是道德践履能力。

道德践履能力是个体在道德实践中自觉将内在道德信念转化为外在道德行为的能力，道德践履能力有三个特点：首先，道德践履能力以"自律"为基本品格。个体在道德外化的过程中，从行为的选择到行为的定向，从道德的决断到道德行为的实现，道德外化的过程都呈现出自律的品格。道德外化过程中每一个环节都是个体内在的意愿的反应，特别是行为的选择涉及预测、评价、比较等，都需要个体对行为的可能结果做出分析、预测和评价，判断其行为是否符合社会的要求，从而决定是坚持还是改变自己的行为方向。正是道德践履能力的这种自律品格，才能支持个体始终在自我的理性反思和反省等维度，保持道德行为的正确方向。其次，道德践履能力以"意志"为实现保障。在道德外化的过程中，总会遇到

---

① 王敬华：《道德选择研究——以价值论为视角》，中国社会科学出版社2008年版，第52页。

主观和客观的各种条件的制约，没有坚强的意志作为保障，个体就没有足够的力量去实现所选定的道德目标。杨国荣认为，意志表现为个体的内在要求，是个体道德外化的内在要求和精神动力；表现为道德外化的定向形式，制约着自我的选择过程，并为行为的选择提供了导向。从他所论述的意志的具体形态来看，都是道德践履能力的保障，它保障着个体的外化过程中从行为的选择，到行为的定向和行为的结果，都能按照个体始终如一的追求去做。再次，道德践履能力以"行为"为外显标志。检验个体的道德践履能力，既要看道德践履是否具有自律的品格，是否有坚定的意志作为保障，更重要的是看道德践履能力是否保障了道德外化的实现，保障了个体道德行为的出现。从这个意义上说，道德践履能力不能脱离道德行为的检验，没有道德行为这样一个外显标志，就说不上有道德践履能力。

道德践履能力是一种实践能力，是外化能力结构中的一种关键能力，没有这种能力，道德只能存在于一种向善的向度，就不可能达到真正的行为外化。

3. 道德外化行为结构

道德外化行为结构是道德外化的执行结构，在道德外化结构中占有相对独立的重要位置。行动不单纯是确立行动的动机和行为倾向性的心理过程，而是一个包含行为意向、行为实施、行为结果在内的统一的行为过程，是道德外化的外在标志和集中表现。判断个体道德外化是否实现，主要是看道德外化的行为过程和结果。外化的行为结构包括行为意向、行为实施、行为结果。

（1）行为意向

意向是个体对态度对象的反应倾向，即行为的准备状态，准备对态度对象做出一定的反应，因而是一种行为倾向，或叫作意图、意动。道德外化过程中的行为意向，是行为结构的准备状态。行为意向受到三个方面的制约：一是道德内化程度的制约。如前所述，道德内化程度为道德外化做了前期方向性准备，道德内化的程度如何，直接关系到道德外化过程的行为意向。二是外化环境的影响。道德外化的实现，必然要在一定的情景中进行。这个情景既包含社会客观存在的情境，也包括个体可以感知到的个体情境，这两者都能影响个体是否为外化做好准备，形成行为意向。三是外化过程的反馈因素。反馈因素包括自我意识和社会反应。外化过程中，个体借助和外部环境的联系系统，不断辨别和加工影响行为的各种信息，形成新的认知和情绪体验以影响行为意向。

(2) 行为实施

行为实施是道德外化的发生和延续过程，是道德外化行为结构的核心内容。行为实施是在行为倾向的基础上，在心理结构的推动下，个体行为从倾向到具体实现的过程。单纯的倾向，不是外化行为的完全过程，只有行为实施后，外化倾向外显为具体的行为，才是一个完整的过程。

(3) 行为结果

行为结果是道德外化过程的结果状态，标志着道德外化真正意义上的实现。就道德外化的行为结构而言，行为意向和行为实施都是为行为结果在做准备，没有行为结果，行为意向和行为实施就没有实际的价值，也就无所谓道德外化的实现。单就行为的本身而言，不同层次则意味着个体道德外化的不同程度。第一层次：合乎规范。行为的结果仅仅是与规范相合，符合规范的要求，这一层面的行为结果，往往是个体机械遵循道德规范的结果。这一层次，看似有道德行为的结果，但这一行为结果，不是个体主动做出，不是在真正道德内化的基础上个体主动做出的选择，因而不具有道德外化行为结果的意义。第二层次：顺应规范。行为的结果是在道德内化基础上，对道德规范的理解和遵循，个体是自觉自愿按照道德规范的要求去做，但在相当程度上，顺应规范是作为社会成员的个体应尽的基本义务。第三层次：超越规范。行为的结果是个体在深度的道德内化的基础上，自觉做出的道德选择，个体不仅表现出合乎和遵守规范，而且是出于个体内在道德的需要，超越规范的要求。这种超越规范的行为才是真正的道德行为。很显然，道德外化的行为结果应属于第三层次。也只有第三层次才具有道德价值。如康德所述，当一个人的"行为不受任何爱好影响，完全出于责任，只有在这种情况下，他的行动才具有真正的道德价值。"[①]

(二) 道德外化结构各要素的功能

如前所述，道德外化结构是一个由心理、能力和行为三个子系统及其多种要素按一定的方式联结起来，具有稳定倾向性的多维立体结构。作为复杂的道德外化的结构系统中的一部分，不论是心理结构、能力结构还是

---

① [德] 康德：《道德形而上学原理》，苗力田译，上海人民出版社1986年版，第55页。

行动结构，在道德外化过程中以相互联系、相互作用的方式共同作用，影响着道德外化的实现。

1. 心理结构是推动外化实施的动力系统

就道德外化过程而言，心理过程是外化过程的第一阶段，它既是道德外化的心理准备阶段，又是外化过程的内在驱动力。对于一个具体外化过程而言，个体在道德内化的基础上，在做出行为选择的时候，首先是经受心理的检验，行为是否符合个体的道德需要，个体做出行为选择的动机是什么，道德信念是否支持行为的选择等等，都会影响道德外化。外化心理结构中的理性认同、情感体验、意志激发，是道德外化的原动力，控制着个体道德外化的能力结构和行动结构。

2. 能力结构是推动外化实施的保障系统

就道德外化而言，能力结构渗透在道德外化过程的每一个阶段，它与心理结构和行为结构具有同步性。对于一个具体的外化过程而言，心理结构的理性认同、情感体验、意志激发，促使个体形成了自己的道德观念和稳定的善恶情绪以及实现坚强的道德意志，这一过程得到了能力系统的保障。以道德判断能力、道德选择能力、道德践履能力构成的道德能力系统保证了个体在复杂的外化中能够始终保持清醒的认识，能够正确辨别是非善恶，能够主动做出正确的道德选择，能够主动把握自己的道德行为；行为结构的行为倾向和行为实施，也需要能力系统的保障，正是能力结构的中的道德判断能力、道德选择能力、道德践履能力，为行为倾向和行为实施提供了可能性和内在保障力。因而从一定意义上说，能力结构是推动外化实施的保障系统，"实际上是个体道德能力对象化的综合表现"[①]。

3. 行为结构是推动外化实施的执行系统

就道德外化而言，行动结构是外化过程的核心内容。对于一个具体的外化过程而言，道德外化总是起始于行为意向，经过行为实施，终止于行为结果。倾向、实施、结果是在内化的基础上，在心理结构的推动下，个体行为从倾向到结果具体执行的过程。这三个阶段是个连贯统一的过程，单纯的倾向和实施，不是外化的完全过程，只有出现行为结果后，个体完全经受了前两个阶段的考验，外显为具体的行为，才是一个完整的过程。

道德外化的心理、能力、行为三个结构，在道德外化过程中相互作

---

① 唐凯麟、龙兴海：《个体道德论》，中国青年出版社1993年版，第63页。

用,共同发挥这作用,其中心理结构是动力,能力结构是保障,行为结构是核心。

二 道德外化的矛盾

唯物辩证法认为,在事物的发展过程存在着许多矛盾,这些矛盾成为一个动态的、复杂的矛盾体系。这些矛盾由于在事物发展过程中的地位、作用及对事物根本性质的影响不同,分为基本矛盾和非基本矛盾,主要矛盾和次要矛盾。道德外化过程是一个复杂过程,其中必有十分复杂的矛盾,并且组成了一个由多种矛盾构成的矛盾体系。这些矛盾既包括道德外化与道德内化的矛盾,又包括道德外化结构各构成要素之间的矛盾,还包括道德外化个体自身的矛盾。它们交互影响,相互作用,推动道德外化过程,是道德外化过程得以发生的动力所在。

(一) 道德外化基本矛盾的分析

基本矛盾,也叫根本矛盾,是"规定事物的根本性质并对事物的全过程运动发展起支配作用的矛盾"[1]。基本矛盾是贯穿于事物发展过程的始终,规定事物发展本质的矛盾。毛泽东在《矛盾论》指出,根本矛盾是事物发展的基本原因和基本动力,它贯穿于事物发展全过程并始终起着主导的、支配的作用。"事物发展过程的根本矛盾及为此根本矛盾所规定的过程的本质,非到过程完结之日,是不会消灭的。"[2]《矛盾论》的论述对于我们理解基本矛盾具有重要的启示意义:一是基本矛盾规定着事物及其过程的本质;二是基本矛盾决定着事物发展的进程。基本矛盾不改变,事物及其过程的本质就不会改变,事物的发展过程就不会完结。在道德外化的诸多纷繁复杂矛盾中,从根本上对道德外化起驱动作用的是道德外化的基本矛盾。

准确了解基本矛盾还要注意了解非基本矛盾。非基本矛盾和基本矛盾对应,不规定事物及其过程的基本性质,也不一定贯彻事物发展过程的始终。这并不是说非基本矛盾不重要。非基本矛盾也时刻影响着基本矛盾的

---

[1] 冯契主编:《哲学大词典》(修订本),上海辞书出版社2001年版,第584页。
[2] 《毛泽东选集》第1卷,人民出版社1991年版,第314页。

解决，加速和延缓基本矛盾的解决，与基本矛盾共同推动事物的发展。

1. 道德外化基本矛盾的确证

道德外化，就是在道德内化的基础上，个体自主地将内化的思想观点、道德意识转化为道德行为，从而实现完善的道德自我的复杂过程。其目的就是要将内化的思想观点、道德信念意识为道德行为。因此，道德外化要解决的就是"个体内化的道德认知和个体的道德行为之间的矛盾"（以下简称知行矛盾）。这一矛盾不仅规定和影响着道德外化其他矛盾的存在和发展，而且整个道德外化过程都随着这一矛盾的解决而结束。它规定着道德外化的本质，并对道德外化的运动、变化、发展起着支配的作用。因而，它是道德外化的基本矛盾。

知行矛盾规定着道德外化其他矛盾的存在和发展，决定和支配着整个道德外化的运动和发展。知行矛盾是道德外化过程一切矛盾产生之根源，它决定和影响着道德外化的全过程。道德外化除了知行矛盾外，还存在着道德外化结构各构成要素与道德外化之间的矛盾，道德环境和道德外化之间的矛盾，等等。这些都是由这一基本矛盾派生并由这一基本矛盾决定的，这些具体矛盾的解决都是围绕这一基本矛盾展开的。假如没有知行矛盾的存在，个体内化的道德认知能够顺利转化为道德行为，此时，道德外化的各种矛盾就相应得到了解决，道德外化作为一个过程也就相应的终结。但是，当面临一个新的道德环境时，个体内化的道德认知又将与道德行为产生新矛盾，个体进入了新一轮的矛盾交互过程。道德外化就是在旧的矛盾统一体的分解和旧过程的结束，新的矛盾的产生和发展的过程中存在的。因此，道德外化的其他各种矛盾，都是因为知行矛盾这一基本矛盾所引起的，而解决其他诸多矛盾都是以解决这一基本矛盾为落脚点。

知行矛盾是道德外化最根本的原因和最根本的动力。唯物辩证法认为，推动事物发展的动力是事物内部矛盾，而推动事物发展的最根本的动力是事物的基本矛盾。如前所述，在道德外化的过程中，存在着诸多的错综复杂的矛盾，但这些矛盾在道德外化的运动、变化、发展所起的作用是不同的。道德外化就是在道德内化的基础上，个体自主地将内化的思想观点、道德意识转化为道德行为，从而实现完善的道德自我的复杂过程。知行矛盾贯穿于道德外化全过程，是道德外化的最根本原因。道德外化的过程，就是如何消除和解决知行矛盾的过程。其他矛盾都是围绕这一矛盾派生出来的，产生的动力也是由知行矛盾这一根本动力派生出来的。假如个体的知行之间没有矛盾的话,其他矛盾也就不可能产生。因此,知行矛盾是道德外化最根本的原因和最根本的动力。

知行矛盾决定着道德外化的本质,是区别其他道德活动的依据。本质是事物存在的依据,是事物本身所具有的根本属性,它是由这个事物区别于他物的矛盾决定的。作为道德生成的过程来讲,道德内化不是道德活动的终点。检验个体道德生成的标志是看个体在一定的道德环境中能否把内化的思想观点、道德意识自主转化为道德行为。道德外化本质上就是一个转化过程,是将道德内化阶段形成的思想转化为行动的过程。而实现这一转化过程,就需要解决在转化过程中的知行矛盾。正是因为有了知行矛盾,才将道德外化和其他道德活动区别出来。因此,知行矛盾决定着道德外化的本质。

综上所述,本文认为,个体内化的道德认知和个体的道德行为之间的矛盾(知行矛盾)是道德外化的基本矛盾。在这一基本矛盾中,个体的道德行为是矛盾的主要方面,决定着道德外化的进程。

2. 道德外化基本矛盾的表现形式

道德外化的基本矛盾是"个体内化的道德认知和个体的道德行为之间的矛盾",即知行矛盾。在道德外化过程中这一基本矛盾表现出不同的情形及矛盾运动的不同表现形式。

(1) 知行矛盾的四种基本情形

概括地讲,道德外化过程中个体内化的道德认知与个体道德行为之间的矛盾表现为四种状态,如下图所示:

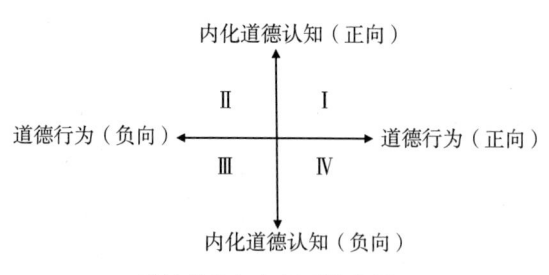

```
              内化道德认知(正向)
                    ↑
              Ⅱ  |  Ⅰ
道德行为(负向) ←——+——→ 道德行为(正向)
              Ⅲ  |  Ⅳ
                    ↓
              内化道德认知(负向)
```

道德外化知行矛盾的向量图

第一,个体对道德认知已经充分内化,内化道德认知表现为正向。在这一条件下,个体道德行为与内化道德认知有两种可能的状态:在第Ⅰ象限,二者在方向上是一致的,即个体道德内化与道德行为是一致的,表现为内化的道德认知顺利转化为道德行为,道德外化的知行矛盾顺利得到解决。应该说这是一个理想的状态，实现了道德内化与道德行为外化的高度统一。这种状态既体现了个体德性的完善建构，又体现了社会道德环境对道德外化的支持，是一个和谐的状态。在第Ⅱ象限，二者在方向上相反，表现为个体道德内化状态不能顺利转化为道德行为，道德外化的知行矛盾不易解决或不能解决。这是一种道德内化与道德外化的不和谐表现。这种状态一方面可能是个体在高度的道德内化状态下，因为缺乏道德外化的良好道德环境的有力支持，只能暂时表现为道德行为的暂时缺失或不外显；另一方面可能就是内化道德认知的正向状态只是一个假象，个体内化的道德认知还不够稳定，还不足以支持道德行为的出现。当然，也可能表现为道德外化心理、能力、行动三个子系统其中一个不支持道德外化，都可能导致这种不和谐，在此不一一赘述。

第二，个体对道德认知没有充分内化，内化道德认知表现为负向。在这一条件下，个体道德行为与内化道德认知也有两种可能的情况：在第Ⅲ象限，负向的内化道德认知与负向的道德行为的统一。个体道德没有充分的内化，在相应的道德环境中，不能外化为道德行为。既没有知，也没有行，二者虽然表现为统一的状态，但对于道德外化来讲，是一个更加矛盾的状态。在第Ⅳ象限，出现的是内化道德认知负向与道德行为的偶现一致。这种偶现的道德行为，不是个体充分内化之后的道德行为，是伴随着一定情景出现的偶然的道德行为，和道德内化没有必然联系，因而二者也是一个矛盾的状态，而且无法得到解决。

从以上四种状态可知，个体内化的道德认知和道德行为之间是一个复杂的矛盾状态。对于个体内化的道德认知与个体道德行为之间矛盾来讲，只有在第Ⅰ象限，在个体充分内化基础上的道德外化，才是真正意义上的道德外化。而对于第Ⅱ、Ⅲ、Ⅳ象限来讲，由于个体没有道德外化或者没有充分道德内化，因此也就谈不上真正意义的外化。对于道德行为来讲，只有当行为表现为自觉自愿的状态时，是真正道德内化基础上的外化，才是真正的道德外化。

（2）两个矛盾的转化解决知行矛盾

道德外化的目标，推动个体自身的矛盾运动，将内化的思想观点、道德意识转化为道德行为，解决知行矛盾，从而实现完善的道德自我。这一矛盾的解决，离不开个体自身的努力，具体来讲，可以通过两个矛盾的转化，解决知行矛盾。

第一，个体在道德内化负向状态下，解决个体与道德内化程度之间的冲突，化假内化为真内化，推动知行矛盾由第Ⅳ象限向第Ⅰ象限转化。在这一矛盾转化的过程中，解决的是从假知到真知进而真行的问题。这一转化包含三个步骤：一是个体接受外在的思想道德要求，内化正确的思想观点和道德信念以克服自己的错误道德认识；二是强化正确的道德观念思想观点和道德信念用于支配自己的道德行为；三是将已经内化的思想观点和道德意识外化为道德行为。

第二，个体在道德内化正向状态下，解决个体与环境之间的矛盾冲突，化不利环境为有利环境，推动知行矛盾由第Ⅱ象限向第Ⅰ象限转化。在这一矛盾转化的过程中，解决的是从真知到难行到真行的问题。这一转化也包含三个步骤：一是个体接受道德环境的考验，表现为对道德环境的判断和感悟，熟悉并容易接受的环境，顺利进入外化道德行为环节；二是对不熟悉的道德环境，受模仿性和情境性教育的要求，也能受到环境的感染，进而接受环境，顺利进入外化道德行为环节；三是对完全陌生或不利的道德环境，个体受深度道德内化的影响，表现为坚定的信念，顽强的意志和始终的追求，不受任何外力干扰，自觉突破环境的限制，顺利进入外化道德行为环节。

两个矛盾的转化，目的就是达到个体内部道德认识、情感、意志与环境的统一，从而使知行矛盾得到顺利解决。

3. 正确区分道德外化的知行矛盾和主要矛盾

需要说明的是，在分析道德外化基本矛盾的同时，要将基本矛盾和主要矛盾区分开来。如前所述，基本矛盾是贯穿于事物发展过程的并始终规定事物及其本质的矛盾。而主要矛盾则不同，主要矛盾是"体现事物和发展阶段，过程的特殊性和差别性的一种矛盾"[①]。主要矛盾是在事物的发展过程中起决定作用的，规定和影响着其他矛盾的发展，它和基本矛盾有时会重合，但二者是有区别的。"主要矛盾侧重揭示该矛盾在矛盾体系的发展过程中所占的主导地位和作用，它往往只是表现于根本矛盾发展过程中的某一阶段，而不一定是全过程。"[②] 道德外化的基本矛盾是知行矛盾，但具体到道德外化的不同阶段，则相应表现为不同的主要矛盾。以鲁

[①] 冯契主编：《哲学大词典》（修订本），上海辞书出版社2001年版，第2040页。

[②] 同上。

洁、王逢贤主编的《德育新论》为道德行为外化的四个阶段进行分析，"行为的外化包括道德行为方式的掌握、道德意志的增强、道德习惯的养成。这种转化可分为四个阶段：一是道德活动的开始，明确道德问题，在一定道德需要的作用下（即在一定道德动机驱使下）从指向道德活动对象开始。二是在道德动机和道德习惯制约下，确认一种道德途径。三是做出道德决策。四是实施道德计划，把外化过程产生的内部结果转化为外显行为。"[1] 在不同的阶段，主要矛盾是不同的，在第一阶段，主要矛盾是道德内化程度和道德外化的矛盾，表现为是否为道德外化做好了准备；第二、第三阶段是道德能力和道德外化的矛盾，表现为道德判断能力是否能支持个体对面临的道德环境和道德问题进行充分的辨析，做出道德行为的判断。道德选择能力能不能支持做出道德行为的选择。道德践履能力是否保障了道德外化的实现，保障了道德行为的实现；第四阶段是道德心理和道德外化的矛盾，表现为道德意志能否支持个体坚持做出道德行为。不同阶段的主要矛盾是不同的，但每一阶段的主要矛盾解决不好，都会影响到基本矛盾。可见，主要矛盾是解决道德外化矛盾的抓手，抓住了主要矛盾，其他矛盾就能迎刃而解。

（二）道德外化过程的具体矛盾分析

具体矛盾是指不规定事物的本质，也不一定贯穿始终的矛盾。道德外化过程的具体矛盾有三个：一是道德外化与道德内化程度的矛盾；二是道德外化与其内部结构的矛盾；三是道德外化与道德环境的矛盾。

1. 道德外化与道德内化程度的矛盾

道德外化和道德内化作为个体道德生成过程中的两个环节，是密不可分的。道德行为外化的每一步都集中反映了道德内化的水平，是道德内化由不成熟到成熟的直接体现。关于二者关系，学者多有论述，在引论部分已经详细介绍。其中，道德内化是基础，没有道德内化就无所谓道德外化；道德外化是根本，个体道德生成必然以道德外化作为目标。这一观点代表了学界大多数人的观点。虽然蒋一之在《道德原型与道德教育》中从道德原型的角度对这一观点提出了不同意见，认为"这种观点，反映了个体道德发展的一部分，但不是全貌。它只看到了社会文化对个体的影

---

[1] 鲁洁、王逢贤主编：《德育新论》，江苏教育出版社2000年版，第359页。

响及由此产生的道德教育的要求,却没有看到个体道德发展的内部动力,而没有动力的发展是不可能发生的"①,并对外化和内化的关系做了重新界定。认为②,第一,外化是心理道德原型的现实展开,并不必然以内化为基础;第二,内化有两种情况。无论是哪种情况,内化都涉及心理道德原型,它不是外部文化信息的简单接纳;第三,内化和外化不是两个方向的独立活动,相反,它们紧密相连;第四,内化和外化都是文化环境下的复杂建构过程。很显然,是将道德原型看作了个体道德发展的内部动力,重新对道德内化和外化的关系做了界定。笔者并不否定这一看法。不论从哪一种观点出发,其一,个体道德内化始终是以道德外化为目标的。从外到内的建构,道德内化过程中,个体始终有一个心理预期,那就是道德外化的目标对个体道德生成的可能促进状态,即只有这样做,才是有道德的行为。这个预期是外在的道德规范和个体心理道德原型的统一,这种预设,既是外在道德规范的要求,又是个体道德建构过程中的一种原型的期待。这两者目标期待是一致的,但是,永远不会达成真正的一致。而这种不一致就是一种矛盾。其二,道德外化必然是以道德内化为基础。从内到外的建构,道德外化过程中,由外在的道德规范和个体心理道德原型的统一形成的心理预期永远不会达到最理想化的状态,即不可能达到外在道德规范的理想要求。这种达不到是第二种矛盾。

道德外化与道德内化的关系始终纠结在二者双向建构的矛盾之中。正是这种矛盾,反映了道德内化与道德外化关系的真实状态,促进了道德内化与道德外化的双向建构。

2. 道德外化与其内部结构的矛盾

如前所述,道德外化结构是一个由心理、能力和行为三个子系统及其多种要素按一定的方式联结起来,具有稳定倾向性的多维立体结构。其中,心理结构是推动外化实施的心理系统,是道德外化的基础;能力结构是推动外化实施的保障系统,是道德外化的保障;行为结构是推动外化实施的行动系统,是道德外化的核心。三个结构中,每一个要素和道德外化之间都可以构成一对矛盾。其他矛盾在其他章节已经有涉及,在此我们只探讨其中心理结构中的意志激发与道德外化的矛盾。

---

① 蒋一之:《道德原型与道德教育》,浙江大学出版社2008年版,第155页。
② 同上。

在道德外化心理结构中，意志激发是一个关键要素，它和理性认同、情感体验共同构成了道德外化的心理动力。意志激发是在理性认同、情感体验的基础上产生并发展起来的，表现为在道德外化过程中自觉克服一切困难和障碍的毅力。它能促使个体时刻对自己提出严格要求，做出行动的抉择，并在行为实践中一以贯之，长时间地专注于所确定的行为。因此，意志激发在道德外化过程中起着调节、监督、控制作用。道德外化过程中，个体会遇到各种障碍和矛盾心理，如内化的思想观点和道德意识和环境的不一致，个人利益和他人利益发生冲突，等等，都需要个体意志激发，以顽强的毅力来克服这些障碍，坚定不移地实现道德外化过程。但是，事实上，意志激发是一个艰难的过程。在现今多元化的社会中，诱惑和欲望无处不在，知行矛盾的解决变得尤为困难。面对内在的欲望膨胀和外在的诱惑，个体无论是缺乏强烈的道德情感还是坚强的意志，都不能保证在道德实践中对道德行为的坚持，从而不能顺利实现由知到行的转化。道德外化过程中，不仅需要个体对道德规范的认知能力并形成种种情绪体验，更重要的是有意识地使内化的思想观点和道德意识转化为道德行为。意志缺乏就意味着个体难以为道德外化提供心理动力，保证道德外化的实现。首先，意志缺乏使个体在意识层面上对践履道德难以形成的稳定的心理定式。因此，在道德外化环节中，个体心理中非道德的冲动就会占据上风，使个体难以做出道德行为的选择；其次，意志缺乏难以为践履道德行为提供意志保障。践履道德行为需要个体在道德行为过程中自觉而有目的地克服一切困难。意志缺乏使个体从内化道德规范，到道德行为的选择，到道德行为的实现的整个道德外化过程，都缺乏因为缺乏意志的保障而难以实现。在道德外化过程中，意志激发和道德外化的矛盾体现在二者是互相影响和互相制约的关系。

3. 道德外化与道德环境的矛盾

道德外化存在于一定的道德环境中。这种环境既包含客观存在的道德环境，也包括道德外化个体意识道德环境。前者包括道德外化的客观大环境，包括社会环境、文化环境以及具体的道德情景等。后者则是个体在道德内化和外化过程中对客观大环境的认知、理解和预期。在道德外化具体过程中，这两种环境共同决定着道德行为的判断、选择和实施。

道德外化与道德环境作为一对矛盾，相互对立、相互冲突，又相互统一。我们既要看到道德环境对道德外化积极影响，又要看到道德环境对道德外化的制约作用。

第一，个体意识道德环境是道德外化的心理预期，对道德外化具有积极的促进作用。个体意识到的道德环境包括三个方面的内容：一是道德内化阶段形成的稳定的道德行为心理定式。通过道德内化环节，个体将现实道德环境内化为个体心理的道德环境，即在可能的道德环境下，我应该怎么办。二是对可能行为环境的认知、理解和预期。个体做出道德行为的判断、选择，总是基于对一定道德环境的判断为基础。但事实上，道德行为的执行环境，永远滞后于道德行为判断和选择的环境。因此，对于个体而言，道德行为的环境永远是一个预期的状态。个体在做出行为判断和选择的时候，会在心理上将做出道德行为可能遇见的环境进行迅速的判断和解读，分析道德行为对个体可能产生的积极或消极的影响，从而为道德行为寻求一种可能的心理预期。三是个体预期的积极道德评价。个体在道德行为的选择和执行过程前，预设一种积极的道德判断，即我所做出的善恶判断和取舍态度是正确的，一种道德的选择，会得到社会积极的道德评价。

作为道德外化的心理预期，个体意识的道德环境，是一种可能状态，为个体道德外化做好了充分准备，实际上是个体的一种向善的心理预期。如果说，个体一开始就没有形成向善的稳定的心理定式，并对可能的行为形成消极的道德判断，说明个体还没有对道德外化做好充分的准备，就不能称为道德外化的心理预期。因此，道德外化的心理预期，一般而言，是积极的，对促进道德外化具有积极意义。

第二，道德外化环境与道德外化心理预期的冲突，对道德外化具有一定反作用。心理预期，只是一种可能状态，既然是可能状态，就存在着各种可能。面对具体的道德环境，道德外化将接受具体的考验。如果具体的道德外化环境与道德外化心理预期一致或趋向一致，则个体按照心理预期，顺利做出道德选择，并外化为道德行为；如具体的道德环境与道德外化心理预期发生冲突，则对道德外化产生反作用，延缓或终止个体的道德行为。从心理预期的"应当"，到道德行为的"必然"不是必然的对等，这种冲突就导致了道德外化和道德环境的矛盾。在现实的道德教育和社会情境中经常会出现这样的尴尬局面，如学生在学校接受的大公无私、崇高、利他的教育，而在社会现实中面对的道德环境却是注重私利、从个人出发。正是这种矛盾，造就了知识的巨人，行动的矮子。"我可以不无耻，但我也不会去高尚"，"只有认知的道德，而没有行动的道德"等。

在道德外化和道德环境的这对矛盾中，道德外化居于矛盾的主要方面。因为道德环境对道德外化的消极影响只是外在的，只要内心坚守一种道德，外在道德环境虽然有影响，但始终属于从属的状态。只要个体做到了真正的道德内化，加上顽强的道德意志作保障，就能将环境的影响保持在最低状态，从而推动道德外化的实现。

三　动态体系中的道德外化过程

（一）道德外化过程的运行机制

1. 道德外化行为图式的功能

对于个体行为来说，行为的最终选择取决于由基本心理需要引发的行为目标。对此，有三种主要理论的解释，一是"内因决定论"，主要由心理动力学和心理特质论；二是华生和斯金纳传统行为主义的"外因决定论"；三是班杜拉的"三方互惠理论"。这些理论都认为个体的行为是由个体心理和环境引起的。

道德行为同样也受个体心理和环境的影响。道德外化的行为不是普通的行为，而是道德行为，因而在行为的选择过程中就受到道德内化的影响。本文认为，道德外化的过程中存在着一个行为图式，即道德外化图式，是道德外化动态运行的内在推动力，与外部环境一起影响着道德外化的过程。

道德外化图式，就是所有参与道德外化过程的道德意识结构，是个体先存的各种道德意识状态的统一体，展示了个体完整、全面的内在构成。首先，在个体的道德外化图式中，既有个体道德意识中对道德规范的理性认同，又有个体的情感体验和意志的激发，也包括能力结构的支持等；同时也包括个体能够感知到的集体道德意识上的道德原型。可以说，个体在道德外化前获得的一切意识要素，都是道德外化图式的必然组成部分。因此，从这个意义上讲，道德外化图式的组成是一个复杂的状态，缺少任何一种因素，都会影响到道德外化的推进。其次，道德外化图式的各构成要素并没有自身独立的状态，每一个构成要素在道德外化图式中都发挥着各自的作用，表现为一个统一的整体。对于道德外化过程来讲，每一个构成要素发挥的作用虽然是独立的，但并不表明道德外化是某一个要素独立发挥作用的结果，而是各种要素以极其复杂的机制融合为一个统一的整体共同对道德外化实施影响，表现为一个浑然一体的整体结构。在道德外化图式中，道德能力结构一以贯之地发挥作用，推动随着行为结构起始于行为意向，经过行为实施，终止于行为结果。而行为结构的每一个变化，都源于道德外化图式的变化。

在道德外化过程中，和道德外化过程相关的一切主客观因素，内外交织在一起，共同构成了道德外化图式的整体功能。一般来讲，道德外化图式在道德外化过程中发挥着选择定向、实施动力和反馈调节等功能。

（1）选择定向功能

道德外化过程是在个体道德内化完成之后开始的。个体在内化阶段明确接受了社会道德规范的要求，并将之转变为个体的思想道德意识结构之中，就完成了道德内化的过程。但是内化阶段形成的思想道德意识不可能自然而然地转变为道德行为，而是要经过由知到行转化的复杂过程。那么，个体内化的思想道德意识是怎样转化为道德行为的呢？需要思考的是，为什么有些个体内化的思想道德意识能够顺利外化为道德行为，有些个体则不能；有些个体在一定的道德情景下能够将内化的思想道德意识外化为道德行为，在有些情况下则不能。这说明，道德外化的过程，是一个道德情感、信念、意志及行为共同参与的过程，同时受到个体自身的条件以及外部环境提供的条件、包括各种实现行为实践的途径等的影响。道德外化图式是个体按照道德内化的要求，自主做出道德选择，外化为道德行为的个体标准和准则。决定着道德外化选择定向的，就是道德外化图式。通俗讲，这个标准、准则就是道德外化图式对个体道德外化行为的选择框架，哪些是可以的，哪些是不可以的。道德外化图式决定了个体在什么情况下能够从道德内化环节过渡到道德外化环节，顺利将内化的思想道德意识转化为自觉的道德行为；也决定了在什么情况下，个体放弃道德内化阶段内化的思想道德意识，从而放弃外化道德行为，进而回到道德内化的初始状态，抵触和排斥原有的道德规范。

道德外化图式具有很强的选择性。个体总是按照自己已有的道德外化图式作为标准选择处理进入视野的道德信息和道德环境。道德外化图式内具有相关的信息，则个体就能按照道德图式的要求与相关信息进行比对，按照道德外化图式和道德信息的一致程度，顺利做出相关的选择，引导个体继续或终止道德外化过程。图式内如果没有相关的信息，则个体就难以做出道德判断，也就不能顺利转化为道德行为。即使是在特殊的道德环境中，个体无意识做出了与社会道德规范要求相符合的道德行为，因为不是道德外化图式选择的结果，那么这个道德行为也是不道德的，是不具有道德意义的。此行为也不会持久。很显然，作为道德外化过程前的道德内化，是对社会道德规范的接受基础上的内化。但是，内化的个体道德意识显然无法穷尽到具体的道德情景，还要接受道德外化图式的检验。因此，道德外化图式对个体内部和外部情景的分析、检验和选择，是顺利进行道德外化的重要步骤。"个体即使有行善的意愿，如果对具体情景分析不当，个体的德行很容易陷入仅停留于美好愿望或结果与自己的预期愿望相违背的两难境地。"[①] 在这一分析中，个体行善的意愿可以看作是道德内化的结果，对具体情景分析不当则是没有经过道德外化图式的检验，结果就是道德外化不能顺利实现。我们都了解的农夫和蛇的寓言就说明了这个道理。

（2）实施动力功能

个体内化的道德意识经过道德外化图式的检验后，如何进一步转化为具体的道德行为，还需要道德外化图式的继续支持。道德外化图式在行为的转化过程中发挥着实施动力功能。实施动力功能主要由三部分组成：第一是提供心理动力支持，理性认同、情感体验、意识激发都是保证道德外化的心理动力。缺少哪一个动力，道德外化过程都会因为心理动力的缺失而暂缓、延迟或取消。第二是执行动力支持，道德外化的每一个过程，包括外化倾向、外化选择、外化执行，都需要道德判断能力、道德选择能力、道德践履能力等道德能力在其中发挥作用。可以说，道德外化的每一步，都需要相关道德能力提供动力支持。因为道德外化的每一步，都包含着判断、选择、践履，因此每一步，都是各种道德能力联合提供能力动力支持的结果。第三是反馈动力支持，这一动力同时涉及道德外化的反馈调节功能，将进行专门的论述。

（3）反馈调节功能

反馈，是现代科学技术的基本概念之一。道德外化图式的反馈功能指的是，个体根据行为的结果或道德环境的变化，依据道德外化图式进行新

---

① 詹万生：《整体建构德育体系总论》，教育科学出版社2001年版，第125页。

的判断、选择,并以此对道德外化的后续行为进行调节。"一个有效的行为必须通过某种反馈过程来取得信息,从而了解其目的是否已经达到。"① 当个体道德外化进入到执行阶段,外化为具体的行为后,道德外化图式的反馈功能就凸显出来。道德外化图式的反馈调节功能主要体现在三个方面:一是调节行为过程中出现的对道德外化目标的偏差,以保证行为符合道德外化图式的要求,并沿着个体设定的目标前进;二是在行为过程中,不断对行为进行检验,巩固由反馈信息确证的道德意识,发现并修订道德意识的偏差和错误;三是为行为执行提供反馈动力,支持或终止道德外化行为的发生。道德外化经过不断的反馈、调节,最后使行为经过道德外化图式的检验,达到个体的道德要求。

选择定向功能、实施动力动能、反馈调节功能共同构成了道德外化图式的总体功能。应该指出的是,三个功能相互依存、互相渗透,在道德外化的各个环节共同发挥作用,构成了道德外化动态运行的内在推动力。

2. 道德外化运行机制的变量

根据以上分析,结合道德外化的结构和矛盾,以及道德外化图式的功能,本书认为,道德外化的运行过程,就是道德外化的各构成要素,按照一定的运行机制,相互联系、相互作用,促进矛盾转化的过程。道德外化过程的运行机制,包括定向机制、动力机制、调节机制。其中道德外化图式主要承担定向机制功能,外化实施主要承担行动机制功能,外化环境主要承担调节机制功能。同时,三者又相互承担其他机制的功能。总之,三个机制共同发挥作用,构成了一个完整的道德外化过程。

为了能够更加清晰直观地把握道德外化动态的过程,了解各个机制在道德外化中发挥的作用,我们先就一个单一的道德外化过程从三个层面做一个静态解构,了解不同层面的各个变量的相互关系和关联程度。

如下页图所示:

第一层面:包括外化图式、外化实施和外化环境三个方面

外化图式是道德外化的前期方向性准备,是道德外化过程的定向机制。

---

① [美] N.维纳:《人有人的用处——控制论和社会》,陈步译,商务印书馆1978年版,第44页。

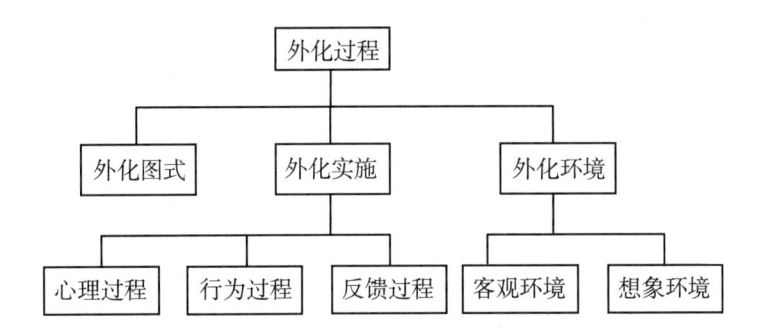

```
                    外化过程
        ┌─────────────┼─────────────┐
     外化图式       外化实施       外化环境
                ┌─────┼─────┐   ┌─────┴─────┐
             心理过程 行为过程 反馈过程  客观环境   想象环境
```

如前所述，个体总是按照自己已有的道德外化图式作为标准选择处理进入视野的道德信息。道德外化图式内具有相关的信息，则个体就能顺利做出相关的选择，引导个体继续或终止道德外化过程。道德外化的选择定向功能决定了在道德外化的过程中，道德外化图式是道德外化过程的定向机制。

外化实施是道德外化过程的具体显现过程，是道德外化的执行过程，是道德外化的行动机制。

外化环境是道德外化过程的调控机制。这一机制是外化环境和道德外化图式共同发生作用的。外化环境既包括外化过程中纯客观的外部环境，也包括个体在心理预设的想象环境，即外化行为可能产生的后果对个体心理的影响。外化环境对道德外化过程的影响更为直接，即使是道德情景经过了道德外化图式的检验，道德外化环境一旦改变，包括影响外化实施的客观环境或想象中可能对个体产生不利影响的环境，新的道德外化环境会重新接受道德外化图式的检验，道德外化图式的反馈调节功能就会发挥作用，影响到外化过程的顺利实施。生活中个体道德行为的"长期稳定，突然改变"，有的人平时表现很好，却在某件事上表现出不良的道德行为，有的人平时表现一般，却在关键时刻表现出令人称赞的道德行为，很大程度上受到了外化环境的影响。

第二层面：是在外化图式和外化环境影响下的外化实施过程

外化实施包括三个基本构面：心理过程、行为过程和反馈过程。

心理过程。心理过程是个体心理的发生和发展过程，是推动外化实施的心理动力机制。理性认同、情感体验、意识激发都是保证道德外化的心理动力，具体包括需要、动机、情感、信念、效能等因素。每一个因素都是道德外化的心理动力。就道德外化而言，心理过程是外化过程的第一阶段,它既是道德外化的心理准备阶段,又是外化过程的内在驱动力。对于一个具体外化过程而言,个体在道德内化的基础上,在做出行为选择的时候,首先是经受心理的检验,行为是否符合个体的道德需要,个体做出行为选择的动机是什么,道德信念是否支持行为的选择等,都会影响道德外化。此外,自我效能感作为心理因素中的一个重要要素,控制着个体的认知能力、动机和行为选择。

行为过程。行为过程是道德外化的实施过程和外显过程,是道德外化的执行动力机制。此过程包括外化倾向、外化选择、外化执行三个阶段。外化倾向、外化选择、外化执行是在内化的基础上,在心理动力的推动下,道德能力系统发挥作用,个体行为从倾向到具体执行的过程。这三个阶段是个连贯统一的过程,单纯的倾向和选择,不是外化的完全过程,只有外化执行后,个体完全经受了前两个阶段的考验,外显为具体的行为,才是一个完整的过程。

反馈过程。反馈过程是道德外化实施后的评价和回馈过程,是道德外化的继续、终止或调整的动力机制。道德外化行为产生后,会受到他人和社会对行为的价值判断,由此产生信息反馈。反馈分为正面反馈和负面反馈,分别指导个体调整心理过程和行为过程。正面反馈会促进个体原有的需要、动机等心理因素驱动道德意识的升级,从而指导个体转化为道德行为实践,通过经常反复的行为实践,养成良好的道德行为习惯;负面的反馈则促使个体终止或调整道德行为的外化,指导个体对自己所处环境和道德外化图式进行重新审视,从而做出新的道德判断。

第三层面:是决定和影响外化实施各个过程的变量

心理过程的需要、动机、情感、信念、效能;行为过程的道德能力、行为倾向、行为选择和执行;反馈过程的正面反馈和负面反馈,都是影响各个过程的变量。这些变量是道德外化系统的基础变量。每一个变量都会影响到道德外化能否顺利实现。

(二) 道德外化的动态运行

道德外化是一个复杂的过程。关于道德外化过程阶段的划分,本书在引论章节就当前学者的观点做过介绍。学者们在论文和著作中基于不同的视角,将道德外化过程分为两阶段、三阶段或四阶段。虽然观点并不完全一致,但大多认为道德外化过程都包括行为实践和习惯养成两个阶段。本文认为，划分道德外化的阶段，必须基于对道德外化这一概念的认识。如前所述，道德外化是关于个体道德意识、道德行为和道德主体之间的互动关系的范畴。它具有以下几个方面的内涵：第一，道德外化是个体的内在道德意识向外在的道德行为的转化过程。第二，道德外化是成就道德自我的过程。第三，道德内化和道德外化是个体思想品德形成的相互依赖的两个方面。以上述认识为基础，道德外化，是在道德内化的基础上，个体自主地将内化的思想观点、道德意识转化为道德行为，从而实现完善的道德自我的复杂过程。行为的外化包括道德行为方式的选择、道德意志的增强、道德习惯的养成。从这个意义上说，道德外化的过程，既包括针对具体行为的道德外化过程，也包括通过道德习惯的养成实现完善道德自我的过程。本书认为，从个体道德生成的角度探讨道德外化的过程，重点是把握具体行为的道德外化过程，从而由微观到宏观，由具体行为到形成习惯，从而实现完善道德自我。因此，将道德外化过程的阶段划分为两个层次：第一层次，外化执行的行为实践阶段和外化定型的习惯养成阶段；第二层次，行为实践阶段分为平衡、冲突、统一三个阶段。

1. 行为实践阶段的动态过程

道德外化的行为实践阶段，是外化图式、外化实施和外化环境三个机制的众多变量互动均衡发挥作用的结果。完整的道德外化行为实践阶段，一般会经历平衡、冲突、统一三个阶段。

平衡阶段。在这一阶段，道德外化的定向机制发挥主要作用。个体外化的变量尚未进入冲突阶段，还处在外化的准备阶段。个体在教育者的引导之下，通过与外部环境的交互活动，已经将外在的道德规范进行了有效的内化。在此基础上，个体外化图式对社会道德规范和"我"之间的关系做了基本的认知和思考，即在个体能够考虑到的环境下，能够顺利通过道德外化图式的选择，个体与社会道德规范是和谐统一的，不存在任何矛盾。根据道德内化的程度，这种和谐统一的认知程度也不同，平衡的程度也不同。在平衡阶段，道德外化的每一系统内部，均处于和谐统一的状态。从心理过程讲，需要、动机、情感、信念、效能等因素，在有效的道德内化之后，已经达到一个平衡的状态，已经为道德外化做好了心理上的准备。从行为过程来讲，外化倾向、外化选择、外化执行三个阶段也是一个平衡的状态。虽然从倾向到选择，再到执行还只是一种可能，但这种可能的理想状态是"一触即发"，随时能够顺利实现从倾向到执行的阶段。

从反馈过程来看，虽然还没有收到道德外化实施后的评价和回馈，但个体此时的反馈系统同样处于一种平衡状态，即个体头脑中已经预设了一种正面反馈，道德外化实施后会受到他人和社会积极的正面的价值判断。个体的外化实施符合自己的心理预设，这也是道德外化得以做好准备的基础。如果此时个体头脑中预设的是负面反馈，则打破反馈过程的平衡。心理过程、行为过程、反馈过程的平衡状态，使道德外化过程的众多变量还处在一个均衡状态。

冲突阶段。在这一阶段，道德外化过程的三个机制处于暂时的失衡状态。个体由于受到外来环境的影响，道德外化的变量进入冲突阶段。个体和社会道德规范之间的关系，在接受道德外化图式的选择后，在外化环境的干预下，重新接受环境的考验。此时，道德外化的每一系统内部，处于一个暂时的冲突状态。这一阶段，是极为短暂的，有时候甚至从时间的角度考量可以忽略，但又极为重要，对道德外化的结果会直接产生影响。从心理过程来讲，需要、动机、情感、信念、效能等因素，逐一接受外化环境的考验。对于每一个变量而言，针对外化环境的考验，都会形成正向或负向的心理内在驱动力，正向的心理驱动力，直接推进外化过程，负向的心理驱动力，延缓外化的进程。从行为过程来讲，在外化环境的影响下，外化倾向、外化选择、外化执行打破了原有的平衡，既有可能顺利实现从倾向、选择到执行的连续过程，也有可能在某一阶段突然中止，达不到外化执行的最终理想结果。从反馈过程来看，在平衡阶段预设的正面反馈也将接受外化环境的考验，是不是真正意义上的正面反馈，会直接作用于心理过程和行为过程。如果反馈是正面的，则会对心理过程和行为过程产生更加积极的影响，加速矛盾的转化。如果反馈是负向的，则会对心理过程产生消极的影响，进一步引起更强烈的冲突和矛盾，导致外化过程的随时中断。

统一阶段。这一阶段，道德外化的三个机制共同发挥作用。道德外化的每一系统内部，在经过短暂的冲突之后，最终达到新的平衡。从心理过程来讲，需要、动机、情感、信念、效能等因素，都经受了外化环境的考验，彼此之间形成了一种互动关系，共同决定了心理过程的内部均衡，形成了正向的心理驱动力，向行为过程发出正向的行动信号。从行为过程来讲，由于有心理过程的积极支持，行为没有受到外化环境的负面影响，在原有的理想预设下，一触即发，产生了积极的外化倾向，顺利做出外化选择，最终使外化倾向、外化选择、外化执行成为一个连续的统一的过程，圆满完成了外化过程。从反馈过程来讲，正面反馈占主导地位，重新达到一种新的平衡，正面反馈持续作用于心理过程和行为过程，使心理过程一直保持原有的均衡状态，不断为行为过程提供内在驱动力，促使行为过程连续实现。

对于一个具体的道德外化过程，都要经过平衡、冲突、统一三个阶段，受道德外化图式和道德环境的影响，三个阶段持续时间是不一样的，道德环境与道德外化图式越吻合，平衡和冲突阶段持续的时间越短，有时甚至可以忽略不计。

2. 习惯养成阶段的动态过程

如前所述，道德外化的过程，既包括针对具体行为的道德外化过程，也包括通过道德习惯的养成实现完善道德自我的过程。前者道德外化的结果是情境性的道德行为，受道德外化图式和道德环境的影响，因而并不呈现为稳定状态。而通过道德习惯养成阶段的道德行为，是多次道德外化过程的集合，通过反复的道德外化过程，个体形成了比较稳定的道德外化图式，不再轻易受到道德环境的干扰，道德外化的结果固化为较为稳定的状态。

习惯养成不一定比行为实践更复杂，它是在行为实践基础上，经过反复实践、强化构成的一个比较稳定的状态。这种稳定的状态促使道德外化图式趋向更加稳固。这种道德外化图式只要被一定的道德情景所唤醒，就会迅速经过行为实践阶段，迅速做出符合社会规范的道德行为反应。这一过程具有高激活性、简洁性、快速通过性等特征。面对一定的道德情景，道德外化图式无须重复或减少在行为实践阶段的判断、分析过程，直接从平衡快速过渡到统一阶段，实现道德外化。

习惯养成的途径是强化。强化理论是美国心理学家和行为科学家斯金纳等人提出的一个理论。斯金纳认为，通过强化可以促进行为的稳固。凡是受到经常性强化的行为，今后再次出现的可能性增强，从没有受到强化的行为，以后出现的可能性就有可能下降，以至于消失。班杜拉进一步发展了强化理论。他认为，强化分为内部强化、外部强化和替代性强化，认为表扬、批评、惩罚、暗示、榜样乃至环境影响都可以看作是强化。因此，应该广泛在道德行为习惯形成中运用。范树成教授认为，强化是思想品德外化固化机制的主要途径，通过强化，"使受教育者的品德行为由不经常变为经常，由不稳定变为稳定，从而形成品德行为习惯和个性"。

道德外化过程中的强化，同样表现为一个动态过程。

第一，强化的过程是一个反复实践的过程。"躬行践履不仅能够使德育对象体验、体认到德育的思想内容，而且还可以使之强化进而固化。"① 事实表明，反复实践对行为习惯具有十分重要的作用。践行某一思想品德的次数越多，它的强化程度越深，久而久之就会成为行为习惯。强化的过程是个反复的过程，一般来说，"践行某一思想道德观念和信念的次数越多，它的固化程度也就越深，久而久之就转化和内化为人的行为习惯。道德信念就是通过反复的践行环节，固化于行为主体的道德品质中，形成一定的道德思维定式，从而转化为人们的道德行为习惯的"②。道德行为往往带有偶然性、情境性的特征，只有反复践行，反复训练形成习惯，才能成为稳定的行为模式。"只有你给它的良好原则与牢固习惯，才是最好的、最可靠的，所以也是最应该尊重的。因为一切告诫和规则，无论如何反复叮咛，除非实行成了习惯，全是不中用的。"③ 可见，行为习惯的养成必须要反复实践。从20世纪80年代开始在美国兴起的"品格教育"，其中一个很重要的教育原则就强调，"要形成良好的品格，学生就要有实践道德行为的机会"。通过道德行为的实践，形成反复的道德体验，使学生发展和实践各种道德技能，养成道德习惯。美国波士顿大学伦理和品德发展中心主任凯文·瑞安在《在学校中培养品德：将德育引入生活的实践策略》中，将"养成好习惯和去除恶习的过程"分为参与、个人化、理解、承诺、计划、行动、监督、坚持等8步，强调行动实际上有两个部分，首先是把计划付诸行动，其次是践行这些美德或抑制坏的习惯。并在此基础上进一步强调，获得一种美德或破除一种恶习，就像开始一段长征。人类最有用的美德之一——坚持，对于帮助我们塑造其他美德和消除恶习是必不可少的。人类最重要的技能之一是养成习惯和破除习惯的能力。可见，行为习惯的养成，必须要重视反复的实践。个体通过反复实践，参加各种道德实践活动，就可以形成某种行为倾向，直至发展为行为习惯。

第二，强化的过程是道德外化图式趋向稳定的过程。如前所述，道德

---

① 张澍军：《德育哲学引论》，中国社会科学出版社2008年版，第261页。
② 同上。
③ [英] 洛克：《教育漫话》，傅任敢译，人民教育出版社1985年版，第31页。

外化图式是个体按照道德内化的要求,自主做出道德选择,外化为道德行为的个体标准和准则。道德外化图式,涉及道德情感、信念、意志及行为等各种因素,总体来看,道德外化图式表现为一个整体稳定的结构,但因其构成的不同要素的活跃性和变动性程度不同,在外部环境的刺激下,道德外化图式形成一个动态的场景。个体通过参加各种实践活动,随着不断强化的过程,道德外化图式由不稳定趋向稳定。践行的次数越多,就会逐步转化为行为习惯。正是因为不断的实践,不断强化,使道德外化图式在整体稳定的同时不断接受考验,更加趋向稳定,从而在不同的道德情景中都能够外化为道德行为,使情境性的道德行为变为恒久性的道德行为,实现真正意义上的道德外化,这也是实现真正意义的道德自我。

(三) 道德外化过程的动态特征

作为个体品德形成的一个重要环节,道德外化是一个动态的复杂过程。我们虽然在道德外化图式的背景下,分不同阶段解析了道德外化的动态运行机制,展示了道德外化是经过不同阶段、循序渐进而实现的过程,但并不能展示道德外化过程的实然存在,只能是帮助了解道德外化的动态过程。因为,无论用多少文字,都不能穷尽道德外化过程的复杂状况,道德外化过程的各个阶段也不能截然分开。把握一个事物的实然状态,单纯靠过程本身的描述是不行的,从过程之外宏观上把握其特征,是发现规律,是探讨事物本身实然状态的一个重要方法。因此,在探讨道德外化过程时,必须把握其动态特征。

1. 道德规范从他律到自律

道德规范作为人们在社会生活中应当遵循的社会行为准则,是制约人的道德意识和道德行为的基本准则。"道德规范具有普遍性的品格,它规定了社会共同体成员应当履行的义务和责任;尽管社会成员也许不一定作出形式的承诺,但一旦成为某一社会共同体中的成员,便往往以蕴含的方式承诺了规范所规定的义务,正是这种共同承担的义务,从一个方面将社会成员维系在一起。"因此,道德规范对社会行为具有普遍的制约作用。[①]但是,"道德规范在尚未为个体接受前时,总是表现为一种外在的律令,

---

[①] 杨国荣:《伦理与存在——道德哲学研究》,华东师范大学出版社2009年版,第44页。

他与个体的具体行为之间往往存在着一种距离"①。道德规范的这种性质决定了道德规范在未被个体完全接受之前总是以一种"你应当"的应然状态存在,即道德规范相对于个体来讲,处于一种"规范预设"他律的状态,表明个体在道德领域应当怎样,使个体总是受制于某种外在的必然性,并在这种外在必然性的前提下行动。

  道德规范的自律性,强调的是个体的道德自觉性,指的是个体摆脱外在的强制力量而根据内心的"道德律令"自觉能动地做出道德判断和道德选择,并在此基础上做出道德行为的选择,是道德实现的最高形式。判断一个人是不是道德的,根本标志在于看个体是否以"自律"的状态实现道德行为的选择。孔子追求的"从心所欲不逾矩"指的就是外在的道德规范已经全然化为心灵的共生物,一切道德行为皆出于自然,这种摆脱外在规范的强制性,而达到内外一致的道德状态是道德自律的最高状态。以此看来,道德规范的自律性具有以下几个特征:第一,道德规范的自律以他律为基础。我们必须承认,道德规范的自律是以他律为基础的,没有外在于个体的"道德律令",没有"规范预设",个体就不能与社会规范的要求结合在一起,即个体内心的法则无法与社会规范的要求结合在一起。没有他律的自律,是没有道德意义可言的,道德规范的自律总是和他律紧密相连的。第二,道德规范从他律到自律状态的转变,是一个漫长的过程。从个体社会化角度说,道德规范从他律到自律的转化过程,是道德规范在历史的长河中反复筛选、定型到人类心灵的过程;从个体角度说,是个人道德意识、道德行为的发展过程,而这一过程,无疑是漫长的。第三,道德规范的自律,是建立在道德外化基础上的。没有道德行为支持或者说没有始终如一的道德行为的支持的规范自律不是真正的规范自律。

  道德外化过程是道德规范由他律到自律的转变过程。个体道德内化环节完成后,道德规范表现为内化规范形式,即他律的道德规范已经被个体所认可,已经将道德规范与个体自身的道德意识结合起来。在对待规范的态度上,个体不是迫于社会压力或外界的权威,而是切实认可了这个规范,形成了与这个道德规范相应的道德原型和道德图式,表明了个体对外在道德规范的接受和认可。道德规范由"你应当怎样"变为了"我应当怎样",道德规范的这种状态,已经摆脱了他律的形态。但这并不表明,

---

① 杨国荣:《伦理与存在——道德哲学研究》,华东师范大学出版社 2009 年版,第 48 页。

道德规范已经实现了由他律到自律的转化。因为"我应当怎样"显然不是"我已经怎样"。"我应当怎样"还没有真正的道德意义。道德规范的状态，还要经历道德外化过程的检验。如前所述，在道德外化的过程中，内化的道德意识总要形成道德外化图式，指导个体在具体的道德情景中顺利做出道德行为的选择。就道德行为的选择而言，仅仅依靠一般的外在的行为规范做出选择显然是不够的，因为道德规范无法穷尽到行为的全部多样性和变动性中，只有将"你应当怎样"变为"我应当怎样"，个体才能在复杂的道德情景中，主动利用自己已经形成的道德外化图式对道德情景做出选择分析，指导个体在具体的道德情景中将"我应当怎样"——做出判断，变为在当前环境下"我必须要怎样"——做出选择，进而成为"我已经怎样"——付诸行动。

从规范内化到做出道德行为的选择，是不是就完成了道德规范由他律到自律的转变，很显然不是的。从"我应当怎样"到"我已经怎样"，从做出判断到付诸行动，使内化的道德规范具有了道德意义。但"我已经怎样"并不表示"我能够长期怎样"。如前所述，完整的道德外化过程，既包括针对具体行为的道德外化过程，也包括通过道德习惯的养成实现完善道德自我的过程。前者道德外化过程中的道德规范，受道德外化图式和道德环境的影响，自律还呈现为不稳定状态，因而是一个低层次的自律状态。只有通过道德习惯养成阶段的道德行为，是多次道德外化过程的集合，通过反复的道德外化过程的强化，个体形成了比较稳定的道德外化图式，不再轻易受到道德环境的干扰，道德外化的结果固化为较为稳定的状态，道德规范的这种自律状态才是高层次的自律。因此，道德外化过程是道德规范由他律到自律的转变过程。

需要指出的是，伴随着道德外化过程出现的道德规范由他律到自律的转变，只是个体道德生成过程中的某一类道德规范。社会道德是由许多道德规范组成的统一的整体，伴随着个体社会化的进程，并不总是受到正面的道德规范的影响，也并不是始终按着规范内化——道德外化——形成习惯的路径发展，还可能受到一些负面的思想和行为的影响，可能会将已经转化为自律性的道德规范从个体意识中消解。因此，在人的一生中，道德规范从他律到自律的转变是伴随一生的，具有阶段性和反复性的特征。但是，即便如此，道德外化的过程，始终是以道德规范从他律到自律的转变为动态特征的。

2. 道德行为从自觉到自然

如前所述，道德外化的过程始终是与个体道德行为联系在一起的，都以具体的行为为结果。

道德外化的行为，是个体在一定道德意识支配下表现出来的有利于他人和社会的行为，伦理学上称为道德行为。"道德行为以自觉为基本品格之一，这是亚里士多德、先秦儒家等早已指出的。就其根据与来源而言，道德行为的这种自觉性质，显然与道德认识无法分离。"[①] 可以说，道德行为的自觉，可以理解为"由知而行"的必然逻辑结果。张应杭所著《伦理学概论》认为，构成道德行为必须具有两个方面的规定性：其一，道德行为必须基于对他人和社会的一种自觉的道德认知的基础之上。没有这种自觉的认知，人的行为就不构成道德行为。其二，道德行为必须是行为主体自由选择的结果。也就是说，作为道德行为必须是由道德主体根据自己的意志而自由地做出的选择。[②] 也就是说，没有主体的自由选择，就没有道德行为的产生。选择本身就意味着道德主体可以从几种客观存在的可能性中自主地选择其一而行之。如果别无选择，个体只是在被迫地行动着，那也就没有道德行为的发生。就外化行为而言，存在着各种可能。其一，外化行为是个体基于对外来道德规范的遵从，即社会要求我应该怎样做，我就怎样做。这种状态下个体并没有达到自由自愿的状态，有时候甚至是因为外界环境的影响被动做出的选择。可以说，这是一个低层次的状态；其二，个体对道德规范有了充分的内化。在道德内化的基础上，个体在行为的选择上，道德外化图式发挥了作用，个体已经意识到我应该怎样做，并依此做出道德选择，继而外化为行为；其三，个体出于内在德性的需要，在任何情况下都能自主做出的道德行为的选择，即在认识到我应当怎样做的基础上，自由做出选择。这三种可能，从外在视角看，都是道德的行为，但其中的层次是不一样的。杨国荣认为，[③] 道德行为仅仅合乎规范，则只能称为"不错"，这一层面的行为，往往带有自发的性质；如果行为是基于对规范的理解和遵循，则可以称为"对"，这一层面的行为已具有自觉的性质；除了"不错"和"对"之外，道德行为还可以区分出另外一种类型，即"值得赞扬"的行为。这种行为的特点在于，它不仅

---

① 杨国荣：《伦理与存在——道德哲学研究》，华东师范大学出版社 2009 年版，第 208 页。
② 张应杭：《理学概论》，浙江大学出版社 2009 年版，第 164 页。
③ 杨国荣：《伦理与存在——道德哲学研究》，华东师范大学出版社 2009 年版，第 168 页。

仅表现为合乎规范或遵守规范，而是出于主体的内在的德性。以杨国荣对道德行为三个层次的理解为视角考察道德外化的过程，在具体的道德外化阶段，从平衡到冲突到统一的过程，个体对道德行为的选择，显然已经突破了第一层次，是个体在高度道德内化的基础上，在面临具体道德环境时，利用道德外化图式自主做出的道德行为的选择。可见，按照杨国荣的观点，道德外化过程中的道德行为，至少属于第二层次，是不错的行为，带有自觉的性质。在道德外化的习惯养成阶段，个体在无数次基于第二层次带有自觉性质的具体外化过程后，行为习惯已经突破了自觉、自愿的向度，面对一个具体的道德环境，经过无数次外化过程的稳定道德外化图式，会自然对道德环境做出判断和选择，进而做出道德行为。可见，道德外化过程中的道德行为，已经突破了自觉的自愿的向度，是一种更高的行为境界，是从自觉、自愿过渡到自然的层次。《中庸》认为，"诚者不勉而中，不思而得，从容中道，圣人也"。不勉、不思，就是道德行为的最高境界，是普遍的道德规范内化于主体的深层意识，形成了倾向自然向度的道德外化图式，不论遇到什么样的道德环境，个体都能够依据这个道德外化图式，自然做出道德行为的选择。以自然为向度的道德行为，显然是不需要"努力"的。从这个意义上讲，道德外化的过程，以道德行为从自觉到自然的转变为动态特征。

3. 道德主体从潜在到形成

本书所指的道德主体，是认识意义上的道德主体，指的是从事道德认识和实践活动中的具体的人，是相对于道德行为这一客体而言的。道德主体是在道德实践中形成的，是不仅能够进行道德认识活动，而且能够从事道德实践活动的人。也可以说，在道德实践中，个体只有将道德认识转化为道德行为，才能成为道德主体。

道德主体是以人在道德活动中的主体性为根本属性的。关于主体性的内涵，学者有不同的观点。张天宝、肖川、肖吉亚都分别论述了主体性的本质特征。认为自主、独立、能动、超越是主体性的基本特征，在一定程度上反映了道德主体的特征。范树成在论述德育过程中形成的思想道德主体的特征时，将自主性、选择性和超越性作为思想道德主体的特征，对我们研究道德外化具有一定的指导意义。在借鉴前人的研究成果基础上，本书认为，道德外化的过程，是个体主动做出的道德选择，是道德主体由潜在到实现的动态过程。

首先，个体在道德外化过程中行为具有自主性。自主性指的是个体在道德外化过程中地位。"自主有两个尺度。第一个尺度描述个体的客观状况、生活环境，是指相对于外部强迫和外部控制的独立、自由、自决和自己支配生活的权利与可能。第二个尺度是对主观现实而言，是指能够合理利用自己的选择权利，有明确目标，坚韧不拔和有进取心。自主的人能够认识并且善于确定自己的目标，不仅能够成功地控制外部环境，而且能够控制自己的冲动。"① 苏联学者科恩的观点对我们研究自主性有很好的借鉴。在道德外化过程中，从道德行为方式的选择、道德意志的增强到道德习惯的养成，都是个体自主做出的行为，没有个体的自主性，即不能做到道德行为的选择和实施，即使是有，在外在环境的制约下，道德行为的实施也只是昙花一现，不可能形成道德行为习惯，更不能实现完善的道德自我。可见，行为的自我，体现了个体在道德行动中的地位，表现为不盲从、理性、自觉等特征，使个体能够摆脱外在环境的控制，主动自愿地按照社会道德规范的要求做出选择和行动。

其次，个体在道德外化过程中选择具有自由性。自由性指的是个体在道德外化过程中的道德自由。道德自由主要是道德选择的自由。如前所述，具体的道德外化的过程，总是会经历平衡、冲突、统一三个阶段，道德外化过程的每一步，都是个体对自己与他人、自己与社会、自己与具体道德环境的充分认识基础上做出的一个选择。而行为习惯的养成，更是在众多选择基础上做出的长期行为的选择。行为的选择是一种内在的自由，如果行为不是出于个体的自愿做出的选择，而是来自外力的强迫，则行为不是道德的行为，也谈不上道德的外化。可以说，选择具有自由性是选择的最高状态，孔子的"从心所欲不逾矩"就是一种选择的较为完美的存在境界。从心所欲意味着个体完全是出于内在的意愿，在某种意义上构成了自由所以可能的条件之一。

再次，个体在道德外化过程中状态具有超越性。超越性指的是个体在道德外化过程中对道德自我的不断超越。包括四个方面的内容：一是个体不断形成和提升道德需要。个体主动超越道德自我，激发道德需要，使个体能够超越功利性的需要，向自我道德完善发展。二是道德外化图式总是

---

① [苏联] 伊·谢·科恩：《自我论》，佟景汉译，生活·读书·新知三联书店1986年版，第407页。

超越于自我和现有的道德环境。道德外化图式，是个体按照道德内化的要求，自主做出道德选择，外化为道德行为的个体标准和准则。道德外化图式不能超越自我和现有的道德环境，在道德外化过程中就不能发挥出选择定向、实施动力、反馈调节等功能。三是道德外化结构的不断发展完善，不断超越。不论是道德外化的心理结构、能力结构还是行为结构，都体现为一种超越。就心理结构而言，超越性体现在心理能动力的发挥，为行为的选择到实施提供心理动力支持；就能力结构而言，超越性体现在包括道德判断能力、道德选择能力、道德践履能力在内的道德能力的不断发展与提高；就道德的行为结构而言，超越性体现在道德行为的结果，总是超越于现有的道德规范的要求，如前所述，是杨国荣认为的值得赞扬的行为。四是道德外化矛盾的不断解决、不断超越。道德外化要解决的就是"个体内化的道德认知和个体的道德行为之间的矛盾"，道德外化总是通过道德行为对道德认知的超越，从而实现基本矛盾的解决。

在道德外化的过程中，个体行为的自主性、选择的自由性、状态的超越性，决定了个体在道德外化过程中具有了主体性的特征。在道德外化过程中，个体将道德认识转化为道德行为，使个体成为不仅能够进行道德认识活动，而且能够从事道德实践活动的人。从另一个角度说，这一过程是道德主体的形成过程，体现了道德主体从潜在到形成的动态特征。

第三章

影响个体道德外化的因素分析

道德无时无处不与个体、环境等因素联系在一起。如前所述,道德外化是一个动态的、开放的、复杂的过程,其影响因素很多,而个体心理、外在环境是影响道德外化顺利实现的重要因素。因此,认真分析影响道德外化的因素,将对道德外化的研究与其影响因素的研究结合起来,对于认识道德外化过程,了解道德外化的复杂性,促进道德外化实现具有重要意义。

一 影响个体道德外化的心理因素

个体的心理状态和心理素质以及在社会心理学中常见的一些心理效应,诸如:认知、情感、意志、自我效能感、从众心理等都会对个体的道德判断、道德情感和道德行为产生影响,因而会对道德外化产生影响。认知、情感、意志前面章节已经有过探讨,不再赘述,在此只探讨道德需要、自我效能、从众心理对道德外化的影响。

(一) 道德需要对道德外化的影响

道德需要是作为道德主体的人,在维持其积极平衡或内在稳定状态过程中所产生的,对道德的依赖性和倾向性。[①] 道德需要的产生源于个体内部稳定状态由于道德认知方面的冲突被打破从而产生的一种想要建立新的平衡状态的内部动力。道德需要会影响道德判断、道德情感等,从而影响道德外化的实现。

[①] 彭柏林:《道德需要论》,上海三联书店2007年版,第18页。

关于道德需要的产生有几种比较具有代表性的观点：亚当·斯密的道德同情论认为，在人性中天然存在一种"同情心"，会不由自主地同情弱者，对别人的情感与处境感同身受，从而会由"同情心"产生一种利他行为，这种利他行为即我们通常所说的道德行为。因此，他认为人类这种先天的"同情心"是一切道德行为产生的基础和条件，有了这种同情心也就有了道德需要。达尔文的道德进化论则从道德进化的角度论述道德需要的产生。达尔文在研究人类的道德情感、理智能力等问题后，在其人类学巨著《人类的由来》一书中得出了"所有道德都是由进化而发展起来的"[①] 这一结论。他认为人类的道德都是从人类的社会本能——互助的原理中衍生出来的。原始人类为了维持种族的存在与繁衍而进行的群体性活动和协作行为中，在群体内部逐渐形成了一定的权威和隶属关系，个体必须服从于这种权威，这就是最早的"道德"和道德外化。精神分析学派将人类的意识分为意识和无意识两个部分。瑞士著名的精神分析心理学家荣格首创了"集体无意识"的概念，认为集体无意识就是人类人格结构最底层的无意识，它是包括祖先在内的世世代代活动和经验在人脑中的遗传痕迹。这种遗传痕迹包括对于个体在群体中行为方式即"道德"的约定俗成的要求。比如，中国人心目中的经典的女性形象是"温柔、善良、贤惠"的，这样的性别角色标准并不是到现代才形成的，而是贯穿整个人类文化进程始终的，如果女性表现出的角色形象同这一标准吻合则被周围人接纳和认可，反之则会受到非议。他从集体无意识的角度论述道德需要的产生，认为人类社会在发展进步传承的过程中就形成了一整套约定俗成的行为方式，并且以遗传的方式进行传递，这套行为方式就是道德的要求，也是道德需求产生的基础。而人类依照集体无意识表现出的行为即道德的外化。

道德需要对道德活动具有启动和驱动作用。姚中新在《道德活动论》中将道德需要看作道德活动发展的主体动力，并从四个方面进行了论述[②]：一是道德需要是道德活动的直接动机；二是道德需要是道德活动的持续动力；三是道德需要可以抑制不正当的需要，使主体成为全面发展的人；四是道德需要既包含着个体需要和群体需要，又内在地具有协调两者

---

① [英] F. 达尔文编：《达尔文生平》，叶笃庄等译，科学出版社1983年版，第54页。
② 姚中新：《道德活动论》，中国人民大学出版社1995年版，第95页。

关系的倾向。彭柏林认为，道德需要是人的道德活动的初始动因或启动器。一般来说，一个具有某种道德需要的人，常常会感觉到精神上欠缺点什么，从而使其处于焦虑状态。这种焦虑状态达到一定程度就会激发他的道德动机，促使他去积极地活动，以弥补自身的欠缺，获得满足，也使自己的道德境界得到某种程度的提高。这就说明，有了道德需要才会产生道德动机，由它引起和推动着道德活动；没有道德需要，就不可能产生道德动机，也不会有自觉的道德活动。① 道德外化作为道德活动重要组成部分，也同样受到道德需要的影响。

个体道德需要对道德外化的影响表现在三个方面。

1. 道德需要是个体道德外化的内在动力

道德需要是人的道德活动的初始动因。"任何人如果不同时为了自己的某种需要和为了这种需要的器官而做事，他就什么也不能做。"② 人类的实践活动正是在人的需要下产生的。需要内在的包含着人产生行为活动的可能。从这个意义上说，需要是人行为活动的初始动因。这一原理同样适用于道德需要。有了道德需要就会产生道德动机，引起和推动道德活动；没有道德需要，就不会产生道德动机，也不会有自觉的道德行为。学者们普遍认为道德需要对道德活动和道德行为具有一定作用。曾钊新认为③，道德需要是人们从事道德活动的诱因，它启动人的道德动机，为行为主体提供价值导向，促使行为主体产生道德积极性。可以说，没有道德需要，就没有道德行为的动机，就会影响道德外化过程中的道德情感的发挥，没有道德正确的判断。

在道德外化过程中，个体内化的道德意识能够顺利转化为道德行为，主要是看个体是否将道德内化阶段形成的道德意识转化为道德需要。没有道德需要，外化心理结构中的理性认同、情感体验、意志激发，就不会发挥积极的作用，道德外化的动力系统就不会对道德外化的能力结构和行动结构发挥作用。对于一个具体外化过程而言，个体在道德内化的基础上，在做出行为选择的时候，首先是经受心理的检验，行为是否符合个体的道德需要？个体做出行为选择的动机是什么？道德信念是否支持行为的选

---

① 彭柏林：《道德需要论》，上海三联书店2007年版，第47页。
② 《马克思恩格斯全集》（第1卷），人民出版社1960年版，第286页。
③ 曾钊新等：《心灵的碰撞——伦理社会学的虚与实》，湖南出版社1993年版，第20—23页。

择？等等，都会影响道德外化。

没有道德需要，道德内化形成的道德意识就只能表现为内隐状态，不能转化为道德动机。在现实生活中，经常在某些个体身上出现的言行不一、知行不一的现象，并不是个体没有将社会道德规则内化，而是个体没有将内化的道德意识转化为道德需要。因而，在一定的道德环境中，这种内化的道德意识就不能接受道德外化图式的考验，也就不能转化为道德行为，因而也就不能实现道德外化。可见，道德需要影响着道德外化的动力系统发挥作用，是个体道德外化的内在动力。

2. 道德需要决定道德外化的层次和水平

马斯洛将个体的需要从低级到高级划分为生理的需要、安全的需要、归属与爱的需要、尊重的需要、自我实现的需要五个不同的层次。需要是个体维持和发展自己的生命的最基本的生命冲动，人类的需要蕴含着一种内在的驱动力和升华力。在低层次的需要得到满足的基础上，人类高层次的精神需要，包括道德需要逐步产生和发展。道德需要蕴含于其他的高层次的需要之中。比如，个体为了维护国家安全的需要而英勇地参加战斗保卫祖国，这种需要属于安全的需要，但又不仅仅是为了维护个体自身的生命安全而产生的，而是基于更大、更高的信念和理想，这种需要就是一种道德的需要。夏湘远认为，道德需要作为人的特殊的、高级的社会需要是通过道德内化而形成的，道德内化过程具有发展性的特点，从而决定了道德需要的形成和发展也是一个从低级到高级的过程，并由此呈现出三个高低不同的层次：他律道德需要、自律道德需要和自由道德需要。在此基础上，他强调，自由的道德需要是道德需要的最高层次。"道德自由这一阶段，人们把道德本身作为追求的直接对象与目标，为道德而道德，形成道德绝对命令，把道德作为达到内心宁静、个体完善、价值实现的手段，表现出道德情感意志的自发性、道德判断的直接性。这时，人们履行道德规范不再是义务和良心的要求，而是心灵的一种内在呼唤。这种呼唤已不再受功利的驱动，也不是纯粹的自我约束，几乎是一种本能的需要。在这一阶段，如果从动态角度——道德行为得以发动以至完成的全过程加以研究，则可发现这一动态过程是一个道德自由之因素前后相继的有序系列，具有自由特征的每一环节都成为道德价值实现的必要条件。"[①] 可见，

---

① 夏湘远：《义务·良心·自由：道德需要三层次》，《求索》2000 年第 3 期。

道德需要所根植的需要的层次越高，个体在道德内化阶段所产生的道德情感也就越强烈、道德意志越坚定，在道德外化阶段对道德行为的支持也就越持久，而其道德行为所能产生的对于人类和社会的积极价值就越大，道德外化的层次和水平也就越高。

另外，有学者从道德价值标准出发，将人的需要分成了应当的需要、失当的需要和正当的需要三类。① 应当的需要是个体的生存和发展必需的需要，既能够满足个体的发展需要，又对他人和社会的发展具有积极意义。失当的需要是如果想要得到满足势必会损害他人或者社会的利益的需要，或者不具备实现的现实性和可能性的需要。正当的需要是指人人都有的一些普通的需要，这些需要的满足与否并不牵涉道德层面的价值和意义。由此来划分，道德需要应当属于应当的需要的范畴，它能够推动着个体的需要和行为朝着更高的层次发展，具有更强的社会和道德意义。

3. 道德需要调控个体道德外化的强度和持久性

心理学研究表明，个体的需要的强度同由需要所引发的行为的强度和持久性呈正相关关系，即个体的需要越强烈，行为的强度越高、越持久。比如，一个学生想要取得好成绩的心情越迫切、越强烈，就越能够好好学习，认真完成作业，而且这种积极学习的行为能够长期坚持。因此，道德需要也是人类道德活动持续进行的推动力。

如前所述，当一个人的道德需要被激发出来而且还没有被满足时，个体会感觉到一种焦虑的状态，这种焦虑状态激励着个体去进行道德外化的活动从而满足道德需要，达到身心的平衡。

当个体内部的道德需要变得日益迫切的时候，道德积极性就会被充分地激发出来，促使个体不断地进行道德实践，提升道德层次和水平。

（二）自我效能对道德外化的影响

自我效能概念是由美国著名心理学家班杜拉于 1977 年首次提出的，是其所创建的社会认知理论的一个核心概念，指人们对自身完成既定行为目标所需行动过程的组织和执行能力的判断，即个体对自己能力的一种主观判断而非能力本身。② 自我效能是个体对自己能否顺利完成某一任务的

---

① 彭柏林：《道德需要论》，上海三联书店 2007 年版，第 18 页。
② ［美］A. 班杜拉：《思想和行动的社会基础——社会认知理论》，林颖、王小明等译，华东师范大学出版社 2001 年版，第 552 页。

主观判断和自我感受，具体表现为人们在完成某一活动和任务时表现出的自信心。在自我效能理论中，班杜拉非常关注人类所具有的"预期"能力，将预期视为知识和行为的中介，是行为的决定因素，并将预期分为结果期待和效能信念。① 结果预期就是个体对行为可能导致某种结果的推测或预测，即个体能够预测到行为可能导致的结果而选择或规避某种行为。结果预期是因为能够预测到结果而出现选择。效能预期是个体能否进行某种行为实施能力的推测和判断，它表明个体对自己成功实施某种行为是否有信心。效能预期是因为能够预测到能力而出现选择。例如，甲认为只要努力学习，期末就可能考个好成绩并最终获得奖学金，因此他有努力学习的行动；乙不仅知道只要努力，学习期末就可能考个好成绩并最终获得奖学金，而且确信自己具有考好成绩的能力，并因此更加努力学习。一定意义上，甲的预期就是结果预期，乙的预期就是效能预期。班杜拉把能知觉到的效能预期称为"自我效能感"，认为自我效能感本质上就是效能预期。他认为个体即使懂得某种行为可能会产生某种结果，但如果对自己行为的能力产生怀疑，就不会产生预期的结果；如果自己的效能预期越强，确信自己有能力完成某种行为，并可能会产生某种结果时，就会产生较强的自我效能感，并积极去行动。

在班杜拉看来，在个体主观心理因素和行为之间存在着某些调节机制，控制着个体的认知能力、动机和行为的选择。而在这些调节机制中，处于中心地位的就是自我效能感。自我效能感是人对自己作为动因的能力信念，控制着人们的思想和行动，并通过它控制着人们所处的环境条件。② 个体的自我效能感是建立在其对于自身能力的主观评估上的，因此，同道德外化相联系的自我效能感主要体现在个体在道德外化过程中，对自身道德能力认识的差异上。也可以说，影响道德外化的自我效能感，不是个体心理中稳定不变的属性，而是个体以自身道德能力为对象的一种思维形式，是个体在道德外化过程中对自己是否能够外化道德行为所具有的信念、判断或个体的自我把握和感受。

自我效能概念的提出，为我们进一步认识道德外化过程心理机制以及道德行为过程中出现的种种复杂现象提供了理论支持。自我效能的变化表

---

① ［美］A. 班杜拉：《自我效能：控制的实施》，缪小春等译，华东师范大学出版社2003年版，第29页。

② 吴帆：《集体理性下的个体社会行为模式分析》，经济科学出版社2007年版，第164页。

现在三个维度上：水平、强度和普遍性。① 自我效能水平的差别会导致不同个体选择不同难度的任务。不同人的效能信念在强度上存在着差别，微弱的效能信念容易使人们放弃努力，而强的效能信念则会使人坚持。人的效能信念在普遍性上并不相同，效能信念的范围存在差异，一些人只在一定范围内判断自己是有效能的，另一些人则在更广阔的范围内都具有良好的自我效能感。由此可见，自我效能对道德外化的影响，是在道德外化过程中，对自己能否顺利外化道德行为做出的判断。不同的自我效能，是个体在道德外化图式的作用下，对自身能力信息的权衡、整合和评估的结果。具体讲，自我效能对道德外化的影响体现在道德行为实践和个体对道德挫折的应对上。

1. 自我效能影响道德行为的选择和进程

个体的自我效能感会影响个体对道德行为的态度和认知。吴帆认为，不同的效能信念在强度上存在差别，微弱的效能信念容易使人放弃努力，而强的效能信念则会使人们坚持。弱的自我效能容易受到不相符经验的影响而被否定，而对自己的能力具有坚强信念的人尽管有无数困难和障碍仍会坚持努力，不会因一时的失败而导致自我怀疑，而是相信自己有能力取得最后的胜利，仍不放弃努力。同时，她认为，自我效能的知觉强度不一定与行为选择有线性关系。个人自我效能感越强，坚持性就越强，所选活动的成功完成的概率就越大。② 现实生活中，如果个体的自我效能感较低，会倾向于表现出退缩、回避、拒绝的行为，会倾向于回避那些他们认为在自己能力范围之外的任务或者情境，而承担那些被认为是力所能及、有把握、容易完成的事情，从而避免失败。而自我效能感强的个体则会倾向于选择富有挑战性的任务，以获得更大的成功。所以，当面临同样的道德环境时，自我效能感强的个体会表现得更加积极、主动、投入，因此，从道德实践行为中获得的收获与成长也就更多。

个体的自我效能感会影响个体道德行为的情绪体验。在道德外化过程中，自我效能感强的个体关注点集中于已有的道德外化图式，认为自己有足够的实现道德行为的能力，而对道德外化过程中的不利环境与道德图式选择之间的差距则关注较少，因此，在道德外化过程中受环境等不利因素

---

① 吴帆：《集体理性下的个体社会行为模式分析》，经济科学出版社2007年版，第167页。
② 同上书，第168页。

影响较小,并可能被环境激发出更大的努力,把压力当作挑战,能够以极强的热情和信心去迎接挑战;而自我效能感低的个体更多地看到的是自己的缺点和不足,因此,在道德外化过程中更多地关注关于遇到的困难和问题,把困难和问题想象得比实际情况要严重得多,并倾向于采取防御性行为来被动地适应外界环境,心理压力会比较重,容易产生焦虑和抑郁等情绪,妨碍个体能力的发挥。因此,自我效能感调节着人的回避行为和焦虑唤醒,影响着道德外化过程中个体心理的正常发挥。

个体的自我效能感会影响个体做出道德行为积极性。个体在道德外化过程中,如果认为自己的道德能力很强,在道德外化的过程中就表现出一种积极主动的状态。当个体认为自己的道德能力不强,对自身缺乏信心的时候,会害怕参加道德实践活动,怕暴露出自身的不足。如前所述,在道德外化过程中,个体总是按照自己已有的道德外化图式作为标准选择处理进入视野的道德信息,并做出相关的选择,引导个体继续或终止道德外化过程。在这一过程中,自我效能作为一个心理机制的一部分,影响行为的选择的积极性,影响外化倾向、外化选择、外化执行的各个过程。长此以往,个体的道德能力不能得到有效地提升和进步,自我效能感会越来越低。

2. 自我效能影响个体应对道德挫折

挫折一词属于心理学的范畴,指的是由于个体的需要得不到满足而产生的焦虑情绪。然而,按照艾利斯的 ABC 理论,个体的人和刺激和最后的反应之间都并不是一一对应的关系,并不是简单的刺激——反应过程,其决定性因素是中间需要经历的认知因素,也就是个体对于刺激的认识和评价过程。也就是说在道德挫折产生的过程中,要有挫折情境、挫折认知,才能最终产生挫折反应,挫折情境是道德挫折的客观因素,而能否产生挫折反应取决于是否形成了主观的挫折认知。

在现实生活中,人的道德行为有时候会遭遇很尴尬的境地,也就是人的道德行为并没有能够被周围人很好地接纳和认可,即通常所说的"好心没好报"或者"好人没好报"。这种状况下个体很容易产生道德挫折。道德挫折是指因为行为者的利他行为受到受助者或其他人消极或者恶意的回应,从而使其对于利他行为的道德价值产生负面性的认知,并进而产生心理上的挫败情绪的挫折形式。[①] 曹刚认为,道德挫折可以从两方面来加

---

① 任重远:《道德能力研究》,博士学位论文,中南大学,2009 年,第 57 页。

以理解:"一方面是个体在其利他行为中所遭受到的阻挠及其负面情绪体验,这是道德挫折的个体实践层面;另一方面则是个体或群体因为某个负面道德情境——即某个利他行为受到挫败——的感染而产生的义愤心理和对利他行为之道德价值的消极评价,这是道德挫折的社会影响层面。"① 因此,道德挫折不仅是指个体在道德活动中遇到的挫折,也包括社会挫折,即心理潜在的负面认知情绪的弥漫,认为个体参与道德活动可能会受到伤害,它直接造成了人与人之间的信任危机。对个体而言,道德挫折会造成不同程度的道德冷漠,同时也会对群体的道德信念造成损害。

自我效能感高的个体在进行利他行为或者道德实践时遭遇挫折情境,由于自信心较强,具备较强的道德能力,而且,从事活动时的动因源于自身内部对于道德和价值的高尚追求,所以不会轻易被外在的评价和挫折所影响,能够挖掘自身道德行为的积极价值,所以不容易被挫折情境影响,产生挫折反应,甚至产生对于道德价值的怀疑和道德冷漠;相反,如果个体的自我效能感较低,当遭遇挫折情境时就容易从自身内部进行归因,将挫折情境的产生归因于自己能力不强等内部因素,并容易由此产生绝对化的思维方式,认为一切都"糟透了""不能够挽回了",将挫折情境的负面意义和影响夸大到极致,产生挫折认知,进而产生强烈的挫折体验。

实际上,自我效能感和道德外化的关系并不是单向性的,这两者之间能够相互作用。个体道德外化的过程,就是一次次道德实践的过程,能够有效地提升个体的自我效能感。

首先,道德实践能够增加个体的道德体验,从而促进自我效能感提升。个体进行道德实践往往并不需要专业的知识或者很强的个人能力,只要有爱心、有热情都可以进行,比如,爱老敬老、义务支教、疏导交通、保护环境等。但是在进行道德实践的活动中,个体会很强地体验到自身的价值感和被需要的感觉,从而能够有效地促进自我效能感的提升。

其次,道德实践能够帮助个体找到学习的榜样,从而促进自我效能感提升。很多的道德实践都是以群体或者小组的方式进行的,比如大学生志愿服务西部计划、青年志愿者行动、春蕾行动等都是有组织、有计划实施的道德实践活动。在这些道德实践活动开展过程中涌现出了一大批像徐本禹一样的榜样人物。个体可以通过寻求自身与榜样人物之间的共同点,不

---

① 曹刚、任重远:《论道德挫折》,《道德与文明》2009 年第 2 期。

断地向榜样人物学习，逐步意识到别人可以做到的我一样可以做到，从而改变对于自己的认知，提升自我效能。

再次，道德实践能够帮助个体收获积极评价，从而促进自我效能感提升。个体自我意识的形成来源于周围人对于自己的评价，其实我们都是从别人眼中看到的自己，心理学上称为"镜像自我"，对于自我的认知和评价是自我效能感的重要组成部分。在道德实践的过程中，个体的助人过程实际上并不是完全没有"回报"的，人们往往能够收获许多由于善行义举而得到的积极的评价与肯定，这种积极的评价与肯定都会成为个体良好自我意识形成的证据和线索，帮助个体形成更为积极、正面、向上的自我意识，从而促进自我效能感的提升。

(三) 从众心理对道德外化的影响

从众是一种较为常见的社会心理现象，指在社会群体和他人的影响下，放弃自己原来的意见，并在判断、知觉、信仰及行为等方面与大多数人保持一致。[①] 研究者认为，从众心理就是个体和群体趋于一致的过程。人的社会性决定了个体不能脱离群体而存在。行为和思想的多样性决定了个体与整个群体或者群体中大多数人之间总会存在分歧。这种分歧使个体产生一种压力，即害怕被社会群体孤立和抛弃的心理，促使其不断向群体或群体中大多数人靠拢，以求达到行为和思想一致。[②] 个体之所以会出现从众现象主要有两方面原因：第一种是为了使个体形成对现实的正确理解，从而改变自己的意见与大多数人一致，即所谓"真理掌握在大多数人手中"。第二种是为了满足他人或者群体的期待而与大多数人一致，为了获得奖励或者避免惩罚。所以第一种也被称为信息性的从众动机，第二种被称为规范性的从众动机。当群体的规模越大，个体越容易出现从众行为；当群体成员之间的联系和依赖程度越紧密，个体越容易出现从众行为；当群体的同质性程度越高，个体越容易出现从众行为；当行为对个体越重要时，个体越不容易从众；场依存性的人比场独立性的人更容易出现从众行为。

---

① 代祺：《我国城市青少年从众、不从众和反从众消费行为研究》，博士学位论文，西南交通大学，2007年，第12页。

② [美]弗里德曼西尔斯、卡尔史密斯：《社会心理学》，高地、高佳译，黑龙江人民出版社1984年版，第24页。

1. 从众心理对道德外化的积极影响

道德是人们共同生活与行为的规范与准则，道德引导人们追求至善，是社会矛盾的调节器，具有认识、调节、平衡、教育、评价的重要功能。而被内化的道德规范，也只有通过道德外化，外化为个体在社会生活和道德实践中的具体的道德行为才能够真正起到上述的功能和作用。在这一具体过程中，个体的从众心理对道德外化具有积极的影响。

当个体怀有信息性的从众动机，从外部的实际状况和道德情境中获取做出正确道德判断和道德行为的信息时，同在情境中的其他人的反应就不可避免地成为最重要和最有意义的参照物，帮助个体做出正确的选择和行为。比如，一个人在乘坐公交车时看见别的年轻人都主动给老年人让座，也会有从众的行为主动给老年人和其他需要帮助的人让座。在这一过程中，尊老敬老、帮助他人的道德观念从内化状态外化为实际的让座的具体道德行为，从众心理对道德外化的过程是起到积极的促进作用的。我们都知道，不论是传统美德还是学校教育，尊老敬老、帮助他人作为一种道德观念应该是深入人心的，但并不是在任何场景下都能有尊老敬老、帮助他人的道德行为。在不同的情况下，不同的个体会有不同的选择和结果。显然，在上述公交车的场景下，从众心理对做出正确的道德行为选择是有积极意义的。因此，从众心理对道德外化有积极影响。

当个体怀有规范性的从众动机，希望自己的行为和表现能够满足别人或者社会对自身的期待时，也会表现出同社会期待相一致的行为。比如，一个年轻的妈妈在公交车上虽然很累，但是为了给儿子做一个好的榜样，在遇到老年人上车时，会出现毫不犹豫地主动给老年人让座的行为。年轻妈妈在让座的具体道德环境中，并没有显现的道德外化环境，但她意识到，"主动让座"是社会期待的道德行为。为了给儿子做出表率，自己即使很累，也要将这种能够满足社会期待的道德行为传递给儿子，选择与社会相一致的行为。这种选择其实也是一种从众，对外化"主动让座"的道德行为具有积极的意义。其实某种程度上，个体的道德行为都是为了符合一定的社会规范或者社会期待而表现出的，因此，个体对于他人和公众反应的关注和重视是个体社会性的极好体现。

2. 从众心理对道德外化的消极影响

从众心理对道德外化的消极影响，主要体现在对道德环境的判断、道德行为的盲从等方面。

从众心理影响道德外化过程中对道德环境的判断。个体道德外化的过程，是个体基于道德外化图式对道德环境的判断后，自主做出行为选择的过程。在对道德环境的判断过程中，从众心理表现为：一是个体明知众人的意见和行为不对，而自己却迫于群体的压力暂时屈服，表现为将有利的道德外化环境判断为不利的道德外化环境；二是个体个性上有着缺乏独立性、自信心等个性心理缺失，对道德环境难以把握或根本不能把握，表现为对道德外化环境的无法把握。从众心理影响也体现为对道德行为的盲从。我们在日常生活中一直普遍存在没有很好解决的"行人闯红灯"现象就体现为一种道德行为的盲从。道德行为的盲从表现为：一是个体放弃自己原来的道德判断和选择，把众人意见和行为当作自己道德判断和选择，表现为跟从；二是没有自己的观点和看法，别人怎么做我就怎么做，表现为服从；三是尽管有时自己也知道某种行为不好，但是看到大家都去做，自己也随大流跟着去做，表现为顺从。跟从、服从和顺从，不论是哪种形式的盲从，个体对行为的选择不是依据道德外化图式做出的，因而一般不会表现为道德行为，即使是有了外在的看似道德的行为，也是道德行为的偶发，不能算是真正的道德行为。因而这一过程也不是真正的道德外化。

2012年1月16日，针对一直受人关注的2006年已和解结案的南京"彭宇案"，南京市委常委、市政法委书记刘志伟在接受《瞭望》新闻周刊记者独家专访时指出，舆论和公众认知的"彭宇案"，并非事实真相。刘志伟公布的"真相"是，彭宇是无赖，在案件审理过程中出尔反尔，开始承认与徐寿兰发生碰撞，后来得知派出所接出警的询问笔录已丢失时才说自己是做好事，并因此认为由于多重因素，此案件被误读和放大，才成为社会"道德滑坡"的"标志性事件"。[①] 但是，在此之前，由于多重因素被误读和放大的这起普通民事案件，已经成为社会道德滑坡的标志性事件。"彭宇案"产生的负面效应，导致人们不愿做好事甚至见死不救。一些地方出现老人摔倒无人搀扶、交通事故后不敢救助等现象，也屡被归咎为"彭宇案"的影响。而造成这一切的，不是人们都缺乏基本的道德判断。每一个个体基本都能做出"见到摔倒的老人应该扶起来""遇到需要救助的人要伸出援助之手"的道德判断，但"彭宇是做好事反遭诬陷

---

① 转引自搜狐网，http://news.sohu.com/20120116/n332283182.shtml。

赔偿"产生的负面效应使大家都不敢按照原有的道德判断做出道德行为。因为，这一负面效应已经成为一个集体的效应。在集体效应面前，作为个体，在道德行为过程中受到了从众心理的影响。

二 影响个体道德外化的环境因素

(一) 社会风气对道德外化的影响

社会风气是社会群体的精神面貌，也就是大量的个体同时进行相同行为的宏观表现。[①] 社会风气会影响人的成长和行为。《三字经》里的"昔孟母，择邻处"讲的就是中国历史上"孟母三迁"的故事，即孟轲的母亲因为邻居家的孩子大多有各种不良品行，为选择良好的环境教育孩子，多次迁居。这说明古人对社会风气的重视程度。关于社会风气和道德环境对个人道德发展的影响，我国古代思想家多有论述。孔子说："里仁为美。择不处仁，焉得知?"[②] 墨子说："染于苍则苍，染于黄则黄。所入者变，其色亦变，五入必，而已则为五色矣。故染不可不慎也!"[③] 荀子说："南方有鸟焉，名曰蒙鸠，以羽为巢，而编之以发，系之苇苕，风至苕折，卵破子死。巢非不完也，所系者然也。西方有木焉，名曰射干，茎长四寸，生于高山之上，而临百仞之渊，木茎非能长也，所立者然也。蓬生麻中，不扶而直；白沙在涅，与之俱黑。兰槐之根是为芷，其渐之滫，君子不近，庶人不服。其质非不美也，所渐者然也。故君子居必择乡，游必就士，所以防邪辟而近中正也。"[④] 这些论述都是关于环境因素和社会风气对个体道德形成的重要影响，虽然略有片面，但很值得我们借鉴。

社会风气是对整个社会环境的折射。社会风气会对个体的道德水平和道德外化产生深刻的影响。

1. 社会风气影响个体道德行为注意

社会风气能够影响个体注意的指向性与选择性。比如，当人们都追求金钱的时候，个体也就时刻都关注着和获得金钱相关的活动；当人们都在

[①] 陈述:《行为心理论》，湖南师范大学出版社2010年版，第275页。
[②] 《论语·里仁》。
[③] 《墨子·所染》。
[④] 《荀子·劝学》。

关注住房问题的时候，个体的注意力也就不可避免被吸引到同住房相关的事情上面。也就是说，个体的注意力会因为社会风气而集中。

社会风气对于道德外化的影响则主要体现在能够深刻地影响个体对于道德行为的注意。比如，由于市场经济的影响，导致目前中国社会的贫富差距进一步拉大，贫富之间的矛盾加剧，所以媒体和民众就会更多地关注一些所谓"富二代""官二代"的行为，媒体的网络上对于"杭州飙车案""药家鑫杀人案"等公众事件的关注就是很好的例证。因此，国家非常重视良好的社会风气的营造，《公民道德建设实施纲要》、"八荣八耻"等一系列政策的出台和"感动中国"十大人物评选、公民道德模范的评选活动等都是在营造积极的社会风气。而一旦积极、健康、向上的社会风气形成的话，公民所关注的重点也就会自然地转移到良好的道德行为上来，日常行为也会受到影响，从而改善道德外化的环境。

2. 社会风气影响个体道德判断

社会风气是一种能够影响个体的主观评价体系的社会因素。研究表明，个体的主观评价体系分为三种类型：生理类评价体系、客观型心理类评价体系、主观型心理类评价体系。除生理类评价体系基本不受社会风气的影响外，个体的另外两种评价体系都不可避免地受到社会风气的影响，其中以主观型心理类评价体系受社会风气的影响最为严重。主观型心理类评价体系是以观念的形式存在的，严重受社会风气的影响，在不同的社会风气下，个体不仅思想认识的程度不同，而且还会发生极性上的变化。[①]例如在一个班风比较好的班级，班级同学之间互相帮助，大家都遵守学校的各项规章制度，同学遵守纪律的观念就会加强；在班风差的班级，同学遵守学校规章制度的观念就会变淡，与之相反华而不实、投机取巧的思想观念就会得到加强。

那为何个体的心理类评级体系会受到社会风气的影响呢？著名心理学家班杜拉提出的"社会学习论"认为，个体的学习都是通过观察他人的学习及其结果而模仿得来的。而社会风气就是社会的流行行为，是大量社会成员进行同一种行为的宏观表现，势必会影响到个体的行为。由于个体的评价体系受到社会风气的影响而改变，最终会影响到个体的道德判断，进而改变个体的道德行为。如伴随着改革开放而来的经济社会的"一切

[①] 陈述：《行为心理论》，湖南师范大学出版社2010年版，第276页。

向钱看"的社会风气，也影响了道德领域。我们都不能忘记2009年10月长江大学学生救人遇难，遗体打捞被勒索事件。① 在打捞3名大学生英雄遗体过程中，打捞公司在现场向学校收取了3.6万元费用。打捞公司明知溺水的长江大学3名学生系见义勇为遇难，但他们还是没有及时打捞，而是要收取费用，特别是因打捞资金暂时未筹集到位时，数次中断打捞过程，明显违背社会公德。这一事件不是一个个案，在生活中还有很多受金钱影响做出不道德行为的事件。正是因为"一切向钱看"的不良社会风气影响了人们的价值判断，影响了个体的道德评价体系，因而也就影响了个体的道德行为。

改革开放以来，特别是进入21世纪之后，中国社会经济高速发展，与国际的交流日益频繁和紧密。随着经济的高速发展，在当今中国的社会道德方面也出现了一些同社会转型密切联系的社会道德问题，影响了社会风气，也影响了个人在道德活动中道德行为的外化。主要表现在以下几个方面。

第一，多元道德价值观逐步形成。马克思主义哲学认为，社会存在决定社会意识。中国社会转型期社会结构的全面变革，必然会引起社会观念和价值观的变化。计划经济体系下的社会价值观是以假设全体社会成员的利益需求具有极强的一致性的基础之上的，认为个人的利益需求可以通过集体利益的实现而得以实现。所以从总体而言，表现出抹杀个人利益的道德价值倾向。而在市场经济条件下，个体可以追求个人利益和个人的本体价值的实现。当社会确认了个人利益存在的合理性和正当性时，人们便会从个体需求出发去重塑主体性的价值选择标准。同时，转型期多种道德价值观相互冲突，呈现多元化的趋势。由于市场经济的发展，对过去中国社会既定的道德价值观产生了强烈的冲突，这就为多元价值观的产生和交融提供了土壤，使当代中国社会成为各种道德价值观念交会、撞击的大熔炉。

第二，出现了转型期特有的道德失范现象。当前，在社会主义市场经济条件下，少数人受"一切向钱看"拜金主义思潮的影响，产生了严重的道德失范。所谓道德失范指的是在一般社会生活中，道德价值及其规范要求缺少或者缺少有效性，不能对社会道德生活发挥正常的调节作用，从

---

① 转引自新华社2009年11月8日消息。

而表现为社会道德秩序的混乱。① 2011 年 10 月,《辽宁日报》推出的"当今中国主流道德判断"系列报道中,通过"一起来讨论"环节的互动和 7 次问卷调查,梳理归纳出 7 类被公众认为最痛恨的道德失范行为分别为:1. 人心冷漠,见死不救;2. 食品药品安全问题;3. 医患矛盾;4. 利用他人善良骗取钱财;5. 不孝顺父母;6. 公民缺少文明意识;7. 当"小三"傍大款傍富婆。特别是几乎所有参与讨论的读者都认为"人心冷漠,见死不救"是最令他们痛恨的不道德行为。当年 10 月 13 日,广东省佛山市两岁女童小悦悦遭两车碾轧而 18 个路人漠然相视;同月 24 日,在浙江省平湖市世纪商业中心,一名中年男子爬上室外楼梯的 5 楼,横跨在栏杆上说要跳楼。千名围观者,有的积极劝阻,有的喊着"跳吧,跳吧",怂恿这名男子跳楼。频频发生的事件,引起大家的反思。道德失范现象的出现主要是由于旧的道德价值观念被打破,而新的行为范式又并没能被全体社会成员所接受,因而出现了一定的"道德真空",呈现出无序状态。在"彭宇案"宣判之后,甚至有人认为,"我们生活在一个普遍无德的时代。……由是,我们也生活在一种普遍的道德饥渴状态中,有人甚至已经在认真地讨论情妇也应当具有一些基本的职业伦理"②。

第三,部分腐败现象的出现为道德建设带来负面影响。市场经济想要有序、健康的发展,就要求有相应的法律和管理制度作为保障,而事实是,在社会转型期,想要有完善的法律和管理制度是不可能的,只有靠转型的过程中慢慢地探索和形成,并没有既定的完善模式可以借鉴和使用。这就使在社会转型的过程中违法乱纪、贪污腐化等现象往往是较为严重的。这些现象严重违背了市场经济的规律,给社会转型和社会道德建设蒙上了阴影,特别是对青少年的健康成长和道德发展影响巨大。具体而言,腐败现象的存在对青少年的不良影响主要表现在四个方面:一是影响社会风气。贪腐多了社会上假大空现象就会多起来,奢靡之风就会随之而来,社会丑恶现象会频繁出现,讲排场、铺张浪费、大吃大喝等就会普遍起来,导致社会心浮气躁,诚信缺失社会信用下降,社会攀比心理、猜忌心理趋重。二是扭曲人们的人格。贪腐成风,不按规矩办事,社会大众便不再相信法律、道德、规矩,而是迷信关系,遇事就会找熟人、走关系,结

---

① 曾小五:《道德赏罚论》,博士学位论文,湖南师范大学,2002 年,第 150 页。
② 秋风:《彭宇案背后的道德饥渴症》,《南方周末》2007 年 9 月 16 日。

果行贿受贿司空见惯,潜规则大行其道,扭曲人们心理。三是盛行溜须拍马上拍下压,任人唯亲,拉帮结派,搞小圈子,讲原则、办事公道的受排挤,不按规则出牌的如鱼得水。四是腐败会消磨人的意志,导致心灵空虚、精神颓废,直至堕落沉沦。① 中科院心理所张建新研究员的调查结果显示,青少年心理行为问题一方面受到所处家庭、学校小环境中的学习压力、人际冲突的影响,另一方面也受到社会大环境中的贫富差距、官员腐败的影响。人们通常认为,后两种事件与中学生的生活距离遥远,所以在讨论心理健康问题时,多从小环境入手,而相对忽略大环境的作用。但是,在中学生们的眼睛中,它们却并不遥远。张建新认为,这些社会大环境事件"实实在在地对中学生的言行和心理造成了冲击"。

第四,社会信任危机在一定范围内存在。在日常生活中,人与人之间,不论是熟人还是陌生人,相互的不信任不同程度地存在着,特别是在不熟悉的人之间。"雷锋出差一千里,好事做了一火车"是雷锋先进事迹的高度浓缩,可在当今社会,他主动帮助妇女和小孩,也许会被误认为是另有所图。在车站、码头、广场等公共场所,我们想帮助别人拎行李、抱孩子时,往往会遭到谢绝甚至是冷漠拒绝;路上老人突然摔倒了,我们想径直走过去扶起他是不是还会有所顾忌。如果说在陌生人之间缺乏彼此的信任,在熟人之间,有时候也会因为社会风气的影响带来信任的危机。"黄世仁"害怕"杨白劳",欠钱的是老大,导致熟人之间不愿互相借钱;正常的买卖活动,买家质疑商家的货是不是假货,商家不相信买家付给的现金是不是都是真币。甚至,熟人两口子正在吵架,你好心上前劝阻,反而被认为是"多管闲事"。如此种种,造成了人和人之间缺乏了最起码的信任,造成了社会信任的危机,在生活中处在一种时刻担心、怀疑的心理氛围里,怕受骗、怕上当、怕别人的伤害,因此,与我无关的事情只当看客或退避三舍,并且提醒自己的亲人、朋友出门在外不要多管"闲事"。

(二) 文化环境对道德外化的影响

文化是一个复杂的概念,不同专家给出了不同的定义。人类学学者认为,文化是人类社会的全部活动方式。文化学学者认为文化是作为社会成员的人获得的全部能力和习惯的复杂整体。还有专家认为文化是主观的,

---

① 张应立:《腐败与青少年犯罪研究》,《山东警察学院学报》2015 年第 4 期。

存在于人们的精神之中，是社会遗产的心理和符号产物。文化心理学家认为文化本身就是一种实体，用道德强化的概念图式来呈现。道德外化过程中，文化环境起着至关重要的作用。正是基于和文化环境的互动，个体才能够在道德内化的基础上建立道德外化图式，影响道德外化的发生。

1. 不同文化类型对道德外化的影响

由于特定文化决定了人们特定的行为方式，所以人类的道德行为的外化也会受到我们日常生活所习惯的文化和社会的影响。

文化从价值维度可以分成两种类型：个体性文化和群体性文化。个体性文化倾向于把注意的焦点放在个体身上，认为人是最重要的，强调个体的独特性、自主性和独立性。群体性文化的注意焦点放在群体和社会水平上，认为最重要的是社会，强调人际关系、群体和睦、个人在群体中角色的扮演等。个体性文化可以基本等同于社会学家费孝通教授所指的生人文化，群体性文化则是熟人文化。美国通常被认为是典型的个体性文化社会，而中国则是典型的群体性文化社会。但是，在个体性文化中，个体依然乐意追求集体的目标；而在群体性文化中，个体同样也会追求自己的价值和利益。

不同的文化类型会对个体的道德外化产生不同的影响。在个性文化占主体地位的文化环境中，个体对于道德的外化主要是以个人的方式来展现，只要是符合个体自身的道德价值判断，个体可以采用任何自己认为适宜的方式来进行相应的道德行为。而且，个体的道德判断较少受到周围人或者环境的影响。在群体性文化占主体地位的文化环境中，个体道德观念、道德判断的形成主要受周围环境和人群的影响，在道德外化的过程中，也会依据自身在社会群体中的社会角色选取被社会和他人所接受的方式外化为道德行为，较容易出现从众现象，倾向于个体意志服从于社会期待。

2. 不同文化地域对道德外化的影响

由于不同文化的影响，处于其中的个体对于同一事件可能会有不同的道德价值判断。比如，自杀行为在美国人认为不恰当的，同教会文化的理念背道而驰。但是，在日本的文化中，对于自杀是推崇的，认为这是武士道精神的一种体现，值得尊敬。再者，在巴西的一个贫困地区婴儿的死亡率非常高，每个母亲平均有3.5个孩子死亡，所以母亲没办法照顾所有的孩子，会对体弱多病的孩子进行"选择性忽视"。所以，当一个美国的研究者试图挽救一个1岁儿童的生命时，她的行为甚至受到当地妇女的嘲笑。因为"选择性忽视"已经成为当地文化和习俗的一部分。再比如，在中国目前的文化中推崇"一夫一妻"制，因此婚外情、"第三者"等是不被主流文化所认同的，所以当一个人有婚外情或者成为别人婚姻的第三者时会被认为是不道德的。但是在阿拉伯文化中，男人是可以"一夫多妻"的，一个阿拉伯男人同时拥有几个妻子是非常正常而合理的事情。前段时间媒体上所报道的美国一名女子"一妻两夫"的生活，在很多中国人眼中觉得不可思议，但是在美国的文化氛围中却并没有受到多大的排斥，能够为当地文化所接纳。

所以，在一种文化环境中被普遍认同的道德行为在另外的文化环境中可能有完全不同的理解。受到不同地域、自然环境、宗教、经济、政治等影响而形成的独特的文化环境和文化氛围会产生不同的道德价值观，并最终会影响到不同道德行为的外化。

3. 大众传媒文化对道德外化的影响

大众传媒又被称为新闻媒介或者大众传播媒介，指的是传递新闻信息的载体，包括网络、电视、广播、报纸等，还包括相应的信息传播机构。大众传媒覆盖面广、时效性强、影响力大，对人类的生产、生活和精神层面产生着不可估量的影响，在社会生活中发挥着越来越重要的作用，被称为"第四权力"。

大众传媒对于道德外化的影响可以分为积极和消极两个方面。积极方面，大众传媒的便捷性和有效性能够帮助个体获得全面的关于某一道德事件的全方位的信息，有利于个体形成正确的道德判断。同时，大众传媒相对于学校教育和家庭教育而言，其教育影响图文并茂、生动形象而且贴近生活，阻抗较小，易于接受，合理利用的话是一种非常好的道德教育资源。比如，有些电视栏目进行的"红色频道"的尝试已经取得了很好的社会效益，成为利用传媒进行道德教育和道德建设的有益尝试。消极方面，由于大众传媒的监督监管机制不是十分健全，尤其是对于网络信息的监管更是相对薄弱一些，加之大众传媒对于"受众"的恶意抢夺，导致为了博取受众的关注，取得哗众取宠的效应，在大众传媒中充斥着暴力、拜金甚至黄色等负面的信息，对个体的道德外化产生了消极的影响。比如，由于传媒对于某款高端手机的过度推崇和渲染，一名青年居然卖肾买手机；孩子会觉得电视剧中的情节都是真实的，一个人在游戏被打流光血之后可以很快恢复，所有的爱情都如韩剧中描绘得一样美好……这都不利于个体正确的道德价值观、道德判断和道德行为的形成。因此，需要进一步挖掘大众传媒在道德教育和促进个体道德外化中的积极作用，加强监督和管理，控制其负面的影响。

(三) 道德情境对道德外化的影响

如前所述，个体内化的道德意识并不意味着就一定会稳定性地外化为与该道德意识相对应的道德行为。道德外化是否实现，还同具体的道德情境紧密相连。杜威比许多其他伦理学家更关注情境对于道德判断和道德行为的重要性，强调讨论道德问题不能脱离现实的情境。他认为，人的行为总是和现实的条件和具体的道德情境相关，脱离具体的道德情境，孤立地、抽象地谈论善恶没有多大意义。因此，在他看来，道德行为存在于不确定性因素和冲突的可能性中，考虑道德情境的具体性和复杂性要求我们考虑行为的具体条件和其中的不确定因素和道德观念的冲突。杜威认为，道德情境至少有三种独立的变项和因素，即冲突和欲望，目的，个人对他人行为的赞扬和指责、鼓励与谴责、奖励与惩罚。在杜威的论述中，涉及道德行为的实现，在具体的道德情境中，各种因素交织在一起，决定了道德情境的不确定性。这种道德情境的确定性对个体做出外化行为的选择具有一定影响。因此，当个体处于某一具体的道德情境中时，往往会根据自己的道德外化图式去理解自己的道德情境，确定这种道德情境可能产生的行为后果。可能会出现两种情形：一是所面临的道德情境与自己的道德外化图式相符合，在这种情况下，个体会产生积极的道德情绪体验，推动道德外化图式发挥选择定向、实施动力和反馈调节等功能，调动各机构模块发挥作用，形成道德外化动态运行的内在推动力；二是所面临的道德情境与自己的道德外化图式相违背，个体会产生消极的情绪体验。道德外化图式的选择定向、实施动力和反馈调节等功能难以发挥作用，道德外化也难以实现。

道德情境中，影响个体道德外化的因素主要有以下几个。

1. 道德情境的强度

一般而言，个体所处的道德情境的强度越高，个体表现出相应道德外化为的概率就越大，所需要克服的阻力就越小。比如，当一个路人看见一个儿童不慎落水，生命危在旦夕的时候，往往会不假思索地跳入水中救人。这是在应急状态下人类的一个本能的反应，就是要挽救同类的生命，而不会经历复杂的思想斗争决定救人与否，现实情境中也没有时间去做过多的思考。也就是说，当个体所面临的道德情境的强度越高，具体到救人行为中表现为越同受助者的生命安全紧密相关，情况越紧急迫切的时候，个体就越容易出现助人行为。因为，其所面临的道德情境同受助者的生命紧密相连，属于一种应急环境。个体所处的道德情景迅速经过道德外化图式的考验，帮助个体迅速做出道德判断。从时间上说，这一时间近似为零，可以不考虑。甚至是可能单纯从认知层面对自身行为做出预测时，个体自己都不能判断自己是否能够真的下水救人，但是当面临一个强度如此高的道德情境时，个体会在应急状态下做出道德行为。

2. 有无旁人在场

中国传统文化中推崇"慎独"，认为当个体处于无旁人的状态时有可能表现出一些同社会要求不相适应的举止或行为；而当个体处于他人的眼光之下，会关注自己在别人心目中的印象，从而约束自己不恰当的冲动与想法，做出符合社会期待的行为。而且，"旁人"越是自己的重要他人时，个体越倾向于表现出良好的道德行为以获得"旁人"的赞赏。比如，前文所述的当有孩子在身边时，妈妈更倾向于在公交车上给老年人让座，也因为妈妈很关注自己在孩子心目中的形象，希望展现给孩子的都是自身美好的一面。在公共场合，人们的行为规范更倾向于自觉。因此，旁人在场对个体的外显行为具有极强的约束作用。

但同时，在研究个体在道德情境中有旁人在场的道德行为时，还需要涉及一个概念，即"责任分散效应"。"责任分散效应"也被称为旁观者效应，指的是针对某一个具体的事情来说，如果是单个个体被要求独立完成该事项，个体的责任感，会做出积极的反应和行为。相反，如果要求一个群体共同来完成该事项，群体中的每个个体的责任感就会很弱，尤其是遇到困难或者责任的时候往往会退缩。责任分散效应指的就是人多不负责，责任不能落到实处。经常见诸报端的是在伤害事件发生后，周围群众集体围观，却无人施救的现象，除了公众所指责的"道德冷漠"，事不关己高高挂起之外，救人责任的分散也是其中一个很重要的原因。因为有很多人在场，人们都觉得别人有责任救人，如果说救人责任是一定量的话，那么在场的人越多，分散到每个具体的个体身上的救人责任就越少，人们就越不容易做出施救的行为。相反，如果围观的人群中有诸如医生等职业本身就肩负有救人职责的个体存在时，同普通群众相比，更容易做出施救行为。或者，当受助者明确向人群中的某个具体个体进行求助时，原本分散的救人职责就指向性地集中到了某个具体个体身上，那么，这个个体的施救行为出现的概率也会大大增加。因此，虽然有旁人在场，但是无形中造成了"责任分散"时也会对个体某一道德行为出现与否造成影响。

3. 具体道德情景中的其他因素

一般而言，在某一个文化环境或者文化领域中，社会对于个体的道德行为会具有一致性的期待，比如在中国，人们都期待年轻人能够尊老敬老，期待夫妻之间能够相互忠诚、从一而终，期待人们能够诚实守信、重言守诺等。所以在中国的文化环境中，年轻人在公交车上主动给老年人让座是符合社会期待和道德要求的道德行为，会收到大家善意的眼光和赞许。但是，同样是在公交车上，早起晨练的老人给刚刚下了夜班回家的年轻人让座的行为同样能够被道德和文化所接纳。这就是在同一文化领域的相反行为，也就是说虽然道德和文化环境会对个体外化的道德行为具有某种一致性的期待，但是并不能够一概而论，而应该视具体的道德情境和施助、受助双方在道德情境中关系的实质来外化出具体的道德行为。

三 影响个体道德外化的其他因素

（一）个体年龄对道德外化的影响

个体的道德认知、道德判断、道德情感体验、道德意志和道德行为等都是随着年龄不断地增长而发展起来的。

许多学者都对道德的发生发展机制进行了研究，探讨道德发展同年龄之间的相互关系。比较有代表性的观点有以下几种。

皮亚杰的研究揭示了不同年龄道德判断的过程和规律。皮亚杰认为认知发展是道德发展的必要条件，认为认知的发展与情感和道德的发展是平行的，认知发展不是道德发展的充分条件，但却是其必要条件。皮亚杰认为人的道德判断和道德情感的发展，以及道德情感的激发都受到认知水平的制约。他采用临床谈话法，对儿童的道德判断进行了大量的研究，把儿童道德判断的发展划分为前后联系的四个阶段：第一个阶段：自我中心阶段。主要是指的2—5岁的儿童。在这一阶段，规则对儿童不具有约束力，他们靠自身的想象去执行规则。儿童把外在环境看成自我的延伸，以自我的需求为中心去任意行为。第二个阶段：权威服从阶段。主要是指6—8岁的儿童，这一阶段又被称为他律阶段，这一阶段儿童的道德判断是受外部的价值标准的支配和制约的，表现为对外在权威的尊敬和服从的愿望，儿童进行道德判断的根据是客观的效果，也就是是否收到权威的肯定与认可。第三个阶段：可逆性阶段。主要是指8—10岁的儿童，这一阶段又被称为自律阶段。这个阶段的儿童开始意识到自己同同伴之间存在一种社会关系，认为应该尊重共同约定遵守的规则。第四个阶段：公正阶段。指的是10—12岁的儿童，这一阶段儿童的道德判断是从公正的观念和正义感的基础上发展起来的。皮亚杰的观点揭示了儿童道德判断发展的过程和规律。因而认为，对于不同年龄阶段的儿童道德教育的内容和方法也应该有相应的区别，以更好地促进儿童的道德外化。

柯尔伯格的道德发展"三水平六阶段"模型揭示了不同年龄阶段道德能力的不同。他采用"两难故事法"对个体的道德发展水平进行了研究，得出了道德发展的"三水平六阶段"模型。水平一：前习俗水平。这个阶段儿童进行道德判断的出发点是行为的具体后果和同自身的利害关系。包括惩罚与服从的定向阶段和手段性的相对主义定向阶段两个阶段。水平二：习俗水平。这个阶段儿童进行道德判断的出发点是是否满足了社会和他人的需要，认为道德的价值就是为他人和社会尽义务。包括人与人之间的定向阶段和维护权威或秩序的道德定向阶段两个阶段。水平三：后习俗水平。这个阶段儿童进行道德判断的出发点是自己选择的道德标准，这种标准是综合了法律、公约、规范、人类正义、个人价值观等形成的普遍原则。包括社会契约的定向阶段和普遍的道德原则的定向阶段两个阶段。柯尔伯格认为道德行为的基础是道德判断能力，并认为可以通过道德困境引发学生的道德冲突，从而促进学生做出道德选择，进行道德行为。

班杜拉的道德社会学习论认为道德行为和年龄相关。班杜拉认为，儿童的道德行为也可以通过社会学习而获得或者改变。如果能够充分地运用社会学习的条件和方法，鼓励学生正确的行为，就能够促进儿童良好道德行为的形成与发展。班杜拉认为，研究观察学习的发展及其决定因素要从儿童早期的即时模仿和延迟模仿开始。在儿童发展的早期阶段，由于儿童的认知发展，仅限于即时模仿。随着儿童的经验符号化和把经验转换成运动形态等技能的发展，儿童增强了对复杂行为模式进行延迟模仿的能力。

可见，不同年龄的儿童社会学习的能力是不同的，因而通过社会学习的方法会对儿童的道德行为有所影响。

道德敏感性理论认为年龄会影响道德行为的敏感性。道德敏感性是个体在道德生活和道德经验的基础之上形成的，对道德价值的优先反应趋向和对道德问题的敏锐觉察与反应能力。① 研究者认为儿童的道德敏感性出现在2岁左右，亲社会行为和权威意识的出现时儿童道德敏感性发展的信号。3岁左右是儿童道德敏感性发展的"关键期"，在这一阶段，儿童与目前关于道德事件的沟通显著增加。而那些更具道德敏感性的儿童比一般儿童有更多的道德范例。儿童进入学龄期后，道德敏感性进一步发展，并会出现更多的道德行为，更能够对道德问题做出正确的判断和反应。

以上研究从不同阶段探讨了儿童的道德发展。阶段和年龄虽然不是完全对应的，但对研究年龄与道德行为的关系也具有指导意义，同样对我们研究个体年龄对道德外化的影响也是具有积极意义的。但是，他们的研究似乎在证明，道德的发展随着年龄的增长有一个逐步上升的等级性顺序，从一个水平向另一个水平不断进步，每一个高一级的阶段都代表一种较高的能力。虽然也承认每一阶段在年龄上有一定弹性，但仍然认为高级阶段比低级阶段相对来讲道德的水平更稳定、更易定型、更丰富等。这显然是典型的"年龄主义"（也称"进步偏见""年龄歧视论"）。② 按照年龄的增长判断道德水平是失于公正的，存在着简单化和宿命论的倾向。对此，加拿大学者克里夫·贝克指出："在价值上不存在一种随年龄增长而出现的总体上的提高。当然，'总体上'这个限定词是十分重要的。我不想否定有些年长者比一般年轻人更有道德。但是，我要否定的是在价值上年长者总体上优于年轻人的主张。"③

在综合前人研究的基础上，本书认为，个体的道德能力是随着年龄的不断增长而不断提高的，个体的道德外化和道德水平也有一个逐步提高和成熟的过程。可以肯定的是，随着年龄的增长，个体的道德能力会逐步提高，道德外化的图式也会逐步更加稳定，伴随着行为习惯的养成过程，个体的道德外化能力也会逐步提高。但需要指出的是，这种提高和年龄的增

---

① 郑信军：《道德敏感性》，博士学位论文，上海师范大学，2008年，第37—39页。
② 胡林英：《道德内化论》，社会科学文献出版社2007年版，第162—163页。
③ ［美］克里夫·贝克：《学会过美好生活——人的价值世界》，詹万生等译，中央编译出版社1997年版，第93页。

长不是对等的。道德外化虽然在整体的发展上具有连续性,但在不同的阶段,道德外化的途径、条件、内容各不相同。比如,对于同一个道德环境,儿童在道德外化过程中受环境等因素的影响较小,但成人在道德外化过程中受环境的影响更大,影响道德外化的因素会更多。

(二) 利益计虑对道德外化的影响

个体行为的发生需要一定的动机作为动力,但从根源上说,个体行为动机的产生是由于各种状态之间存在着利益差距所造成的,利益差距的存在是导致行为发生的动力来源。道德行为的发生也不例外,有学者认为个体道德行为的形成与巩固是由于在利他行为同利益之间建立了稳定的心理链接。而行为主义心理学派的强化观点也认为,任何行为之所以能够发生或者保留下来都是因为得到了强化,而强化所需的强化物实际上就是个体从该行为中获得的利益。

这里所指的利益并不是我们一般意义上的获得"好处"。利益就是决定生物体是否适应某种状态的内在因素。[①] 个体追逐物质上、金钱上、生理上欲望的满足是获得利益的一种表现,但除了行为本体自身的利益外,影响道德行为的利益主要是指一种有利的状态。比如,一个人把倒在路边的老人送进了医院,虽然这只是他人的或者大众的利益,但是对其个人而言,这一行为满足了、符合了其在思想上和道德上的要求,让他感觉到心理上的一种适应。也就是说,把老人送进医院的行为和状态就是一种对他有利的状态。

边沁和密尔提出了功利主义的道德观。他们认为决定个体道德行为有两方面的原因:一是是非的标准,即个体已经内化的道德观念;二是因果的连环。边沁认为,判断一个行为的善恶的标准是它的结果,行为能够引起愉快、消除痛苦就是善行,如果行为会引起痛苦、排除愉快就是恶行。所以他认为,无论一个人行为的动机是什么,只要是结果不好,他就应该负完全的道德责任,受到道德上的谴责。密尔则认为,个体在追求自身的快乐与幸福的同时,也会追求"最大多数人的幸福"。他认为道德应该具备两个方面的基础,即人的联想能力和共同利益的需要,所以,个人利益与共同利益的和谐一致应该成为我们的道德标准,也就是说个体进行道德

[①] 陈述:《行为心理论》,湖南师范大学出版社2010年版,第253页。

行为时以大多数人最大幸福的实现作为目标。然而，由于个人利益比大多数人的共同利益更为直接，所以人们往往在两者之间会追逐个人利益，从而背离了共同利益，因此，密尔提出了道德制裁理论，认为道德制裁应向人的内心挖掘，并提出他的内在制裁理论——良心理论，来进一步约束个体的道德行为，使其符合整个社会的共同利益。

1. "义""利"之争影响道德行为的选择

道德外化同样包含着个体复杂的利益计虑。受市场经济的影响，重利轻义思想正逐步消解传统道德中的以义为主导的义利观，从而对道德行为的选择产生影响。市场经济对道德主体行为选择的影响作用至少表现在以下三个方面：第一，市场经济肯定追求价值的合理性，使个人更多地将道德置于利益计虑之中；第二，市场经济的交换原则运用于道德领域，导致道德生活领域的利益计虑，如打捞长江大学遇难学生，必须要多少钱才能救人就是非常典型的事例；第三，市场经济资源配置在灵活性和自由性的背后，也存在着利益分配不均衡的弊端，导致一些人思考问题从个人和小集体着眼，缺乏社会责任意识。可以肯定的是，受市场经济的影响，传统道德中义利之争已经演变为现实社会的中道德行为的利益计虑。

除了一般意义上的利益考虑外，影响道德外化的利益计虑还包括社会公正因素。在一个公正的社会中，个体所处的整个社会利益关系应该是公正合理的；同时，个体所处的私人交往关系应该是公正合理的。但实际上，这种公正合理往往是不能完全实现的。这构成了个体道德选择的一个宏观背景，而这一背景显然给道德外化造成了困难。个体在道德外化过程中，即使有道德行为的主观意愿，但是在此环境中将面临一个两难的境地，即如果选择外化道德行为，则无法保证个人的正当利益；但如果坚持自己的正当利益诉求，则不能按照自己的道德观念去行动，顺利实现道德外化。个体道德外化面临的这种困境，简单说就是个体无法通过正当的符合道德的行为方式来获得自己的正当利益。也就是说在道德外化的选择中，个体必须在正当的道德行为和正当的个人利益之间做出两难的选择。这一社会公正难题在伦理思想史上早已在德福关系这个论题下被反复探讨过。历来的思想家也试图提供解决的方法，破解这个两难的选择。儒家认为在这种两难的选择中，应该重义轻利，放弃对自身利益的需求。如孔子认为，"富与贵，是人之所欲也；不得其道得之，不处也。贫与贱，人之所恶也；不以其道得之，不去也。"① 孟子、董仲舒、朱熹等历代学者都认为，在个人利益与道德行为不能两全时，要牺牲个人利益，来维护社会的公平正义。《汉书·董仲舒传》就记载了董仲舒突出的"正其义不谋其利，明其道不计其功"，一直受到后世儒家学者的赞同。儒家学者中，荀子认为，义与利是人所固有的两种追求，只不过其中义是第一位的，利是第二位的。"义与利者，人之所以两有也，虽尧舜不能去民之欲利。"② 但他们实际上都不能解决社会公正的悖论，因而使义利之辨成为一个千古争论不休的问题。宗教认为，今天的道德行为与个人正当利益之间的矛盾可以通过来世的报偿来化解，二者之间并不存在矛盾。因此，宗教理论家教导说，一个人应该坚持自己的道德行为，即便是今生今世无法得到自己的正当利益，也要去做，因为现世的善行在来世一定会得到报答。可见，儒家的重义轻利和宗教的期盼来世都不能很好地解决这个问题。社会公正的悖论是影响道德外化的一个永久话题。在现实社会中，社会公正的悖论也时常存在。一些人履行了道德义务却享受不到相应的道德权利，像当前社会某些见义勇为的英雄"流血又流泪"现象就是典型的社会公正悖论。见义勇为的英雄不仅得不到被救助者、社会的赞扬，反而被诬陷为肇事者，有苦难言；有的虽得到了社会的承认，却在柴米油盐的现实生活面前困窘难当。这种"好人吃亏"的现象一旦普遍化，而我们的机制又没有相应的措施，则既有悖于社会公正，又不利于道德建设的开展。

2. "道德权变"选择影响道德外化

"所谓权变，就是人们在特殊情境中，为了避免不必要的利益损失，或者为了维护更大的道德价值，对自己所认可的某项道德准则所采取的背离行为。"③ 在中国古代思想史上，孔子、孟子、朱熹都对权变问题持赞同的态度，肯定了权变在道德生活中的必要性和合理性，认为道德权变是人在特殊或紧急情景中采取的权宜之计，只是暂时性地背离了现实的道德规范的一般性规定，而不是放弃或违背社会伦理规范的精神实质。在西方伦理思想史上，从古希腊学者到中世纪宗教伦理学，以及存在主义及境遇伦理学都对权变问题有过不同程度的探讨，大多数都在较高程度上承认权变的必要性和合理性。

---

① 《论语·里仁》。
② 《荀子·大略》。
③ 贾新奇：《论道德选择中的权变问题》，《北京师范大学学报》2004年第2期。

可以说，权变问题是在一定的道德情景中依据一定的利益法则做出道德判断的考量。但权变不是对道德规则的有意识背离，也不是"道德灵活性"。《庄子》记载了《尾声抱柱》的故事，讲述了尾生和一位年轻漂亮的姑娘一见钟情，坠入爱河。有一天，两人约定在城外的一座桥下会面。黄昏时分，尾生提前来到桥下等候，可女子没有赴约。后来，河水一点点涨了起来，尾生还是没有离开，最后抱着桥梁的柱子淹死了。在这里尾声面临的就是一个两难的道德情景，即信守诺言的道德行为与溺水而亡的沉重代价的矛盾，正是因为尾声的迂腐，没有做出相应的道德权变，才付出了沉重的代价。科尔伯格著名的《海因茨偷药》的故事也是道德权变的一个经典案例。有一位妇人患了癌症，生命垂危。医生认为只有一种药可以救她，就是本城一个药剂师最近发明的镭，这种药成本很高，药剂师又以十倍的价格出售。病妇的丈夫海因茨四处借钱，也难凑足半数。海因茨不得已，请求药剂师便宜一点卖给他或允许他延期付款，以挽救他妻子的生命，但却遭到药剂师的拒绝。海因茨走投无路，就撬开药剂师经营药品的门，为他妻子偷取了这种药。这同样是一个道德两难的场景，海因茨偷药，违背道德准则，看着妻子无药可救，也是不道德的。在无论海因茨怎样选择，都无法同时满足两类道德准则的要求的情况下，他选择了偷药给妻子治病。这一行为对药剂师来说，显然是不道德的；但对海因茨妻子来说，治疗又是道德的。很显然，药剂师本身见死不救就是一个不道德的行为，海因茨在面临道德两难选择的时候，最终选取了对海因茨而言最大价值的行为——虽然这个行为是一个不道德的行为。很显然，这也是一个道德权变的事例。

类似的故事还有很多，都是道德权变的一种情景。尾声的故事代表道德权变的其中一类："变——则避免个人利益的损失"，这种情况下我们选择变；海因茨的故事代表的是道德权变的另外一类："变——由避免一方利益受损转为另一方利益受损"，这种情况下我们选择利益最大化。面对两难的道德情景，如何做出道德判断，并进一步外化为道德行为，是对利益的一种考量。

(三) 道德评价对道德外化的影响

道德评价是道德规范发挥作用的杠杆。在现实生活中，人们总是会依照一定的道德标准对自己和他人的行为进行的善恶判断和评论，表明褒贬态度。道德评价对道德行为进行全面考察并做出裁决，分析判断哪些行为是对的，哪些行为是错的；对个人认为正确的行为给以赞扬、褒奖，对自己认为错误的行为给予批评、谴责。道德评价可以揭示一个人行为的善恶价值，判明这些行为是否符合一定的道德规范，是否符合道德理想，从而通过社会舆论和内心信念，形成一种巨大的精神力量。关于道德评价，理论界有不同的表述。《教育管理词典》中将道德评价定义为："对学生业已形成的思想品德或品德发展状况的评价。"[①]《德育新论》认为，"道德评价是人们根据一定的评价标准，通过科学的方法和正确的途径，多方面搜集适当的事实性材料，对德育活动的效果及其价值作出判断的过程。"[②]由上述概念可见，关于道德评价，其内涵、对象、过程等在学界都没有统一的概念。从道德评价的方法上而言，总体可以分为质性的道德评价和量化的道德评价两个大类。针对一个具体道德行为和针对一个人品行的都可以有道德评价。针对一个具体的道德行为的评价主要方法是质性的道德评价，评价结果是善恶、对错，外在的形式是社会舆论，内在形式是自我评价，都对道德外化会产生影响。

1. 社会舆论对道德外化的影响

社会舆论，是指一定社会群体通过思想或观点的某种总和而表现出来的对某一社会现象、个人的思想和行为所持的态度。它具体表现为众人的议论，即众人对某一社会现象、个人的思想和行为的赞扬和谴责。[③] 作为群体意见和态度的自由表达，社会舆论有三个非常显著的特点：一是内含价值判断。社会舆论是一定社会群体对某一社会问题所持有的态度，它总是以拥护或反对、赞扬或谴责、喜好或厌恶的方式做出价值评判。二是外在具有强制性。社会舆论是公众的评价活动，代表了群体观念的一致性倾向，对个人的行为和意识具有制约作用。并且这种精神力量甚至具有某种威慑性。俗话说"众口铄金""人言可畏"，便是社会舆论外在强制性的写照。三是影响广泛。我们生活在社会中，不可避免受到社会舆论的影响和制约。个体身处社会舆论的大环境之中，思想、意志和情感会慢慢受到社会舆论的影响，并因此影响到自己的信念。社会舆论的这三个特征决定了它是影响个体道德行为的重要力量。

---

① 教育管理词典编辑委员会：《教育管理词典》，湖南人民出版社1989年版，第180页。
② 鲁洁、王逢贤主编：《德育新论》，江苏教育出版社2000年版，第552页。
③ 彭柏林：《道德需要论》，上海三联书店2007年版，第155页。

社会舆论一经形成，往往就强制性形成了社会关于某一事件和行为的不成文的准则或规范，对个人的行为具有一种无形的制约力和强制力。思想家魏源曾说，"十履而一跣，则跣者耻；十跣而一履，则履者耻，此俗之以众成。"① 光脚和穿鞋都能形成一种氛围，可见这种控制力的强大，对与社会舆论不一致的行为的阻止具有强大的力量。在道德外化过程中，不论是个体的一次道德行为外化，还是习惯养成，社会舆论改变的是个体所处的道德环境，形成的是道德行为的气场，能够影响道德外化过程的诸多变量。社会风气、文化都能形成社会舆论，对道德外化产生影响。有关内容已经做过探讨，不再赘述。

2. 自我评价对道德外化的影响

自我评价是基于良心和道德外化图式基础上的个体对道德行为的评价。良心是个体对道德义务的自觉意识。这种意识既是一种道德责任感，又是自我评价的能力和形式。良心是"人在履行对他人和社会的义务中在内心形成的道德责任感和自我评价形式。它是一定的道德观念、道德情感、道德意志和道德信念在道德行为个体意识中的整合与统一"②。个体在道德外化过程中总是基于个体的良心和道德外化图式对道德外化过程进行自我评价，并根据评价的结果决定道德外化的进程。自我评价对道德外化的影响主要体现在三个方面。

在道德外化开始前，自我评价对道德行为的准备情况进行检查。从良心的角度看，行为是"问心无愧"还是"问心有愧"，从而对行为的动机做出理性的审视；从外化图式的角度，看道德外化图式是否发挥了选择定向功能，是不是在真正道德内化的基础上为道德行为做出了倾向性的准备。

在道德外化过程中，对道德行为起到支持作用。从良心的角度看，支持善的道德动机转化为道德行为；从外化图式角度，看道德外化图式是否发挥了实施动力功能。个体内化的道德意识经过道德外化图式的检验后，如何进一步转化为具体的道德行为，还需要道德外化图式的继续支持，发挥道德外化图式对心理、能力、行为三个子系统的支持，使道德外化顺利实现。

---

① 魏源：《默觚下·治篇》十四。
② 张应杭：《伦理学概论》，浙江大学出版社2009年版，第196页。

在道德外化过程结束后,对道德外化结果做出评价和反馈。从良心角度看,对自己的行为的后果和影响做出评判,从而对道德行为的过程起到反省作用;从外化图式角度,看道德外化图式是否发挥了反馈调节功能。个体根据行为的结果或道德环境的变化,依据道德外化图式进行新的判断、选择,并以此对道德外化的后续行为进行调节。

第四章

高校德育道德外化缺失的现状分析

道德外化的研究，不仅仅是为了丰富和完善道德外化的理论体系，更重要的是为个体通过道德外化提升道德品质提供帮助。因此，无论道德外化的理论体系如何完善，最终都要通过德育实践的检验。当今的中国，随着改革开放浪潮的席卷，经济全球化、政治多极化、文化多元化带来的不仅仅是经济的繁荣，还有文化的多元、价值取向的多元，冲击着当代大学生的生活世界，使很多大学生产生道德和信仰上的困惑。高校德育在充分享受社会进步带来的更加有利条件的同时，也经受了越来越多的挑战。以道德外化为视角，通过对高校德育现状的审视，发现问题，是本章的主旨所在。

一 从学生行为看"道德外化缺失"

如果从学生的行为来考量，当前高校德育实效性差是不争的事实，主要表现在学生的道德知识和道德判断不能顺利转化为道德行为，知行脱节、知行不一。究其原因，主要是高校德育受知性德育的影响，关注点更多是通过不同德育载体使学生内化道德规范，因此造成了"道德外化缺失"，即高校德育偏重了道德知识的教授和道德思维能力的培养，忽视了通过实践活动引导学生践行道德规范，实现由道德知识到道德行为的转化。高校德育的"道德外化缺失"的现状，从学生行为表现来看呈现出四种状态：一是言行不一。学生知行存在双重标准，口中说一套，行动上做一套；二是前后不一。学生的行为前后判若两人，即有时能够外化为道德行为，有时不能顺利外化；三是表里不一。学生显现的道德行为不是发自内心做出的，道德行为是一种假象；四是行为异化。表现在学生在网络状态下自身的道德观念,生活方式,行为模式背离了人本身。

(一) 言行不一:学生知行的双重标准

"知行统一"是个体道德发展的基本要求。但是,在大学校园中"知行不一"的现象却随处可见,表现为学生在道德活动中内化的道德规范不能顺利转化为道德行为,口中说一套,行为上做一套。观察发现,有些学生在某种道德规范上虽然具有相当的内化程度,但依然有着与内化的道德规范和道德意识相背离的道德行为。这种"知行不一""知行脱节"的现象根源在于学生身上存在的知行的双重价值标准。

主要表现在两个方面:

1. 道德认识与实际行动的背离

在学校德育的作用下,学生普遍掌握了一定的道德规范。正如有的老师所讲"现代的学生什么不懂,可就是不去做……书本上的内容学生不看就懂。他们什么道理不懂?每天电视、报纸、电台等各种传播媒介的消息那么多,许多道理他们早就懂了,可就是不实行"[①]。特别是大学生,历经小学、初中、高中各个阶段的教育,对一些道德规范已经相当熟悉,而且有基本的认同。可以说,从小学起,他们就非常清楚"什么应该做""什么不应该做""什么是可以做的",但在某些具体问题上,他们真实的行动结果却往往背离他们的内化的道德规范,这就是我们所说的"明知故犯"。

来自冯艳菊的调查显示:[②] 2007年11—12月,她先后在河北工业职业技术学院、河北经贸大学、河北交通职业技术学院等省内6所高校就大学生道德实践(道德行为、道德评价、道德修养和道德实践教育)现状展开调查。在回收的1832份有效问卷中,对于"丢弃垃圾""闯红灯""上课迟到"这类的日常行为,85%以上的大学生都认为"不应该",但还是有23.09%的大学生有过"上课迟到",47.05%的大学生有过"丢弃垃圾",32.75%的大学生有过"闯红灯"的现象。这充分说明了在大学生的日常行为中,类似的知行不一现象客观存在着。该调查还显示,大学生对不文明行为现象持赞成态度的是少数,如赞成"考试作弊""买饭插

[①] 安瑞霞:《教师视野中的小学德育课程》,《教育教学研究》2005年第3期。

[②] 冯艳菊:《现阶段大学生道德实践问题分析及对策研究》,硕士学位论文,河北师范大学,2008年,第12页。

队"的分别是 11.90% 和 11.52%，赞成"公共场合亲热"的只有 6.39%。但是并非对某一类行为赞成的人数少了反对人数就会相应的增多，而是呈现出多样化的特点。比如，对于"买饭插队"这一现象，大学生的态度比较明确，反对的人数占到了 74.34%；对于"课桌文化"，赞成和反对的人数基本持平，表现出道德认知模糊的特点；而对于"公共场合亲热""课桌文化"几项，超过半数的学生表示"无所谓"，对于"考试作弊""上课玩手机"两项"反对者"和"无所谓者"基本持平，表明对于一些不文明行为现象虽不赞成，但是也足够包容。这也从一个侧面说明，在不文明现象的"知"与实际道德行为的"行"之间存在着认识上的不对等。

严肃课堂纪律是高校学风建设的重要环节。很多任课教师对诸多影响课堂秩序的不良行为，如迟到早退、上课期间随意出入教室、玩手机、看小说、睡觉等问题都有很大意见。为了解学生课堂教学的真实状况，笔者配合某校教务部门在网上随机抽取了 200 名在校学生做了一次调查。在问及"你如何看待上课期间随意出入教室、玩手机、看小说、睡觉等现象"时，98.5% 的学生认为"这是不对的，应严肃禁止"。但是，当问及"你在课堂上玩过手机吗？"，19% 的学生选择"经常玩"，34% 的学生选择"课堂内容无聊时会玩"，24% 的学生选择"偶尔会玩"，23% 的学生选择"从来不玩"。当问及"如果你身边的同学在课堂上睡觉，你该如何做？"时，64% 的学生选择"他睡他的，与我无关"，23% 的学生选择"如果老师注意他的话，我会把他叫醒"，13% 的学生选择"我会主动叫醒他"。当问及"如果你是班级学生干部，你会如实向有关领导老师反映这些课堂问题吗？"17% 的学生干部认为"我会主动及时告诉老师"，56% 的学生干部认为"如果辅导员老师问起时，我会告诉他"，19% 的学生干部认为"告诉辅导员老师也没有作用，这是必然现象"，8% 的学生干部认为"不会告诉辅导员老师"。由调查结果可以看出，在绝大多数学生的道德认知中，影响课堂秩序的这些行为的确是不对的，但是却难以保证自己不犯这种错误，即便是在课堂上同学的行为出现偏差时，自己也"事不关己、高高挂起"。

以上现象是目前在高校普遍出现的道德认知与真实行动相背离的典型事例。武汉大学青年志愿者协会曾组织学生海选出 2007 年"校园十大不文明行为"。调查显示："便后不冲厕所"是受调查学生反映最多的不文明行为。其他九大不文明行为依次是：无视他人隐私、偷窃他人财物；随地吐痰、乱丢垃圾；图书馆、食堂长时间占座不到；在会场、图书馆或安静场所大声喧哗、打电话；情侣在公共场所举止过分亲密；在宿舍区打闹、吸烟、酗酒、赌博，影响他人学习和休息；在教学区内吸烟；讲粗话脏话，无礼谩骂，乱起绰号；自习室、图书馆内手机未调成振动或关机。另外，上课、集会等迟到、早退；无故旷课、缺席；课前无人擦黑板；违章使用大功率电器为也在此次调查中上榜。绝大多数学生都十分清楚什么是不文明行为，但是在实际行动上却没有遵守相应的道德规范，随心所欲，不受约束和限制，依然"我行我素"。可以说，这种情况在学生的日常生活中随处可见，也正是由于此，"满口脏话""随地吐痰""乱丢垃圾""上课迟到""过马路闯红灯""购物不排队""公共场合大声喧哗"等不文明行为，从小学到大学一直伴随着个别学生，都是明知道德规范不可为，但实际行动却与该道德规范相背离。

2. 对社会和个人的不同标准

当代大学生思想敏锐、思维活跃、视野开阔，对社会的关注程度很高，他们期望社会能够和谐稳定，期望政府能够多为老百姓办实事，这些都是正常的社会期待。但是，不少学生又往往把社会发展和自己的发展隔离开来，更多要求社会能为个人的发展和生活提供较好的条件和环境，却对自己能为社会发展做出怎样的贡献缺乏思考，不能对自己的社会贡献力准确衡量与定位。比如说他们有强烈的爱国情感，但是却很少理性思考作为主人翁的责任感和使命感；他们希望社会公平、公正，但是仍然期望依靠家庭的社会关系和外力为自己谋得一个理想的工作职位；他们很强调自己的权利意识，但却对很多非法的行为视而不见；他们有着极高的社会理想，但却不能将这一社会理想付诸具体的奋斗行动。来自尹妍、李明建等人的调研报告显示[①]：当代大学生在追逐梦想的过程中，更多地专注于实现个人理想，而没有将个人理想与社会理想紧密联系起来。如在当代大学生关注社会热点问题的目的是什么这一问题中，"娱乐心情"占 26.9%；"丰富课余生活，了解社会动态"占 56.9%；"拓展自身见闻，提高自己看待事物的能力，提升自身修养"占到 51.9%；而"作为一名当代大学

[①] 尹妍等：《当代大学生对社会热点问题关注度的调查研究》，《产业与科技论坛》2011 年第 10 期。

生的责任感"仅占 24.8%。由此看来，当代大学生更重视个人理想，更多地关注自身发展的状态和眼前的利益，而轻视社会理想。并且当被问及是否愿意为解决社会问题付诸行动时，有 51.9% 的同学表示"很想参加，但经常客观条件不允许，心有余而力不足"。

就业是民生之本，对整个国家和社会都具有重要的意义。大学生就业更是备受社会关注，对学生的个人发展也影响巨大。近年来，国家采取切实有效措施，拓宽就业门路，促进高校毕业生就业，并相继出台了一系列促进高校毕业生就业的政策措施。如鼓励高校毕业生到城乡基层、中西部地区和中小企业就业，鼓励骨干企业和科研单位吸纳高校毕业生就业等。笔者在调研大学生就业相关问题时，曾和不少高校毕业生进行过深入交谈，总体的感觉是，他们认为政府为大学生解决就业出路是理所应当的，如果不能提供充足的就业岗位，就是没有尽到政府的责任。因此，他们十分关注政府将给他们提供怎样的就业政策及就业环境，而对宏观经济环境给政府带来的就业压力以及自身是否具备了就业的能力等考虑的并不多。

大学生村官选拔，不仅仅是国家为缓解大学生就业压力而制定的就业政策，也是一项重大的战略决策，主要目的是培养一大批社会主义新农村建设骨干人才、党政干部队伍后备人才、各行各业优秀人才。通过大学生村官选拔，可以培养了解国情、熟悉基层、心贴群众、实践经验丰富的干部、人才，也将增强基层农村组织建设、促农村发展、让农民受益。笔者和一位平时学习成绩优良，但缺乏社会实践经历的某大学四年级学生，针对报考"大学生村官"相关就业政策的访谈，可以体现出学生的一些普遍的想法。

问："你如何看待大学生报考村官这一政策？"

答："我认为这是暂时缓解就业压力的一种途径，但是不能作为最终的职业目标。"

问："为什么这么说呢？"

答："村官不是公务员身份，是去村里担任村长助理或村委副主任，一是工作环境比较艰苦，二是村官三年聘期结束后怎么办呢？好像没有太明确的出路吧。另外，去做村官就放弃了自己大学所学的专业，以后就很难从事跟专业相关的工作了。"

问："大学生村官这个基层就业政策，也是为你们提供一个相应的就业岗位，而且可以结合自己所学的专业，在就职的村中帮助农民致富，我觉得还是挺有意义的。"

答："我们还年轻，即便是去了农村做了村官，会有多少人能够信服我们呢？我们如何实现自身价值呢？现在对村官的相应政策还不是很完善，我不想我成为试验品和牺牲品。"

问："如果找不到你所认为合适的工作呢？为什么不就这个岗位先试一试？"

答："我还是等等看吧！我宁愿普普通通地在大城市找个适合自己的工作。"

由上述对话可以看出，这个学生完全是从自己的视角看就业问题。他没有认识到国家出台大学生村官这一就业政策的初衷，因而也并没有想着去试一试，或是换个角度看问题。另外，还有相当一部分大学生期望政府能够提供条件优厚、环境有利的就业岗位，而不能从自身出发，明确自身的能力和水平，给自己一个恰当的就业定位。也因此，出现了学生就业难、企业用工荒的"两张皮"的尴尬现状。很多大学生还没有从传统的就业观念中跳出来，没有很好思考在就业过程中社会和个人是什么样关系，仍然把上大学、就业与自己地位的提高过于紧密联系在一起。正是因为学生思想中的"对社会要求高，对自己要求低"的双重标准，才导致部分学生"大学期间学习懈怠，就业时不知所措"现象成为必然。

如果说上述学生对就业问题的态度是对社会大环境和个人发展的"双重标准"，而对生活环境"小社会"的态度和细节，更能体现大学生的思想中存在的"双重标准"。在学生理性认知基本明确的前提下，必然期望自己身边的小环境乃至社会大环境能够规范有序，能够呈现出整体和谐、蓬勃向上的态势。但是，如果这一环境与自身利益发生矛盾，有些学生就会出现行为偏差，不甘心受规章制度的约束，为了达到自己的利益要求，就无条件地破坏和谐，违反规定。大学生公寓是学生学习生活的小社会。某大学学生公寓中心关于"你认为目前学生公寓中最大的问题是什么？"的问卷调查显示：77%的学生认为"宿舍卫生脏、乱、差是最大的问题"，并将这一问题列为公寓应彻底解决的问题之一，强烈要求管理者彻底解决。基于这样的问卷结果，该校公寓管理中心出台了《宿舍管理规定》若干条并公布实施，内容包括宿舍卫生、内务整理、用电安全、宿舍文化建设等方面，并每天进行内务卫生检查，以促进大家对内务卫生的重视。《宿舍管理规定》的实施，特别是每天一次的内务卫生检查，使该校学生公寓卫生状况大为改观。但是，《宿舍管理规定》实施不到一个月，公寓管理中心接到了若干封投诉的信件，认为严格的宿舍管理规定，是对学生个性自由和人权的限制，不符合以人为本的管理理念，强烈要求公寓中心取消该管理规定。还有的学生向学校反映，更有学生在网上调侃，认为这样的管理是用中小学的方式管理大学。公寓管理中心为此进退两难，不知道该如何协调好两者之间的冲突和矛盾。作为学生，应该能认识到学校严格管理的初衷是为大家提供舒适、良好的居住环境，最终促进大家良好生活习惯的形成。但是，他们既希望在自己居住的环境有规范的秩序，整洁的卫生，可又不愿意为此付出努力，牺牲自己的一些个人利益。学生思想中存在的"双重标准"造成了学生行为的偏差。

对社会热点的关注、思考可以最直接地反映出当代大学生的思想状况及他们的价值观。可以说，当代大学生对社会和个人执行的"双重标准"，使他们对个人理想与社会理想关系的认知度不高，缺乏对自己负有历史使命的正确认识和建立在这种认识基础上的对社会的责任感。归根结底，这些问题的出现都是"知行不一"造成的。当代大学生，受社会诸多因素的影响，更加追求个性与自由，不希望被条条框框所限制，但同时又对美好的道德秩序存在期望。和谐、有序、积极向上的道德秩序需要每个人共同努力，只有个人和社会融为一体，才能构建良好的道德环境。

（二）前后不一：学生行为的不确定性

从小学至大学，持续的学校德育已经给大学生灌输了系统的、全面的道德知识，他们的思想中已经认可"真""善""美"的价值标准，但是仍然在道德行为上出现不确定性。表现在实际行动中，出现这样或者那样的行为偏差和错误，给高校德育工作提出了新的挑战和要求。主要表现在两方面。

1. 学生缺少良好的道德行为习惯

在高校德育工作中，"养成教育"是常抓不懈的工作内容。"养成教育"就是培养学生良好行为习惯的教育，既包括正确行为的指导，也包括学生良好习惯的养成。但实际情况中，持续不断的"养成教育"并不能完全规避学生不良行为的产生，大到为人处世，小至生活习惯，在一部分学生中或多或少地存在着不良行为。

来自广州大学的骆风等人在《当代大学生不良生活习惯的调查分析和改进对策》中,对广州 6 所大学的 2180 名大学生的问卷调查显示:①仅有 245 名(占 11.2%)的大学生认为自己没有不良的卫生习惯和生活方式。其他近 90% 的大学生承认自己存在不良生活习惯,其中自认为缺乏体育锻炼的 1043 人,占 47.8%;采用突击式学习方法的 851 人,占 39.0%;每日睡眠不足 7 小时的 738 人,占 33.9%;经常睡懒觉、不能按时吃早饭的 622 人,占 28.5%;有吸烟习惯的 114 人,占 5.2%;有乱扔垃圾习惯的 70 人,占 3.2%;有随地吐痰习惯的 66 人,占 3.0%;有酗酒习惯的 60 人,占 2.8%;有赌博习惯的 42 人,占 1.9%。排在前四位的分别为:缺乏体育锻炼,突击式学习,睡眠不足 7 小时,不吃早饭。

高校学生宿舍的卫生状况最直接反映了学生是否有良好的卫生生活习惯。某日上午 10 点,笔者随机走访了某高校的男女生公寓,其中包括女生宿舍 30 间共 180 人,男生宿舍 10 间共 60 人。女生各宿舍的整体内务情况比较良好,基本上能做到被褥整齐,室内卫生干净。而且大部分宿舍都有积极健康的宿舍文化建设,反映了该宿舍成员的基本精神面貌。在 30 间宿舍中,有 8 间宿舍内务情况较差,有不叠被褥,物品凌乱放置等问题。在男生宿舍中,内务整体情况令人担忧,10 间宿舍中只有 2 间宿舍能做到基本的内务整洁,4 间宿舍中均出现了不叠被褥,地面卫生较差,室内空气有异味等多种问题。更有严重者,笔记本电脑、电源插座、网络电线随意放置在床铺上,增加了宿舍的用电安全隐患。经统计,女生宿舍内务的整体优良率是 73.3%,而男生宿舍内务的优良率只有 40%。

一个人的日常生活习惯也直接影响他的精神面貌、自身修养、为人处世等方面。大学生多数已经年过 18 周岁,是具有生活自理能力的成年人,但是良好的生活习惯并没有养成。其原因或是因为从小没有培养良好的行为习惯,或是因为环境影响,随波逐流。但究其根本,是道德认知和情感在日常生活中的作用弱化。在校园中,或许我们时常见到随地吐痰、乱写乱画、乱丢纸屑等这些从小学行为规范开始就强调杜绝的不良行为,或许我们也偶然见到打架斗殴等群体不良行为。这些不良行为一再地警示我们

---

① 骆风、王志超:《当代大学生不良生活习惯的调查分析和改进对策》,《广州大学学报》2010 年第 2 期。

德育工作者,不能忽视不良行为习惯对学生道德养成的侵蚀。

2. 时间变化引发不同的外化结果

各种复杂的外界环境给学生的道德认知带来了更多新的视角和新的方向,他们的道德认知不再恪守学校和老师教育的内容。随着时间的变化,引发道德环境的变化,学生的道德状态会发生移位,也就是说在一种特定情境下,他的道德认知有可能变换标准,文明与落后、高尚与平凡、公平与特权、现代与传统、激进与保守等完全相反的道德标准有可能同时存在于他的道德认知中。在一种环境下,他们会做出某种的道德判断和道德行为,但是变化了一个新环境,他们又可能马上表现出另外一种道德判断和道德行为。

> 李某是某大学四年级学生,与同班同学王某以前有过争执,后两人关系一直不太和谐。在大三年级的综合测评中,因为不满意同学王某综合测评成绩,就向学院写匿名信,反映了王某生活学习中的一些问题,特别指出王某参与的某次社会实践活动实际是依靠父母关系安排的,实践的证明也是虚假的。他认为王某综合测评成绩不属实,强烈建议学院应该本着公平、公正的原则,重新核定王某的综合测评成绩。学院及辅导员十分重视这件事情,在深入调查后得出结论,李某所列举王同学的问题纯属夸大及捏造虚假事实,王同学的社会实践虽然是通过父母的关系安排的,但实践的过程并不虚假。这一测评举报事件后几个月,李某就依靠家庭的社会关系,成功签约了一家大型国有企业。得意扬扬的他,就在同学中宣扬家庭关系在就业中的重要作用。

此时的李某,已经不再把公平、公正作为自己的道德标准了。所以,对他来说,公平的问题只存在于特定环境与事件中,涉及他自身的利害关系的时候,他的道德行为就发生了变化。

学生党员是大学生群体中的佼佼者,这个群体可以团结带领广大同学积极上进、努力学习,同时也是同学们学习的标兵,被称为"精英中的精英"。但是,就是这有着"精英中的精英"称号的学生党员,有个别同学思想也出现了一些变化,最典型的当属入党前后的思想和行为的不一致。入党前后表现不一致,可以归结为入党动机问题。陈继安认为,"动机是人们追求某种目的、从事某种活动、获得某种满足的主观愿望,是激励人的行为达到一定目的的内在原因"①。入党动机是一个人要求入党的内在原因和本真的目的,是推动一个人积极加入党组织的精神力量。入党动机端正与否,是学生入党过程中思想问题的深层次体现。

  梁超是某高校商学院2007级的一名本科生,家中独子,父母对其未来发展报以很大希望,常常告诉他要抓住大学的所有机会,发展好自己。梁超也确实比较优秀,上大学以来表现非常积极,在入学的第一个月就提交了入党申请书,经常主动地帮老师做一些事情,对同学们平时遇到的困难和要求,也能热心的帮助、积极的回应。在大一学年,还担任了班里的班长。大二年级,梁超顺利成为一名预备党员。但是,转正成为正式党员之后,梁超的行为却与以前发生了较为明显的转变,甚至像变了一个人似的。在他转正成为一名正式党员后一个月,他坚决的辞去了担任的班长职务。此后,梁超再也不像之前那样积极进取了,对待工作也失去了责任心,班级有了什么事情他也不会再冲到最前面了,同学有需要帮忙的地方找他也经常被他脱掉,有时候还偶尔有迟到、旷课、逃课的现象,与同学们的距离也开始疏远了。原来,梁超之前努力争取入党,是考虑到当前就业、考研、考公务员的竞争激烈非常,而党员这个身份会在考取国家公务员时为自己增加竞争的筹码,所以他就积极表现自己,希望能早日入党,为自己的未来发展做好准备。在成为正式党员之后,梁超认为自己在就业上已经有了党员的优势,所以放松了对自己的要求,再也不想干班级的工作,更无心为同学们奉献做服务了。

  很显然,梁超的入党动机是不纯的,存在严重的"实用主义"和"功利主义"倾向。现今社会上普遍存在的"入了党就好当官""有了权就有了钱"的社会风气,入党后既有"官本"又有"资本"的社会现实,影响了象牙塔中的大学生,"这在客观上形成一种社会导向,容易使大学生萌生入党能增加择业竞争砝码的想法,从而在一定程度上对他们的入党

---

① 陈继安:《思想工作心理学》,中国青年出版社1986年版,第15页。

动机产生了不良影响。"① 社会上功利化的风气,加上学校入党动机教育的失位,造成了梁超一类学生的功利化选择入党,入党前后表现不一。像梁超一样,"入党前拼命干,入党后松口气"的学生党员并不在少数,他们的"拼命干"的目标是早日入党,带有十分强烈的功利化色彩。从道德行为的角度去考量,"拼命干"的行为,不是发自内心的,而是为了"给人看",是为早日入党博资本,因而也不是道德的行为。

从以上两个案例可以看出,在同一个个体身上,内化的道德认知对道德行为的导向作用,并非始终成立,各种纷繁复杂的环境因素可以导致学生道德行为的不确定性,尤其是关乎他们个人利益的时候,会使思想认识上的斗争更加激烈,或许会出现思想的偏差,从而导致行为的偏差。这就需要我们德育工作者对学生的道德教育要根据现实情况及时调整工作重点,更好地约束、引导他们的道德行为。

(三) 表里不一:学生诚信的严重缺失

诚信是中华民族的传统美德,是公民道德规范中最基本的要求,也是现代社会文明的基石和标志。孟子认为诚信是做人的根本道德,"诚者,天之道也;思诚者,人之道也","诚"就是真实不欺,既不自欺,也不欺人。"信"的含义也是诚信不欺,主要是指在与其他人交往中必须遵守诺言。有学者认为,"大学生诚信意识的缺失的表现及程度由重到轻依次排序为学习、生活、经济、就业四个方面。"② 其中,学习方面表现为考试作弊、抄袭他人论文;生活方面主要表现为对他人未讲真话和信守诺言,提供虚假的、错误的信息等;在经济方面表现为故意拖欠学校学费、给学校提供虚假的困难情况以及资料、拖欠助学贷款等;就业方面表现为提供虚假的成绩、荣誉等信息,与用人单位签约后又遇到更理想的单位就会毁约等。可以说,诚信缺失几乎成为21世纪初中国高等教育遭遇到的最严重的问题,自然也成为德育工作应当重点关注的问题之一。对于诚信的问题,中北大学的田园在其论文《大学生行为规范现状研究》的调查中显示:有68%的学生承认曾经在大学考试中实施过作弊行为或者出现

---

① 陶英:《浅析大学生入党动机的功利化倾向》,《思想理论教育》1996年第10期。
② 陈平、雷树森:《大学生诚信缺失表现、程度的调查与成因分析》,《思想政治教育研究》2009年第5期。

作弊的动机，有26%的学生曾经出现过坐车逃票的想法，在"购物时如果商家多找了钱，会不会主动退还"这一问题上，有22.5%的学生表示不会主动退还。在涉及为什么不会主动退还的原因这一问题上，有52.3%的学生选择了"因为商家的诚信度不够，不值得退还"。这说明"90后"大学生诚信意识的淡薄。通过上述的调查不难发现，诸如考试作弊、道德行为规范等最普遍、最日常化的诚信行为对大学生道德教育的影响最大。大学生的诚信缺失主要包括考试作弊问题、经济困难学生的虚假鉴定和恶意拖欠助学贷款问题、求职诚信缺失等问题。

1. 考试作弊挑战道德标准

考试是大学生学习过程中的重要环节，是对学习效果的综合检测。同时，考试是否诚信也是检验学生诚信意识和行为的最直接、最有效的途径。考试作弊的行为不仅大大削弱了考试成绩的真实性，降低了分数的可信度，更重要的是与大学生诚实守信的道德操守完全背道而驰。

《北京青年报》曾经在北京、上海、广州等地对大学生群体中诸如考试作弊等诚信方面的问题做了抽样调查，调查结果显示有75%左右的被调查者不介意别人作弊。笔者也针对大学生诚信缺失现象专门设置了调查问卷，对于"如果你有一个好朋友有违纪、考试作弊等不良行为，你会怎么办？"这一问题，选择"视情况而定"选项的占受访者的55.1%，选择"不告发"选项的占42.1%，两项共占总人数的比例超过97%；对于"对周围发生的和考试相关的不良道德现象，你一般会采取何种态度"这一问题，选择"无能为力，敢怒不敢言"选项的占到调查者的53.3%，选择"与我无关，一走了之"选项的占总人数的22%，总人数也高达总调查人数的近八成。来自山西医科大学的殷凤等人对大学生日常道德行为的调查与分析也显示，对考试作弊行为的看法，有7.13%的学生承认自己做过，并认为没什么大不了；有近40%的学生对考试作弊持宽容态度，分别认为"为了考高分，可以理解"（19.98%）、"总比补考好"（18.55）；仅有54.34%的学生对此反感，并表明自己从来不作弊。[①] 从社会环境看，高考、研究生入学考试等国家考试屡屡曝出"舞弊门"也对大学生作弊产生了消极影响，如2008年的甘肃天水替考案、2014年的河

---

① 殷凤等：《对我校大学生日常道德行为的调查与分析》，《西北医学教育》2007年第4期。

南杞县替考案、2015年的江西替考案。虽然国家明令禁止考试作弊，但由于仅对当事人做行政处罚，完全未达到应有的威慑效果。近年来，随着考试作弊现象的日益突出，各高校的考试管理和对作弊的惩戒力度越来越大，除了加强日常诚信教育、严格考场纪律等外，考试作弊受到的处分也越来越严厉。从法律层面上，新的刑法修正案规定，在法律规定的国家考试中，组织作弊的，处3年以下有期徒刑或者拘役，并处或者单处罚金。情节严重的，处3年以上7年以下有期徒刑，并处罚金。此外，代替他人或者让他人代替自己参加规定的相关考试的，处拘役或者管制，并处或者单处罚金。即使如此，仍有部分大学生铤而走险，对考试作弊这种严重的错误行为持宽容态度，没有深刻意识到考试作弊破坏了"诚实守信""公平竞争"的原则，是一种可耻的行为。

  杨杨是某高校美术专业本科生，她的英语底子薄，考了几次也没考过，这是她大学生活还美中不足的地方，一直让她十分揪心。但是由于她属于艺术类专业的学生，学校并没有做特别严格的要求，考不过也不会影响到她正常毕业。即使是这样，她也想去试一次，毕竟是否有英语四级证书是衡量一个大学生英语水平的客观标准。真实情况是她已经做好了"准备"，她的姐姐给她打听到一种据说是非常先进的无线接收设备——就是一部无线电台和一个直径豆粒大小的接收装置。姐姐已经帮她花了几百元在网上买到了答案，在考试进行的时候，姐姐在外面用手机接收试题答案，再通过无线电发送设备读给正在里面参加考试的杨杨听，只要选择题的答案涂好，自己把主观题答一答就万事大吉了，结果考试时当场被抓。

此外，对常规化的期中、期末考试而言，学生常规的作弊方法也是"八仙过海，各显神通"，夹带纸质小抄的，把答案预先写在身体某个隐蔽的部分的，提前进入考场把答案写在考试座位上的，考试期间以上厕所名义偷看答案的，互换卷子互打暗号的，用手机传送答案或左右张望剽窃他人试题答案的，等等。

考试过程中的作弊现象是高校管理中的一个特别棘手的问题，同时这一问题也是高校学生诚信问题最突出、最集中的体现。造成这种现象的原因是多方面的，从学生自身的角度分析，最主要的原因还是缺乏诚信精神，诚信意识淡薄，对于考试作弊的行为不以为然，觉得这种"小事"无所谓，更有甚者还能理所应当地接受既成的事实。针对此类问题和表现出的思想问题，高校必须深入开展有针对性的、持久的、有效的诚信道德教育，引导大学生树立诚信应考意识，严格规范考风考纪，建立大学生诚信档案，让关乎诚信的考试过程受到有效的监督制约。

2. 经济困难学生失信考量道德底线

当前大学生的诚信缺失的现象还表现在学生受资助过程中。通过弄虚作假，获得困难学生资格骗取补助是其中的一个典型现象。经济困难学生申报确定是大学中的敏感话题，主要是因为学生一旦申请成功成为经济困难学生库中的成员，除了享受固定的（奖）助学金以外，还可以享受诸多的优惠的政策。也因此，经济困难学生的申报、鉴定工作格外受学生的关注。所以，确定经济困难学生的过程也就成为考量大学生诚信的重要契机。

> 冯杨是某高校文学院大三年级的一名学生，家在一个县城，大二入学后成为经济困难学生重点资助对象，开始享受困难学生资助。后来，按照学校安排，相关老师到他家进行家访，他将调查走访的老师带到一处破旧房屋前，说这就是他家。屋中有一位40岁左右的妇女，冯杨还亲口叫她"妈妈"，但冯杨和"妈妈"表情明显不太自然。后来学校的老师提出与冯杨"妈妈"进行一下交流，但冯杨却以"妈妈"身体不舒服为由坚决拒绝了调查老师提出的要求，并表现出急躁的情绪。看到这种情况，调查老师在他"家"做了短暂停留之后，就离开了。但冯杨家的这次走访和调查，在老师们看来与其他走访完全不同，不论是学生家长的话语、表情，还是冯杨急躁的表现，都给学校的老师打了一个大大的问号。当晚，冯杨还主动发来短信，询问学校的老师是否已经离开县城。结合这种情况，学校的老师决定暂时离开这个县城，先完成其他的走访工作任务。第二天，又重新回到冯杨家所在地，这一次没有与他进行联系，而是调查走访了他"家"的一些邻居们。果然不出所料，原来冯杨领学校老师们去的"家"实际上是冯杨姑姑家，"妈妈"实际上是冯杨的姑姑。后来，学校老师在路人的指引下很快找到了冯杨真正的家：五间崭新的大瓦房，屋内各种各样的家电一应俱全，看条件完全已经达到小康甚至以上水平，

并遇到了一脸诧异与害羞的冯杨。在与冯杨交谈后，他才实话实说，他说："钱这东西，谁都想要，不费什么劲就能拿到手的钱更具诱惑力。每次见到贫困生领补助的时候都特别的嫉妒，他们仅仅申报了困难生补助，交了一张贫困证明就成了资助对象。年年就都可以无劳而获那么多的钱，逢年过节还会有礼物，这样的好事谁不想呀？凭什么他们能有，别人有的好处我也要有，这才公平、均等。"

冯杨属于现今大学校园中在经济困难学生确定中缺乏诚信意识的典型。这类学生往往通过各种虚假手段，骗取经济困难学生资格，理所当然享受由此带来的各种"好处"。他们在享受"好处"的同时，重利轻信，忽略了道德的准则，在物质的利益面前，迷失了自己，走上了失信的道路。冯杨作为一名大学生，肯定非常清楚欺骗行为的不道德，思想上也会背负"欺骗"的包袱，只是由于重利轻信的心态在作祟，才使冯杨在个人利益与道德发生冲突时，没有把握好自己。

另外，经济困难学生助学贷款违约也属于缺乏诚信意识的一类。国家助学贷款是市场经济条件下，国家利用金融手段完善高校资助政策体系，加大对普通高校贫困家庭学生资助力度所采取的一项重大措施。借款学生通过学校向银行申请贷款，用于弥补在校学习期间学费、住宿费和生活费的不足，毕业后分期偿还。这一政策实施以来，帮助无数家庭经济困难的学生顺利完成了学业。但是，也有部分学生恶意违约，不按期归还贷款，这考量着这部分学生的道德底线。《中国教育报》2003年11月24日报道：截至2003年9月末，北京市共有7000多名学生的贷款进入还款期，其中三成多借款学生未能按期还款，这其中有近七成的违约学生已连续违约3个月以上。从各学校学生还款情况看，80%多的学校都存在借款学生违约问题，其中近九成的学校违约学生占贷款学生数20%以上，三成多的学校学生违约率达50%以上，个别学校毕业生的违约率高达100%，持续违约达27个月。高校学生贷款违约问题随着时间的推移日渐严重，《文汇报》2010年12月9日报道，根据上海杨浦区法院的统计数据反映，大学生拖欠助学贷款案大幅度上升。2008年，该院共受理拖欠助学贷款案201件；2009年受理此类案件828件，同比上升312%；2010年1—11月受理此类案件1055件，同比又上升57%。其实这些数据只是问题存在的冰山一角，各高校学生助学贷款违约都不同程度地存在着。学生在签订贷款协议时，已经清楚地知道自己应该履行的还款责任和义务，贷款违约有些可能是学生毕业后因为工作不理想暂时缺乏还款能力，但更多的是恶意拖欠，抱有国家的钱"不用白不用"的思想，将诚信丢在了脑后。

3. 求职诚信缺失现象较为严重

在日益严峻的就业压力之下，不少高校毕业生由于求职心切，不惜通过各种手段来增大求职成功率，就业过程中诚信缺失现象较为严重。来自青岛滨海学院王丹的《大学生诚信就业状况的调查与思考》显示，大学生诚信求职状况不容乐观，主要存在三个方面的问题：[①] 一是制作求职材料时存在弄虚作假现象。在对"你制作的求职材料和你个人的实际情况是否吻合？"这一问题的调查中，73%的同学表示基本吻合，23%的同学表示"稍微有差别"，4%的同学选择了"差别较大"；在对"你是否会假冒伪造各种证书？"这一问题上，3%的学生选择了"视情况而定"。二是面试过程中存在糊弄、随意允诺现象。在"如果用人单位在面试时询问你是否考研，而您自己的确报考研究生，但是你又知道会对自己的择业产生影响。这时您会怎么做？"这一问题的回答，82%的考研同学做出的回答是"不能承认""视情况而定"；对"在面试后，用人单位表示要录用你，但是你对这一工作不感兴趣，你会如何去做？"回答，34%的毕业生选择"作为备选，不告诉对方"。三是签约过程中存在任意违约现象。对"有些同学选择在考研的同时找工作并且签约，考上研之后又毁约，你对这种现象的看法是？"的问题上，58%的同学选择了"为自己留一条后路无所谓"；在对"假如你已经与一个单位签订协议后，若发现有更好的单位，你会如何？"问题的回答上，24%的同学选择"先签订新的单位后，再提出解约"。从以上调研数据来看，在毕业生就业过程中，简历、面试、签约的各个环节，都有学生不诚信的现象存在着。中国教育在线《大学生就业违约现象普遍需引起关注》中谈道，为了应付就业难，很多毕业生都做了两手准备：考研、考公务员兼找工作。为稳妥起见，很多毕业生倾向于先找个单位签约。等到考试开花结果时，就可以义无反顾地"舍鱼而取熊掌"了。不求一步到位，宁愿"骑马找马"，先找到一个岗位再说，是毕业生普遍的求职心态。正是这种心态，使大学生频繁跳槽成

[①] 韩方希主编：《大学生思想政治教育运作模式探究》，中国文史出版社2015年版，第267页。

为职场常态。① 笔者在与高校毕业生的接触过程中也发现，毕业生在求职过程中向招聘方提供虚假信息、毕业生面试中制作虚假简历、多次签约又无故多次毁约的现象并不是个案。他们在找到一个好工作的"利益"面前，非常容易抛弃传统的道德观念和责任意识，往往忽略了"诚信"二字。

以上论述中提及的考试作弊现象、经济困难学生的确定资助问题、恶意拖欠助学贷款问题、毕业生求职中缺乏诚信都是诚信在大学生道德外化中缺失的具体表现，而且这仅仅是众多问题的一部分问题。在学习方面请人代替完成作业的、请客吃饭想拿高分的、恶意拖欠学费的行为都是诚信缺失的具体的表现。这些类似的不良现象应该引起高校德育工作者的高度关注和认真研究探讨。

（四）行为异化：学生在网络中失去自我

随着现代科学技术的迅猛发展，互联网作为一种新型通信工具和生活方式已经渗透到社会生活的每个角落。大容量的信息网络为高饱和的信息资源传播提供了便利条件。青年是知识受众的主要组成部分，"80后""90后"的大学生更是在网络影响下成长起来的一代。互联网是一把双刃剑。在网络世界中，一方面大学生可以畅快淋漓地表达情感需要和诉求，缓解生活学习带来的心理压力；另一方面，高饱和的信息资源拓宽了大学生的视野，丰富了人际沟通的内容。但同时，网络的隐蔽性、虚拟性对学生产生了负面影响，助长了大学生的放纵心理，导致网络道德失范，甚至引发网络犯罪。可以说，网络在一定程度上对学生道德外化的价值导向提出了挑战。

1. 网络隐蔽性带来道德行为的失范

由于网络的匿名性和虚拟性，大学生可以在虚拟社区采用非真实性的网名。笔者在与学生们聊天中发现几乎每一个大学生都有自己的QQ、飞信、微博、微信，里面至少有数十个好友。再翻看学生们常登陆的一些网站，在这里，随便进入一个网络聊天室，一个游戏，看到的都是满屏幕飞舞的"老婆""老公"之类的暧昧用语。网络中充斥的大量低级庸俗的信

---

① 中国教育在线，http://career.eol.cn/chu_ chu_ mao_ lu_ 4398/20080521/t20080521_297645.shtml。

息严重干扰着大学生的身心健康。一些自控能力差的学生对网络的极度迷恋,通宵达旦泡在网吧或宿舍上网,形成了严重的网瘾。上网者利用自己的虚假身份,隐藏或改变自己的真实情况。这样在互联网空间里发生的道德失范行为无人知道是谁做的,也因此,大学生网络道德行为的失范具有匿名性或隐蔽性的特点。出现这样问题的原因,主要是网络信息的多元化使网络使用者尤其是大学生道德外化的价值判断力受到干扰,从而造成了大学生网络道德的失范。

学生在网络中忽视道德准则的约束作用。由于网络的开放性、自由性和相关法律法规的缺失性,使网络不具备现实社会道德准则所具有的约束力,这就导致了虚拟空间里原有道德准则的控制力的下降,道德内化的内驱力减弱,道德外化的表现作用不明显。从当代大学生对网上发布的不健康、淫秽的信息和图片态度,可以看出他们面对道德准则的自我约束力。调查显示,有43.3%的大学生"从不"浏览不健康网页,有49.2%的大学生"偶尔"浏览不健康网页,还有7.5%的大学生"经常"浏览不健康网页。[①] 人们在使用网络时不必显示自己的姓名、年龄、身份、婚姻等真实信息,造成了有些人故意用虚假的身份进行违背法律和道德的事情,忘却了自己应该承担的社会责任。来自温州都市报的消息,21岁的北京某大学女生肖某,通过网络聊天认识了一名30多岁的铁路警察。交往中,肖某虚构父亲是公安部高官,舅舅是房地产开发商,并与这名警官发生了性关系。之后,她一人分饰7个角色,以欺骗和恐吓手段诈骗勒索共计30余万元,导致这名警官欠下外债,夫妻感情破裂离婚。一个花季女大学生饰演7个角色将一个警察迷得神魂颠倒、人财两空,我们不得不佩服肖某周旋在7个角色转换中的游刃有余。在这个情感骗子多发的时代里,警察都被骗得团团转,说明什么呢?是大学生的情商太高,还是我们感情防线太弱呢?在分析肖某为何能成功实施犯罪行为时,我们不难发现网络在这场闹剧中发挥的巨大作用。互联网以其易进易退的方便性,可显可隐的隐蔽性,为畸形行为的产生提供了一个更为方便和广阔的舞台。在互联网世界,传统道德的约束作用失去了原有的现实平台,一些约束力差的人群很容易在这个隐蔽的空间内迷失道德的自我,从而滑向犯罪的边缘。

---

① 廖志诚:《困境与超越——当代大学生精神需求研究》,社会科学文献出版社2014年版,第209页。

学生在网络中丧失道德责任放纵个人言行。在现实社会中，个人是道德、行为、责任的统一体。失范的道德行为往往可以找到相应的责任人。而网络语言的传送者和接受者在时间和空间上有较大的隔膜，这与直接面对面说话的方式不同，根本无须照顾情面，再蒙上匿名的面纱，说话人的眼睛和嘴巴在暗处，完全处于安全的隐蔽地带，让人防不胜防。无处不在的网络平台，加剧了恶性语言衍生的趋势，这就使人们在进行网络交往时行为与责任相分离，致使网上行为难以得到监控。另外，由于大学生缺乏网络传播的道德责任感，不少大学生便肆意在网上有意或者无意地使用谩骂、低级、破坏、欺骗的网络语言，传播虚假信息侵犯他人的个人隐私，甚至进行网络犯罪等活动。据《中国教育报》调查，有18.8%的学生在网上聊天或发表自己的看法时，使用过不文明的语言或符号缩写；有61.8%的学生表示在聊天室或论坛中曾遇到过其他网友使用脏话或带有人身攻击的语言。[①] 重庆某大学公路与城市道路工程专业2006级本科生皮某，听说家乡有针刺事件发生，在没有核实事件真实性的情况下，皮某以"我热，针ci事件居然闹到重庆来了"为题，在百度重交吧发帖，引起众多网民浏览或回帖，造成社会恐慌。由于及早发现到自己的错误且认罪态度较好，皮某某被警方处以治安拘留3天的处罚。应该说，正当的网络言论自由受到法律的保护，但网络自由不等于无度的自由。在网络世界里，人们同样要像在现实世界一样，遵守国家法律、法规和社会道德准则，自觉校正自己的网上言行，文明上网。皮某作为一名大学生已经年满18岁，在拥有权利的同时，必须履行国家赋予公民的一切义务，包括道德义务和法律义务，做一个知法懂法守法的好公民。

2. 网络虚拟性异化正常人际交往

网络为人们创造了一种虚拟的交友环境，现实社会中的"人际交往"被虚拟性、匿名性的"人机交往"所代替。对于大学生来说，网络所提供的丰富多彩的信息世界，让大学生找到了所谓的理想的精神乐园，使现实生活中的人际接触大量减少，不可避免地影响到家庭成员间、同学朋友之间的感情联系，最终使其与他人之间的感情联络变得愈加淡薄。如果大学生长时间上网、陷入网瘾，除了直接损害身体健康外，还影响正常的人际交往，严重地影响着大学生的心理健康。这种危害主要表现为以下两个

---

① 杨蒙山：《网络道德失范挑战德育》，《中国教育报》2002年6月23日。

方面：

　　网络削弱了大学生对人际交往中道德准则权威性的认同感。在现实中，人际交往要遵循一定的道德准则，如诚实守信、礼貌待人等，并相应的将其外化为人际交往中的相关交往礼仪和伦理道德行为。由于网络交往是依赖于计算机进行的，隔着生硬冰冷的电脑屏幕，网络互动交往中人的主体感减弱，缺乏面对面的交流，人们很容易忽略自己敲在电脑显示器上的文字给他人带来的感受，从而更加忽略自身的行为后果。由于大学生的心理和生理成熟度还不高，在现实和虚拟的环境中很难迅速彻底地完成角色的转换和行为的协调。一旦出离了网络世界，面对不理想的现实社会容易感到悲观失落和消极，生活情趣开始淡漠、社会责任感降低，对周围的人和事的认识发生扭曲，从而表现为人际交往中的道德外化表现责任感降低，道德外化过程中应当遵循的礼仪和规范被忽视。

　　某晚报 2007 年 3 月 29 日报道："你××的就是既想当婊子又想立牌坊！……出门被车撞死，家人因你而遭殃，生个孩子没××，还是一个私生子……没有男人敢娶你，你结多少次婚就离多少次婚！……你的全家死光光。"这样恶毒之极的诅咒，出自四川某大学一个在读女研究生之口！这话不是诅咒和她有深仇大恨的人，而是诅咒一个准备免费赠送她衣物的另一个研究生同学，原因是免费赠送的衣物被其他同学先于自己拿走了！四川某大学在校研究生小燕将十多件自己已不能穿了的马甲、衬衣、背心、裙子、牛仔裤等整理出来，希望能够送给目前经济困难、需要一些较正式的衣服找工作用的同学。2 月 22 日晚上，她在该校学生 BBS 上发了一个送衣物的帖子："我因为发胖了，这些保存很好的衣服都穿不上了，丢掉实在可惜，希望能物尽其用。需要的同学请站内联系吧。"由于衣物都是一些品牌的，她在网上很快收到了许多同学的回复，约好大家第二天来看衣物，其中包括一个网名叫"pear77"的同学。2 月 23 日早上 8 点多，几个约好同学就来到小燕的寝室，试穿合适、道谢之后，都陆陆续续地领走了，只剩下一条牛仔裤。10 点多钟，pear77 给小燕打来电话。小燕告知其衣服已送完时，pear77 很生气，指责小燕不守信用并很快就从 BBS 上连续写了两封信继续指责小燕。小燕跟她理论，但 pear77 的谩骂很快升级，并对小燕进行恶毒的诅咒。"实在想不通"的小燕将自己的经历写到了 BBS 上。并在网上说，"所有往返信件，全部可以对证，请所有同学作证，请 pear77 同学道歉。"这场"赠衣风波"闹得沸沸扬扬，引发了 BBS 上大量的跟帖。许多同学表示支持小燕，建议对 pear77 进行"人肉搜索"并要求其对小燕进行道歉。由于该校校园网全部实行的是网络实名制，只有在读学生才能得到唯一的上网地址，校外人在 BBS 上发帖的可能性很小。pear77 很快被网友们"人肉"出来。面对着强大的压力，2月27日，pear77 在 BBS 上公开对小燕和网友们进行了道歉。至此，"赠衣风波"终于尘埃落定。

小燕送衣服本是好意，送给哪个同学都是一样的。小燕本身的行为是一场善举，为什么却遭受了恶毒的诅咒和攻击？究其因正是许多像 pear77 一样的大学生认为网络的道德约束力弱，在网上做出一些"越轨"行为而不必担心受到既有道德和法律的处罚。在网络人际交往内在主体感减弱和外在控制松懈的双重作用下，原本就具叛逆精神的大学生更容易触犯网络交往道德准则，他们原本认同的伦理道德传统当然也不可能通过外化的形式表现出来。

再者网络导致大学生人际交往能力弱化、人际信任度下降。大学生在使用网络进行沟通交往时，面对的不是活生生的人而是键盘和屏幕。而对于习惯于网上交往的大学生来说，本来就对现实生活中的人际关系感到很困惑，现在由于缺少面对面沟通的渠道，会使人际沟通的表达能力、沟通能力和交往技能降低，易产生孤独感。培养大学生的人际交往能力，提高大学生情商是现代高等教育的应有内容。互联网的这种非直接性会对大学生步入现实社会产生负面效应。加之目前社会对网络缺乏行之有效的监管，大学生在使用网络过程中常会遇到虚假信息、侵犯隐私、欺诈、剽窃、病毒等网络犯罪和不道德行为，使人际交往安全感下降，容易对现实人际交往产生怀疑、恐惧、防备的心理。

"毕加索"（整天闭门在家）、"居里夫人"（蜗居在家里）两个名词，是专指那些整天待在宿舍上网，足不出户的大学男生和女生们，也就是人们俗称的"宅男""宅女"。上网选课、查资料、在线聊天、网络游戏……在如今的大学校园里，如果你不会用电脑，没有上过网，那无疑已经是很落伍了。网络已经结结实实地"网"住了象牙塔，成为如今大学生学习和娱乐不可或缺的重要工具，也成为大学生的一种重要的生活状态。于是在学生宿舍经常会看见这样一个人群，他们对外部的世界毫无兴趣，每天窝在宿舍里上网、打游戏，除了上课外很少出寝室，正餐进食不正常，常吃泡面度日。某重点大学大四女生小敏称，她的最高"宅"纪录刚诞生,某月25日至31日,整整7天没出过宿舍楼。小敏本学期只有三门课,"12月初,所有课程陆续结束,课余时间很多,我也不知道该干点什么。"在风雪平安夜后,小敏正式当起了"居里夫人",天天睡到自然醒,下床洗漱,午饭和晚饭让同学给带回来,然后上网、淘宝、看看电影,一天就晃过去了。一周后首次出门,也是为了"不得不洗澡了"。"毕加索"男生小伟说,他每次去超市,都是以寝室为单位采购"冬粮"。大家推选出"宅"不住的人为代表,去超市集体采购。方便面等常备食品,基本是40包一买,买回后并不分发到个人,"谁需要,自己拿"。方便面吃腻了,便会叫外卖,而打水则会抓阄决定。笔者曾经走访学生宿舍发现,在有些学生宿舍,聊天、玩游戏、看美剧、韩剧或是日式漫画,已经成了一部分"毕加索"和"居里夫人"们业余生活的主旋律。

大学校园中的"毕加索"和"居里夫人"现象虽然不是多数,但是引发的思考是深刻的。刺激的网络游戏、引人入胜的网络电视、便捷的网上购物、无忧无虑的QQ聊天、自由的网络博客……网络世界与现实单调枯燥的课堂形成强烈对比。于是一部分自制力较弱的大学生,放弃了课堂转向网络。生活中遇到困难和问题时,往往选择逃避现实,寄希望于网络,妄图在网络中寻求解决的答案。久而久之,由对网络的依恋,到网络成瘾严重而不能自拔,导致人的异化。

二 学生道德外化缺失的原因分析

如前所述,个体能否道德外化,受到各种因素的影响。高校学生道德外化受社会环境和学校教育的双重影响。社会不良因素的影响和德育实践的缺失,是学生道德外化缺失的主要原因。

(一) 社会不良因素的影响

1. 生活庸俗化影响学生外化判断

市场经济以高效、开放、现代为特征,在给人类带来巨大物质财富的同时,也带来不能避免的副作用,如利己主义、个人主义、实用主义、享乐主义等,直接导致了生活庸俗化的倾向。生活庸俗化主要是对物质生活的过分关注和精神生活的自私自闭倾向。对物质的过分关注和精神生活的自私自闭,给民众带来的是精神共同体的土崩瓦解,精神家园的失落。

"人们不再有信仰,传统和革命统统被怀疑,人们憧憬着新世界。但现实带来的新世界却首先是物质生活方面的。"① 因为精神家园的失落,"重物质生活,轻精神生活"已经成为社会中一种潮流。生活庸俗化导致的精神消解已经迅速扩展到每一个阶层,必然也要蔓延到大学校园中,对大学生产生影响。

生活庸俗化导致学生理想信念弱化。生活庸俗化使主导当代大学生理想信念的价值观受到冲击。在部分学生心中,幸福观变成金钱和权力,英雄观变成痞子式的江湖义气,生活观充斥着享乐主义。专注眼前、关注世俗、关注物质、追求时尚消解了神圣的理想主义。部分当代大学生在理想虚无主义的影响下,奉行价值的虚无,表现出强烈的功利化倾向:一方面,市场经济的效率原则、竞争原则强化了部分大学生对短期目标和眼前目标的现实诉求,"不求天长地久,但求一朝拥有"的人生态度就是这个诉求的生活化表述;另一方面,在生活庸俗化的影响下,部分大学生把理想信念的目标指向和动力支撑简单化为金钱和财富等直接的物质利益,体现为在生活中放弃了人生价值和意义的追求,"人生不乐,一辈子白过"成为他们追求的目标。生活庸俗化过分关注物质生活的实用主义,造成部分学生信仰缺失。在部分大学生的精神世界里,带有浓重的务实色彩,理想信念、集体主义意识相当薄弱,学生关注更多的是现实社会中的金钱、消费,丧失了生活的意义感,丧失了信念和信仰,心灵找不到归宿。"理想理想,有利就想;前途前途,有钱就图"成为这部分学生挂在嘴边的口头禅。

生活庸俗化带来学生对集体主义观念的淡化。来自贺希荣等人的调查显示②:74.9%的学生同意"个人利益应当服从国家利益",32.1%的学生赞成"人生目标在于追求个人的名誉和利益",在回答"作为党员,在个人利益和集体利益发生冲突时,您作何选择"时,53.1%的学生选择了"在不损害集体利益的前提下兼顾个人利益"。这体现了当代大学生对集体主义价值观的淡化。他们往往以自我利益为中心,信奉奉献与索取相平衡的原则,希望在遵循集体主义原则时首先要兼顾个人利益,而那种一心为公、大公无私、集体至上的传统观念逐渐被抛弃。当代大学生在个人与

---

① 李泽厚:《思想史的意义》,《读书》2004年第5期。
② 贺希荣等:《道德的选择:来自大学生心灵的报告》,人民出版社2006年版,第221页。

集体的关系准则问题上，追求一种合理的平衡，他们不会因为集体主义的理想而放弃个人的合理需求，从而在大学生群体中形成了相对平衡的个人与集体关系观念，形成了既凸显自我、强调个性，又关注集体、社会和国家的价值观。廖志诚课题组以福建省属9所本科高校在校大学生为调查对象得出的结论认为①：当代大学生价值追求呈现多元化趋势。调查显示：38.2%的受访者认为目前周围大多数人的思想追求是"利己主义"，37.6%的受访者认为是"享乐主义"，12.4%的受访者认为是"拜金主义"，选择"集体主义"的受访者只有8.2%。由此调查可以看出，当代大学生思想越来越多元化，以集体主义为价值追求的学生越来越少了。集体主义观念淡化已经是不争的事实。集体主义的淡化，使相对主义、怀疑主义和历史虚无主义逐渐盛行。

生活庸俗化加剧了学生道德感的缺失。在拜金主义的影响下，仁爱孝悌、谦和好礼、诚信知报、精忠报国、克己奉公、修己慎独、见利思义、勤俭廉政、笃实宽厚、勇毅力行等中华民族传统美德在大学生群体中的市场越来越小，部分学生甚至认为这些传统美德在现实生活中失去了存在的意义。在这种观念的引导下，对勤俭节约、艰苦朴素、刻苦学习、乐于助人、见义勇为等产生了怀疑，把社会现实中一切负面的东西当成是合理的事实本身，使行为逐渐偏离了道德的轨道。大学生在现实中的选择真切告诉我们，部分学生的道德感正在消失，并且在一定程度上影响着整个大学生群体。廖志诚课题组针对当代大学生的道德责任意识的调查显示：当代大学生的道德冷漠态度，值得我们警惕。在调查中，当被问及"当你路过车祸现场看到伤者躺在地上时，你会怎么做"时，其中6.7%的大学生选择了"扭头就走"，4.1%的大学生选择了"围在旁边"看热闹，31%的大学生选择了"会毫不犹豫上前帮助"，58.2%的大学生选择了"不亲自出手，但会采取其他方式帮助"。②在一份关于大学生对见义勇为义举的态度的调查中，反映出的"旁观者冷漠"更严重。当问到"看见歹徒在公共场所持刀杀人，您如何做"时，在有过这种经历的720名大学生中，有53.06%的人对这类不良社会现象不加阻止，选择了"明哲保身"的行为方式。他们要么"围观看热闹"，要么"装作没看到，绕道走开"，要

---

① 廖志诚：《困境与超越——当代大学生精神需求研究》，社会科学文献出版社2014年版，第228页。

② 同上书，第229页。

么"拼命跑掉"。而在关于这种现象的归因调查中，28.65%"认为与自己毫无关系"，24.99%认为"别人不管自己也不管"，21.90%"怕死"，6.18%怕"重伤致残后无人承担生活费"，4.99%"担心受伤后无人承担医疗费"，2.78%"担心自己死后亲属无人照顾"，还有10.51%选择"其他"。① 由此可见，在他人和社会需要的时候，选择逃离和充当看客的学生不在少数。在现实生活中，遇到类似情况选择逃离和充当看客事件也真实存在着。2010年12月12日，18名大学生在安徽黄山风景区登山探险时迷路，在当地公安消防官兵的全力搜救下，18名大学生全部安全脱险，但黄山风景区公安局24岁的民警张宁海在护送学生们走出危险区时，不幸坠崖牺牲。一个生命的逝去，换来的不是被救学子的反思和知恩图报，而是在论坛大谈面对媒体如何公关，以及冷漠的"你们就该为纳税人服务"。被救学生仿佛事不关己，缺乏起码的道德感，成为舆论中"人格上的矮子"。

生活庸俗化还使生存网络化诱惑增多。如前所述，大学生通过网络躲避现实生活中的矛盾，在现实和网络之间两栖生活，现实社会中人际交往中所呈现出的生动、鲜活的现实矛盾和情感沟通被电脑屏幕所掩盖和回避了。人们之间的感情联系趋于淡薄，相互间的信任度也在降低。

生化庸俗化带来的精神生活的失落感影响了现实社会中的每一个人，也给高校德育带来了严峻的挑战。在精神失落、生活庸俗的现实社会中，大学校园能否建立一个可供学生心灵停歇的精神家园，如何在市场经济波涛汹涌的浪潮中保持象牙塔的纯洁，成为高校德育的重要任务。理想信念的弱化、集体主义观念的淡化、道德感的缺失、生存网络化诱惑增多，反映到高校学生的道德生活中，就是学生对于道德和价值的追求，与精神生活的茫然与困惑的矛盾。选择过有道德的生活，还是选择过有物质的生活，生活庸俗化影响了学生对道德生活的认识，"过有道德的生活不如过有物质的生活更有意义"影响了学生道德外化的判断，使高校德育进行的正面道德教育面临困境和危机。

2. 价值多元化影响学生外化选择

时代的发展使世界成为一个"地球村"，每个人都不可避免地经受全球化发展浪潮的考验。"在这个世界中，我们的行动会影响其他人，而世

---

① 吴鲁平：《中国当代大学生问题报告》，江苏人民出版社2003年版，第9—10页。

界的问题也会影响我们。"① 随着世界市场的形成，整个世界的经济更加紧密地联系在一起。经济全球化使人与人之间的交往更加频繁，人们面对的是一个完全开放的时代和完全开放的世界环境。

经济全球化带来了东西方冲突交流的加大：一是在意识形态领域，交锋激烈；二是在文化领域，多元文化相互交融碰撞；三是主导价值观的消解。经济全球化对价值观的影响最大。不同地域、不同文化背景的国家和民族，在不同的生活方式影响下，都有自己主导的价值观念。经济全球化的开放性和动态性，冲破了地域与文化的屏障，使不同价值产生了激烈的交锋。在中西方文化的交锋和融合中，国人的价值取向呈现出多元的态势，由过去的单一模式向多样化过渡：既有中国传统社会的价值观念，又有现代西方的价值观念；既包含了与传统计划经济相联系的价值观念，又包含来自市场经济的价值观念。在多元化的现实中，每一个社会个体都可以从自身需要和利益出发去选择和寻求自己的价值取向。经济全球化使各种价值观念"百花齐放"，从而造成了价值观多元并存、互相冲突的复杂局面。

在多元价值观并存的背景下，关于道德的标准非此即彼的界限已经被打破，原有的道德标准显然已经失去了往日的权威，人们普遍对层出不穷的道德现象感到无所适从。在高校中也是如此，靠原有的德育体系对学生进行系统道德影响的一元化教育格局被打破。在经济全球化的冲击下，多元的生活方式、思维观念、价值追求对学生产生了共时性的影响。现实生活中有关"学好数理化，不如有个好爸爸"的观念影响，"我爸是李刚"霸气十足的言辞，以及《非诚勿扰》中"拜金女"的"宁在宝马车里哭，不在自行车上笑"都在校园中引发了广泛的讨论，引起学生道德观念的冲突。受这些冲突的影响，一些学生可能会坚守传统的道德观念，同样，一些学生可能无所适从，更有的可能会以所谓的国际标准来建立自己的新的道德标准。在这样的冲突背景下，高校德育如果仍不改变传统的德育方式，因循守旧，就会更加引起学生的求异心理和逆反心理，对德育产生难以估量的影响。在全球化的影响下，面对价值多元的时代背景，"教育必须去培养人类去适应变化，这是我们时代的显著特征……教育必须为变化做好准备，使人民知道如何接受这些

---

① ［英］吉登斯：《社会学》，赵旭东等译，北京大学出版社2003年版，第63页。

变化并从中得到好处,从而培养一种能动的、非顺从的、非保守的精神状态"①。应该说,高校德育已经意识到自身应对多元化的价值冲突的责任和使命,在继承传统德育优势的同时,用多元的方法应对来自全球化对学生价值观念的挑战。冲突与整合,是高校学生价值观教育现状的最好描述。尽管在价值观的矛盾冲突中,大多数学生的价值取向还存在很多不确定因素,但大部分已经能将一些相互对立、矛盾、冲突的价值观念整合起来,如价值追求上社会与个人的兼顾、价值取向的多元并存、价值选择的包容等。

在充分肯定主流的同时,我们也要看到,价值多元的现状在一定程度上也对青年学生的价值追求产生了负面的影响。人民网强国社区联合专业调查机构北京美兰德信息公司,在全国范围内针对青年群体(15—34岁)"当代青年价值观"现状的调查了解中,对"当代青年是有使命感和责任感的一代"您是否认同(单选)这一题目,选择非常认同的18%,比较认同32%,一般26%,不太认同16%,很不认同8%;"修身齐家治国平天下,依然是当代青年的主流价值观",对此您是否认同这一题目,选择非常认同19%,比较认同27%,一般21%,不太认同22%,很不认同11%。两个题目的认同率都刚刚达到一半。答案像一面镜子映照出当代青年价值观的真实面貌。当代青年价值观的这种现状直接对学生的知行观、道德行为的取向等产生了影响,影响了学生道德外化的选择。主要表现在:一是个人价值追求私利。可以肯定的是,相当多学生能够将集体价值和个人价值结合在一起,既对社会和集体尊重,又注重自我价值的实现。他们虽然没有将个人价值的实现和国家前途命运紧密联系在一起,但也具有强烈的使命感和责任感。只是,值得我们注意的是,有部分学生在自我价值的实现中,不注重从个人和社会的和谐关系中去创造自我价值,而是单纯从个人需要的满足方面去考虑个人价值,认为个人价值就是个人需要的满足。表现在生活中,凡事从个人利益出发,当他人、集体和社会的利益和个人利益产生冲突时,只从个人角度出发考虑问题。二是价值追求过分务实。如从单纯地注重奉献,到注重奉献与实惠、物质享受并重的转变,从注重知识的追求,到金钱和感官的享受的转变等。认为有理想的追

---

① 联合国教科文组织国际教育发展委员会:《学会生存——教育世界的今天和明天》,华东师范大学比较教育研究所译,教育科学出版社1996年版,第137页。

求也不能放弃实在的现实生活是很多学生的价值选择。三是价值包容过于宽泛。没有对错、没有美丑，只要是存在的就是合理的。如"学好数理化，不如有个好爸爸！"的观念，随着人们的生活压力越来越大越来越有市场。很多学生对托关系、走后门、找路子等这种严重影响社会公平的行为似乎习以为常。社会对这种对价值的过分包容，导致应该肯定的价值得不到弘扬，应该批评的价值得不到批评，从而使学生丧失价值评判的标准和行为的方向。

3. 主体意识觉醒带来的权威消解

社会的进步，思想领域的解放，促使传统社会的集体性社会关系向契约性社会关系的转变。在这一转变过程中，人的主体意识逐渐觉醒。在当前市场经济的条件下，自主决策、自负盈亏、自我发展是市场经济主体的客观要求，没有个人主体意识的觉醒，就不能适应市场经济发展的需要。个人意识的觉醒一方面彰显了自我价值的实现，使人们能够主动探索外在的世界；另一方面独立理智的思考，消解了对权威的崇拜。伴随着市场经济发展而成长起来的当代大学生，被戏称为"尿不湿一代"，特别是生活在大城市的"独生子女一代"，他们从小吃的是肯德基、麦当劳，喝的是可口可乐，看的是美国大片，充分享受着日益丰富的物质和文化生活。在他们身上，主体意识的觉醒比任何一代都彻底。"在他们身上可以充分地感受到时代的瞬息万变。他们的主体意识迅速地增强，他们个人的需要、要求自我奋斗的意识日渐高涨。在行为过程中追求自我支配、自我决策，在生活中追求自理，在精神上追求自我价值的实现。"①

当代大学生主体意识的觉醒表现在道德生活中，体现在三个方面。

对道德教育权威的消解。在后现代的"道德相对主义"的影响下，部分大学生开始怀疑道德权威，模糊道德规范，变换道德评价标准。在他们的道德认知体系中，传统道德教育的内容、方式、途径都应该改变，道德权威正从生活中心隐退至生活的边缘。在一项关于大学生个人道德认知的问卷调查中，有关对道德的认识，有超过三分之一的学生选择道德的性质是相对的，不同的人可以有不同的观点。对于人的本质回答中，认为"人的一半是天使，一半是魔鬼"和"人是不可被定义的"超过一半甚至

---

① 黄书光主编：《价值观念变迁中的中国德育改革》，江苏教育出版社 2008 年版，第 262 页。

接近四分之三。① 从调查结果显示，相当一部分甚至大部分当今的大学生是非观念淡薄乃至混乱，认为道德是相对的，没有什么统一的标准，他们追求在个体行为的过程中自我决策、自我支配、独立选择，在道德生活中追求自我价值的实现。正是基于这样一种道德认知，他们认为道德教育实际上是一种"由权威说明什么对人是善的、什么是恶的，并由权威规定行为的准则和规范的权威伦理学"，而在事实上他们认为没有绝对的真理、没有绝对的权威、没有绝对的道德。②

对教师道德权威的消解。在传统的师道尊严的道德教育模式中，教师代表了知识和道德的权威，教师既是学生知识的来源，也是他们道德的榜样；而学生则扮演着被动的、受教育者的角色。这种状况一定程度上要求教师的道德发展水平和道德境界要高于学生。现代社会已进入信息化时代，受资讯发达的网络影响，比教师有着更强的信息接受能力的大学生，对有些知识的了解甚至比教师还早，教师在知识的传授方面并不具有绝对的优势；同时，极少数教师的在师德方面出现的问题一定程度上损害了教师的整体声誉，受网络影响快速传播甚至被放大，影响到教师在道德上的权威地位。近几年，网传某大学人文学院历史系特聘教授、博士生导师，以学术经费开房，猥亵诱奸女学生；某美院教授的妻子试图跳楼被人救下，跳楼原因是这位教授曾"潜规则"多位女大学生；某地质大学曾曝光教授要求女学生到其住处"写论文"……这些所谓的教授虽然是教师队伍中的极少数，但在中国这样一个素有尊师重教传统的社会，他们的道德败坏、师德堕落，却几乎败坏了整个队伍的形象。"现代社会的发展使得教师的这种权威地位受到了挑战和削弱，如果说教师的知识权威能力权威因为网络时代的到来等因素已经受到影响的话，那么教师道德方面的权威已经因为文化的多元价值的多样等因素而大大弱化了。"③ 应该说，这些变化客观上打破了在道德教育中教师的权威地位，教师在道德活动中的指导权受到尖锐的挑战，学生对教师课堂讲授的相关道德内容，什么是对，什么是错，什么是道德的，什么是不道德的等，很容易产生怀疑，教师的话语权失去了往日的权威。甚至开始有学生质疑教师是否能够指导日

---

① 贺希荣等：《道德的选择——来自大学生心灵的报告》，人民出版社2006年版，第3页。
② 冯玉华：《后现代伦理观及其道德教育意义》，硕士学位论文，山东师范大学，2003年，第10页。
③ 佟雪峰：《论教师的道德权威》，《思想·理论·教育》2006年第5期。

益变化的道德世界。

对榜样权威的消解。从精忠报国的爱国名将岳飞、文天祥到革命战斗英雄董存瑞、黄继光，从党的好干部焦裕禄、孔繁森到先进模范雷锋、张海迪、李秀丽，一大批传统榜样人物作为社会的道德标杆，曾经深刻影响了一代又一代的青少年。在社会急剧转型的今天，与这些传统榜样相比，以影星、歌星、体育明星为代表的偶像显得更加声势浩大，逐渐深得青少年之心。曾经代表道德形象的传统榜样随着时代变迁与当代大学生的榜样需求对接不畅，变得遥不可及。传统榜样教育的自上而下单向度的教育模式显得乏力无味，因而出现对权威式榜样教育和作为权威出现的传统榜样的抗拒。雷锋、焦裕禄、孔繁森等英雄和榜样人物的示范带动，在当代大学生的眼中正在逐步消解，他们在榜样中读到的不是积极的道德情感，不是学习的目标，因而在现实中，也不以榜样为目标，去效仿他们的道德行为。

对道德教育权威、对教师权威和对榜样权威的消解，再加上新的道德教育体系的不完备，使学生在道德活动中的道德判断缺乏，更多时候依据自己的选择。

（二）学校德育实践的缺失

德育是人类特有的一种改造主观世界的实践活动，它以人为对象，指向的是人的道德（精神、意识）的发展。德育的出发点和归宿是要改造人的主观世界，培养出能够改造现实世界的人，使现实世界得以改变与发展。由这种目的所规定的德育其实质在于要使受教育者实现完善的道德自我。高校德育中道德外化的缺失，除了社会因素外，更重要的原因是学校德育实践的缺失。以道德外化视角审视高校德育，道德外化实践缺失是当前高校德育的主要现实困境。主要表现在三个方面。

1. 德育目标、内容背离道德外化实践

传统德育观片面强调德育的社会功能。在这种观念的影响下，德育的目标、内容都强调为社会服务。虽然随着思想解放和德育改革的深入，人的主体意识逐渐得到了重视，德育目标一般定位为培养和形成学生的品德和德性，但是，从总体上来说，高校德育将培养和形成学生德性作为目标，从意义上仍然是"将学生培养成为什么样的人"，从根本上仍然是以是社会本位为主的目标体系，没有脱离知性德育的范畴，没有将实践道德生活作为德育的目标。

德育背离学生道德外化实践，目标上忽视日常道德要求。对于高校德育来讲，培养中国特色社会主义的合格建设者和接班人是德育的总目标。在此目标下，德育偏重于政治教育和理想教育，而忽视对学生日常实践的教育。因而，背离学生道德外化实践的高校德育，道德教育目标在一定范围内脱离了学生的日常生活，对学生日常道德实践关注不够。习惯于对学生进行"宏大叙事"或"绝对真理"的灌输，将压缩过的伦理学和道德哲学的知识体系直接移植到学校德育中，使学生成为背诵伦理和道德知识的"道德学问家"。诚实守信、知行一致、良好行为习惯等德育的日常要求在政治教育和理想教育遮蔽下，没有得到足够重视。对于学生来讲，也就没有意识到，道德首要是从小事做起，从日常的践行做起，做一个知行统一的人是道德的基本要求。对于高校德育来讲，德育目标背离道德外化实践，并不是要真正使学生通过道德外化实践做一个有道德的人，德育难以走出形式化的误区。

德育背离学生道德外化实践，内容上远离日常道德生活。高校道德教育内容脱离学生实际，内容"假、大、空"，只是死板、抽象地向学生传授道德规范，过分强调理智德性的培养，忽视了情感德性的培养，难以与学生的生活世界和经验世界沟通。受此影响，高校德育多是紧跟社会政治形势转，社会有什么热点问题，学校就开展某方面教育，德育效果短期化。要使高校德育内容生活化，就要关注学生的日常生活，"日常生活先天地就是对人的最基本的教育"[①]。德育内容远离日常道德生活，就无法"从生活出发、在生活中进行并回到生活的德育"[②]，通过过"有道德的生活"来学习道德，德育的效果不明显。即使是有德育实践，也往往是以道德的某种要求为目的的，带有明显的功利化和形式化的色彩。这样的德育，效果不会明显。

德育背离学生的道德外化实践，使学生在道德实践中处于被动地位，难以激发学生的主动性。道德外化实践，应该是学生主动建构道德的过程。在这一过程中，学生从知性德育中被动接受道德灌输的个体，变为主动建构道德的主体，使学生的主动性得到充分发挥。德育

---

① 项贤明：《泛教育论——广义教育学的初步探索》，山西教育出版社2000年版，第280页。

② 高德胜：《知性德育及其超越》，教育科学出版社2003年版，第190页。

目标背离学生的道德外化实践，学生在德育过程中是一个被动的个体，使学生说是一套，做是一套，言行不一，说得多，做得少，甚至不做。这样的学生往往是充分掌握了德知，而不能外化德行，不是真正的道德主体。

2. 德育方法、途径远离道德外化实践

德育方法、途径是高校德育效果的保障。德育改革对传统德育的最大的抨击，就是力图改变或者少使用、不使用灌输的方法、途径。针对德育方法、途径的问题，许多高校进行了多方面的尝试，不少德育工作者不断进行工作创新。但实际上，德育方法、途径缺乏实践性，仍然是目前影响德育效果的一个重要原因。

自复旦大学辅导员包含的周记摘发后，一段时间里引发了社会的热议。一个年轻的辅导员，坚持4年为学生写周记，为学生烹饪"心灵鸡汤"，她对学生无私的爱，走进了学生的内心世界，受到学生的广泛欢迎。和包涵一样，我身边的一个辅导员也利用对话这种形式，和学生进行着广泛的交流。在她的对话文集中这样写道：

> 当每一个学生带着迷茫和疑惑走进大学校门时，辅导员的责任和使命就显得如此神圣。他们单纯的经历，青涩的心理，幼稚的思想注定要在大学熔炉中脱胎换骨。但同时这个喧嚣的世界也给了大学生太多的迷惑和舞蹈，思想逐渐失重的他们游走在社会和学校之间，分不清虚幻和真实，分不清表象和真谛。如何使他们成长中的人格更加完善和独立，如何使他们焦躁的心灵更加理智和倾向？我始终在探寻一种能够走进学生内心的方式……在一来一往的"倾诉"对话中，我努力引导他们思想的转变和人格的完善。

像她一样，很多德育工作者都在选择一个适合自己的德育方法，有的是用博客和学生交流，有的是通过主题班会引导学生，有的是面对面的谈话交流。通过这种对话的方式，能够走进学生的内心世界，了解学生的实际需求，帮助学生解决实际问题。这样的德育抛开了传统的灌输式的德育方法，实现了由"教"到"导"的转变，调动了学生的道德情感，重视了学生主体性的发挥。但是，如果对上述的这些德育方法进行深层次反思分析，实际上，上述几种对话引导式的德育方法，虽然变"教"为

"导",但带给学生的仍然是间接的道德经验。德育要深层次解决问题,必须利用实践性的德育方法。通过引导学生参加各种实践活动,让学生在做中学。

德育方法、途径缺乏实践性,会直接带来几个后果:一是德育活动向学生传递的是间接的经验,学生由于缺乏对社会现实的深入思考难以指导道德外化实践;二是学生不能真做、真行,不能从实践中获得真知、真情,很难实现由德知到德行的转化;三是学生远离实践,学生不是真正意义上的活动主体。以实践性方法反观高校德育,学生道德外化缺失的现状很大程度上是德育方法上缺失了实践性,学生没有通过实践活动获得真情实感,使道德外化缺失了必要的途径。

在高校德育中,针对学生的道德培养,不少学校也设计了很多德育实践活动,应该说效果是明显的。但其中有些活动带有明显的功利性、被动性等特征,远离学生的道德外化实践。

功利性带来德育活动的形式化和表面化。功利性使高校德育实践活动达不到实践活动的目标。如在学校开展的社会实践活动中,如果活动设计不合理、要求不明确、缺乏必要的评估,那么实践活动就起不到应有的作用。功利化的实践活动,值得我们反思。

又到了暑期社会实践的时间了,小贾这几天一直在闹心,这个暑期怎么参加实践活动,是这几天他一直在思考的问题。去年暑假,按照学院的要求,他到家乡所在县进行社会实践,就县域经济做了为期一周的调研。在一周的实践里,他走遍了几乎全县所有的有规模的外贸公司,就本县的丝网出口情况作了相关调查。由于是大一的学生,他没有实践的经验,怎么走访企业,怎样调研,怎样收集数据,都没有什么经验。一周的实践结束后,他没有全部完成自己当初定下的任务,没有针对本县的外贸行业做出自己有针对性的调研结果。但是可以说,他有了对这一行业的初步认识,对于今后的专业学习是有帮助的。暑假开学后,大家在宿舍分享自己的实践经历时,却意外地发现有的同学根本没有真正地去社会实践,而是找了一个单位开了证明,并提交了所谓的实践成果。而小贾实实在在做了一周的调研,却没有提交成果,这让他很伤心。这个暑假的实践到底怎么做,是继续去年的调研,还是寻找捷径,很让他矛盾。

像小贾同学一样，假实践或走过场的实践，在高校学生中并不在少数。究其原因，主要是实践活动重结果、淡过程。有些学校实践的组织部门并不看重实践的过程如何，学生是不是真正意义上参加了实践，而是看重实践的结果，有多少人提交了实践报告，有多少个媒体报道了学校实践活动，实践活动引起了多大的反响。对学生是否在实践中受到了锻炼，是否使学生真正得到了提高则不是很关心。实践活动组织者的功利性直接导致了学生的功利性，一些学生在实践过程中投机取巧，使实践成为一种形式。

实践活动的功利性还表现在活动停留在表面化，为组织活动而组织活动。调查显示，每年3月的学雷锋月，都是志愿活动的高峰期。各高校在一窝蜂组织学生在3月学雷锋做好事，很多敬老院、福利院、社区一天迎来好多志愿者。学雷锋月组织学雷锋活动，是为了完成任务而完成任务，为组织活动而组织活动，因此，将实践活动停留在表面层次。"雷锋叔叔三月来，四月走"就是对这一现象的嘲讽描述。表面化的实践活动，表现为定时或突击进行社会实践，只追求实践的表面效应，形式上轰轰烈烈，却难以引起学生情感的共鸣，对学生的道德情感不会产生什么积极的影响。因此，功利性实践活动使得德育远离道德外化实践。

被动性带来德育活动的程序化和戏剧化。被动性实践活动表现为实践是学校或教师的刻意安排，学生参加实践活动不是自愿的，而是被动、消极地参加活动。这样的实践活动其实不具有道德意义，甚至比不上行为主义的机械训练。表现一，对实践活动的意义缺乏足够的认识，被动参加活动。调查显示，在高校中，几乎所有学生都有被参加活动的经历。高校德育体系中，从德育主管部门学生处、团委，到学生组织学生会、青年志愿者协会、社团联合会。从学校到学院，各个机构组织的实践活动，面对的都是学生。事实上，很多机构组织的实践活动，并不是从学生的思想实际出发，具有一定针对性的活动，而是根据组织发展的需要，自行设计的活动。这些活动，并不能保证所有参与的学生都能够对活动的意义有足够的认识，因而学生参加活动就是被动地例行公事，起不到实践活动应有的效果。表现二，学生参加活动是为了做给别人看，是为了满足参与活动的需要，是一种不带任何情感的实践表演。有些学生为了综合测评加分，被动参加实践活动，将参加活动的过程做给别人看。这种实践活动，不仅不会形成真正的道德行为，反而会形成双重道德人格。

德育活动远离学生道德外化实践,直接导致了德育活动对学生日常行为习惯、学生对诚信问题、就业问题、网络问题等的关注不够,学生通过实践活动不能对这些问题形成深层次的体验。

德育方法、途径缺乏实践性,还表现在高校德育工作的封闭性。在德育过程中,没有将学校的小课堂和社会大课堂有机结合在一起。社会、家庭、学校在德育实践中,要形成教育的合力,让德育在不同时空的实践中发挥作用,避免"学校教育一个钟头,不如父母一个指头,也不如影视剧中的一个镜头"局面的出现。

3. 德育品行评价脱离学生道德外化实践

传统的德育评价首先是一种总结性评价,以鉴定、分类、选拔、评优为主要目的;其次,评价主体比较单一,是一种自上而下的上级部门对高校、教育者和受教育者的评价;再次,评价方法比较主观,主要以定性评价为主,缺乏客观的定量的分析。因此,传统德育评价的总结性特性,决定了没有将德育评价作为德育系统的一个有机组成部分,没有将评价作为目的,而是手段。这种评价一般以主观定性评价为主,缺乏客观的定量分析。即使有一些定量的评价,也只是单纯针对学生表象道德行为的简单分析,缺乏对学生道德状况的总体把握,重视评价结果而忽视过程评定。因此,传统德育评价难以起到保障和提高德育实效性的作用。相比较而言,量化评价在德育评价中是比较进步的,目前成为高校德育中学生品行评价的一种主要方法。国内的许多学校也都进行了关于德育量化评价的很多尝试。目前我国高校的德育品行评价体系中,给学生的德育课程打分,给学生的道德表现打分,进而评价学生的道德状况的评价方式仍然是主要形式之一。德育量化评价以其对象行为化、分数公式化、时间阶段化、过程程序化和结果奖惩化的实践表征深受学校和各级德育工作者的青睐。很多学者认为,德育的量化评价对德育自身的科学化具有十分重要的意义,而且,可以通过德育的量化评价,明确"好"的行为,鼓励和引导学生多做好事,从而达到"积善成德"的目的,促进学生道德水平的提升。并认为德育量化评价能够引起学校、家长、学生对于道德教育的重视,能够较为客观、全面、科学地评价学生的道德表现和行为,有助于更好地开展德育工作。因此,很多人将德育量化评价作为德育整体改革的突破口和做好德育工作的良方。

同时,也有部分学者对于德育的量化评价持有不同意见。认为教育本身就具有长期性、迟效性、隐含性和复杂性的特点,而作为个体精神层面的德育就更是如此,因此,很难通过外显行为的判断来判断个体的道德状况。就如马卡连柯所说:"方法和目的的关系是检查学校道德教育效果的最终标准和依据"。

德育量化评价脱离道德外化实践的表现主要有:

以单纯的道德行为为评价标准,而不是以学生的外化实践为评价标准。单纯的道德行为标准,导致把道德行为当成工具,不利于道德外化过程中道德情感培养。道德情感对于个体的道德发展具有重要作用,亚当·斯密认为,道德情感不仅可以引导个体的道德行为,而且是判断某一行为是否道德的重要依据。而道德量化评价将关注点过多地放在"美德条目",只是片面地强调对于这些道德行为条目的盲目认同和行为,忽视了道德外化过程中的情感参与和情感体验,不仅没能促进个体道德的升华,反而使道德行为沦为"工具"。

导致产生伪善行为,不利于学生道德的生成。所有不是出自本能,而是刻意使自己在别人眼中甚至是自己眼中显得善的善举都属于伪善。[①] 而德育的量化评价关注的主要是道德行为外显特征,所以导致部分学生为了追求一定的道德分数可以做出虚假和伪善行为,有悖于道德教育和道德量化评价的初衷。而且,伪善行为具有较强的隐蔽性,同道德的要求背道而驰。黑格尔把伪善也视为一种恶。所以,在道德量化评价中追求利益而做出的伪善行为,深刻地影响着真正的道德行为的实践。而当学生自己做伪善的道德行为或发现他人在道德量化评价中的伪善行为时,就会产生一种对于所有道德的怀疑和鄙视,进而不利于道德自我的生成。

导致学生追求道德分数,误解了道德的本质。不少学校在进行道德量化评价的过程中都将学生在日常表现出的道德行为量化为具体的道德分数,按照学期或者学年进行评定,将评定结果作为奖学金、三好学生等荣誉获得的主要依据,导致很多学生为了获得奖学金或者其他荣誉做出可以加分的行为,而并非出于自身道德认知的引领。比如,有学校在学生的道德评价中将义务献血行为折合成分数进行加分,导致学生为了获得加分纷纷献血,甚至有学生不顾献血的期限限制和自身的身体状况在短期内连续献血。

---

① 倪梁康:《论伪善:一个语言哲学的和现象学的分析》,《哲学研究》2006 年第 7 期。

当然，道德量化评价如果操作得当，也是具有优势的。首先是消除了定性评价中教师、学生没有明确的目标体系进行参照的劣势，使评价要求可以统一起来，评价结果力求客观。其次，由于量化评价的指标体系涉及日常生活学习的方方面面，使道德教育与学生的日常生活结合起来，有利于道德教育的开展。最后，量化评价有利于学生参照评价标准，强化自我管理、自我教育。

第五章

高校外化德育的基本构想

任何一种新的德育模式,都是关于如何根据道德发展理论进行教育的原理和方法;任何有效的德育模式,都是基于对道德生成规律的准确把握而采取的措施。高校外化德育的基本构想,就是在对道德外化研究的基础上,针对高校德育存在的问题,以道德外化为视角对高校德育理论和实践改革的初步尝试和积极探索,将为高校德育走出现实困境提供借鉴和帮助。

一 道德外化:审视高校德育的一种新视角

(一)德育模式的反思与借鉴

20世纪以来,国外关于德育理论的研究较为繁荣,出现了很多各具特色的德育理论,如认知发展教育理论、体谅关心教育理论、社会学习德育理论、完善人格德育理论、人本主义德育理论等。20世纪80年代以后,我国学者在借鉴国外研究的基础上,也提出了一些新的德育理论,如生活德育理论、主体性德育理论、情感德育理论、活动道德教育理论等,这些理论都在一定程度上对旧的德育理论有所突破,回答了德育实践中一些亟待解决的问题,对德育发展具有一定的指导意义。以这些理论为指导,对于德育模式的研究,也出现了百花齐放、百家争鸣的局面。德育模式是在一定的道德哲学和德育理论的指导下,以德育实践为基础,为实现特定的德育目标而建立起来的,在德育过程中必须遵循的,比较稳定且简明的德育活动程序及策略方法体系。① 对不同德育理论和德育模式的反思与借鉴，可以为高校德育视角转向提供现实参照。

1. 国外德育模式的借鉴：内化型德育模式的反思

长期以来，在德育实践中，占主导地位的是以道德理性主义为理论基础的传递—接受模式，强调通过教师有针对性的影响，使学生感知理解道德知识，巩固道德知识形成道德认知，运用知识形成道德人，形成道德行为以评价学习效果。在目的上，它试图通过一切可能的方法和措施使学生接受并形成特定社会所要求的固定的道德价值观念和道德行为习惯；在内容上，它所要传递的是为大多数或特定群体的人一致认可的相对具体、约定俗成的道德观念、道德准则；在方法上，所推崇的多为强制、机械式的说服、训诫、规劝、问答式教学、奖励和惩罚、榜样等。② 可以说，传递—接受道德教育模式是一种封闭的、单一的、强制的道德教育模式，本质上是一种灌输式的道德教育模式，其教育目的封闭性、教育内容的单一性和教育手段的强制性，都是以否定学生的主体地位为前提的。

正是基于此，传递—接受模式尽管是德育实践中占主导地位的德育模式，但这种德育模式具有明显的局限性："这样一种灌输性质的传统道德教育，在理念上是一种封闭而不是开放的、适应而不是超越的教育，在实际操作上重灌输、轻引导，重教师、轻学生，重规范、轻行为，重宣讲、轻体验，重限制、轻解放，重顺从、轻理解。这样一种道德教育，是不可能培养出真正有道德的人的。"③ 人们普遍认识到，它只能部分实现传授道德知识的德育目标，而对激发学生的道德情感、锤炼道德意志品质、养成良好道德习惯的德育目标是不能完全实现的。因此，它不可能成为长期主导的德育模式。

在当代，世界各国的德育理论研究和德育实践中，提出和实践了各种特色鲜明的德育模式，如价值澄清模式、道德讨论模式、体谅模式、社会行动模式等，一改传统的传递—接受模式的限制，强调德育是学生内化社会道德规范和自我完善、自我建构的过程。这些德育模式强调学生在德育过程中的地位和作用，认为学生是德育活动的主体，德育内容的选择要服从学生，德育效果的好坏取决于学生的主观努力程度，教师只是学生道德

---

① 范树成：《德育过程论》，中国社会科学出版社2004年版，第198页。
② 戚万学等：《道德学习与道德教育》，山东教育出版社2006年版，第137页。
③ 同上书，第139页。

成长的促进者。

价值澄清模式由美国的拉斯等人创立。价值澄清模式认为，每一个人都有自己的价值观，而且个人的价值观随其经验的变化而变化。因此，教师不能直接把价值观灌输给学生，而只能通过分析、评价的办法帮助学生减少价值观混乱，形成适合本人的价值观体系，并在这一过程中发展学生思考和理解人类价值观的能力。价值澄清模式强调，价值观不是通过灌输，而是通过澄清的方法形成的，因此，学生学会如何获得价值观念比获得怎样的价值观念更重要。价值澄清模式将德育过程分为选择、珍视和行动三个阶段，强调选择是自由选择，是在仔细考虑之后进行选择；强调要珍视自己选择的价值观并加以确认；强调依据选择结果行动，并重复用自己前后一致的价值观付诸行动，使之成为某种生活方式或行为模式。价值澄清模式的基本原则包括十个方面，即：避免说教、批评、灌输，不要把焦点集中于对或错；促进学生反思自己的行为，要让其独立负责地做出决定；不要强求学生有问必答；澄清法主要在造成气氛，目标是有限的；主要帮助学生澄清自己的思想和生活；避免空泛的讨论，要及时结束讨论；不要针对个人；教师不必对学生所有的话和行为都做出反应；不要使学生迎合教师；避免千篇一律。应该说，价值澄清模式是有其积极意义的。其优势主要集中在四个方面：一是它充分尊重了学生的主体地位。学生在德育过程的各个阶段都是德育活动的主角，能够激发学生参与德育活动的积极性；二是反对灌输。反对教师向学生灌输现成的道德观念，强调对学生道德判断和价值观选择能力的培养；三是德育活动与社会现实结合紧密。总是围绕学生关心的现实生活的有关价值观进行澄清；四是具有很强的操作性。拉斯等人从师生便于掌握的操作程序、可操作的教学方式以及具体测量价值观缺失的量表等方面提出了一系列具体而翔实的策略和方法，深受师生欢迎。

道德讨论模式是由美国心理学家柯尔伯格等人创立，是柯尔伯格道德发展哲学和心理学研究在德育实践中的具体运用。道德讨论模式认为，儿童的道德判断能力是按一定的阶段和顺序由低到高发展的，道德教育的目的就在于促进儿童道德判断水平的发展。因此，教育者要判断儿童所处的道德发展阶段，并以此为依据，做到因材施教。道德讨论德育模式也称为"道德两难困境模式"，主要是教育者设定两难的道德困境，答案没有唯一性，旨在诱发儿童的认知冲突，让其在教育者特定的情境中模拟处理实际生活中的道德问题。在儿童道德判断的过程中，教育者只是情境的组织者，不对任何判断予以评判，引导儿童的讨论，充分发挥其对道德判断的认知，培养其道德判断能力，为实践真实的道德行为提供理论的保证。在道德讨论模式的创立者柯尔伯格看来，"学校不应试图灌输一套已定的和无疑的价值体系，学生应受到学校团体所面临的道德问题并将此作为应解决的问题，而不是限于可以将规则机械地运用其上的情景。学校也有必要使学生关心当代道德问题，诸如战争和公民权利等问题。简言之，需要创造出一种气氛，在其中，人们首先关心的是公正原则"[①]。道德讨论模式的侧重点在道德判断，培养儿童的道德思维、道德推理能力、逻辑思维能力，与道德行为本身不同。儿童通过体验社会角色，承担不同的社会责任，学习分析情境中的道德冲突，运用自己的道德思维能力和逻辑分析能力，做出自己的判断和选择。德育的作用就是为学生提供各种以经验为基础的学习情境，让其实际地参与道德互动，尝试去探究和识别自己及他人的道德思想、道德情感、道德认知、道德判断。道德讨论模式能有效培养道德主体对道德行为的实际操作能力、道德判断能力、关心体谅他人的移情能力，从情境中深化道德主体的责任意识，强化其责任动机，提高践行道德行为的可能性，是培养主体道德的路径之一。道德讨论模式的优势在于：一是突出了学生道德认知能力的培养，让学生从"道德两难困境"中自己做出选择，从根本上实现了从道德灌输到道德自我选择的转变；二是重视学生的主体地位，在道德活动中，学生在教师的引导下充分发挥了主动性、积极性，能够自主做出道德选择；三是注重学生道德情感的激发，学生在道德选择的过程中，能够身临其境，设身处地扮演道德情境中的人物形象，感受人物的情感。

体谅模式是由英国德育专家麦克费尔等人创建的一种德育模式。该模式以"多关心，少评价"为基本观点，致力于发展"教学生如何关心"，以一系列的人际与社会情境问题启发学生的人际意识与社会意识，引导学生学会关心，学会体谅。这种模式包含以下特征：教育并不意味着教人知道他们不知道的东西，而意味着当他们不知道如何做的时候教他们怎样做；道德教育要把气质修养和行为举止塑造与发展学生道德判断力结合起

[①] 冯克诚：《学校德育思想流派与德育论著选读》（下篇），中国环境科学出版社 2006 年版，第 81 页。

来；在关心他人的生活中学习，观察学习和社会模仿是无法替代的重要德育方法；创造一个符合关心人的课堂环境、校园环境和社会教育环境。体谅模式把道德情感的培养置于中心地位，通过一定的程序，教学生如何关心他人，如何设身处地为他人着想，从中学习道德准则，决定道德行为。按照麦克菲尔的观点，道德教育的任务应当建立在体谅的基本核心之上。这种基本核心是所有的人自然具有的。对于道德发展来说，给机会表达隐藏于心中的敏感点，是至关重要的。该模式有助于教师较全面地认识学生在解决特定的人际、社会问题的各种可能反应；有助于教师较全面地认识学生在解决特定的人际、社会问题时可能遭到的种种困难，以便更好地帮助学生学会关心；它提供了一系列可能的反应，教师能够根据它们指导学生围绕大家提出的行动方针进行讲座。为了实施体谅模式，麦克菲尔等人编写了《生命线》教材，为该模式的实施提供了具体步骤。该模式的优势在于：一是注重学生情感的激发，它以学生的需求出发，突出体谅他人情感的培养，有助于学生道德情感的形成；二是与社会结合紧密，注重运用社会情境问题激发学生的道德情感；三是有成形的德育课程与教材配套。

社会行动模式主要倡导者是美国教育家弗雷德·纽曼。该模式兴起于20世纪70年代中期，和价值澄清模式、道德讨论模式、体谅模式相比，更加注重学生的道德行动能力。该模式整合了道德认知、情感和行动等多个方面，既不鼓励学生去"反思"公共事务，也不鼓励他们去"关心"公共事务，而是把德育目标放在教育学生如何去影响政府决策和在社会变革中扮演的角色上。社会行动模式因为为学生提供主动参与的机会，而与其他模式相区别而引起一定的关注。该模式认为，行动的前提是有采取行动的能力，因此德育的关键是培养学生的行动能力。社会行动模式的实施步骤包括制定政策目标、支持目标的工作、解决心理哲学难题。为了培养学生的社会行动能力，该模式设计开发了政治—法律活动课、交际课程、社区服务实习、公民行动工作、文学行动计划、公共交流6门课程保障学生的实际活动。社会行动模式对教师的角色定位也有明确的规定，在整个德育活动中，教师的作用主要是给学生提供相应的信息，解答和处理学生的问题，积极参与影响公共政策的活动。社会行动模式的优势在于：一是注重学生社会行动能力的培养，让学生通过实际参与公民行动以形成社会行动能力；二是课堂教育与课外活动有机结合，课堂教学与课外实践相互提供帮助，有助于学生道德行为能力的培养；三是德育模式的实施与课程改革结合，以课程改革助推德育模式的实践，收到了很好的效果。

价值澄清模式、道德讨论模式、体谅模式、社会行动模式等，突破了传统的传递—接受模式的限制，以坚持"无灌输的道德教育"、尊重学生的主体地位、突出品德能力的培养、强调道德行为的训练、注重道德情感体验为主要特征，为德育的改革、创新提供了有益的借鉴。但是，这些德育模式又带有明显的局限性。如价值澄清模式中学生的行动停留在价值澄清的过程中，忽视学生实际行为的训练；道德讨论模式过分强调学生道德判断能力的培养，忽视道德行为的训练；体谅模式理论上强调学生道德行为的培养，但是在实际德育过程中只是让学生知道"怎么做"，并未训练学生实际去做；社会行动模式虽然以培养学生的公民社会行动能力为目标，但在具体的策略和方法上还缺乏针对性和系统性。可以说，这些德育模式虽然较传递—接受模式进步很多，但从根本上并未完全突破传递—接受模式的影响：在德育目的上，通过德育过程使学生内化特定社会所要求的固定的道德价值观念和道德行为习惯；在德育内容上，它所要传递的仍然是为大多数或特定群体的人一致认可的相对具体、约定俗成的道德观念、道德准则；在方法上，改变了强制、机械的说服、训诫、规劝等灌输方法，通过价值澄清、讨论、交流、活动等方式，使学生内化道德观念。可以说，较之于传递—接受道德教育模式的封闭、单一、强制，这些德育模式更注重学生主体性，师生关系更加和谐，德育方法更容易让学生接受。但是，深入探究这些德育模式，可以发现，这些德育模式较之于传统德育模式，更多的是德育方法的改变，强调学生主体性的发挥，强调师生关系的改善。在整个具体的德育过程中，强调个体品德生成的内化阶段，即注重通过各种可能的办法让学生学会"怎样做"，强调学生内化道德观念形成道德意识；而对个体品德的外化阶段则强调不够，对通过德育活动将内化的道德观念和道德意识外化为具体的道德行为重视不够，德育目标强调的仍然是"德性"而不是"德行"。因此，本书认为，这些德育模式仍可以统称为内化型德育模式。这些德育模式虽然一定程度上改变了重知轻行的取向，但在由知到行的转化上，仍缺少关键的一步。

2. 国内德育理论对外化德育转向的借鉴

主体性德育和对话德育理论强调，德育过程中要重视学生主动性的发挥，为外化德育转向提供了主体借鉴。

主体性德育是针对传统德育中学生缺乏独立、主动和创造而提出的，从学生的内在道德需求出发，培养主体人格。主体性德育是以社会发展的要求和人自身的需要为出发点，教育者通过引导启发受教育者内在的德育要求，以培养创设相应的德育环境，调动和激发人的自觉性、自主性和创造性以促进人的品德发展，培养主体性人格的教育活动。其目的是使受教育者具有自我管理和自我完善的能力，从而成为德育活动和自我发展的主体。① 这一德育理论首先认为学生是具有生命意义和发展意义的人，既具有独立人格又具有社会意义；其次，德育以塑造完整道德人格为目标，强调认知性课程与活动性课程、显性课程与隐性课程的有机结合；再次，在德育过程上，循序渐进地对学生实施教育。总之，主体德育理论有助于人们从服从、适应的层次提升到自主、超越的层次去理解道德并进行道德选择。主体德育理论对高校德育的启示在于：在德育过程中，个体必须通过主动的内化与外化的双向构建活动，才能实现个体道德生成。学生道德外化，必须有个体主体性的发挥。也可以说没有学生的主体意识，就没有道德外化。高校德育向外化德育转向必须重视学生主体意识的激发。

在强调学生主体意识的基础上，对话德育理论②主张要将德育过程由师生的单向灌输过程转换成"师生展开理解、对话的过程"。对话德育强调师生在民主、平等、和谐的氛围中，以教育资源为中介，进行知识、经验、思想、情感等多方面、多层次的交流和对话，以获得相互理解和精神沟通，从而实现双方思想道德的发展。对话德育更新了传统德育的观念，转变了教育的方式，对提高德育实效性具有重要的意义。对话时，不再是单纯作为主体的教师对单纯作为客体的学生的有效性支配、控制，而是师生双方均作为主体进行积极的对话；师生之间不是简单的知识授受，而是共同进行有关内容的交换和分享；学生既是学习者又是建构者。对话德育理论打破了德育要素的对立与德育系统的封闭状态，使德育世界呈现开放性、生成性、充满生命力；销蚀了教师的权威，张扬了民主精神。从灌输与强迫时代走向对话时代，反映了德育思维从"主体思维"转向了"关系思维"。对话德育理论对高校德育的启示在于：将师生双方均作为德育过程的主体，在其中，学生既是道德的学习者，也是道德的建构者。对话

---

① 刘海珍：《主体性德育是当代德育发展的趋势》，《教育与职业》2006年第36期。
② 参见胡斌武《学校德育的现代化》，中央编译出版社2006年版。

是一种实践活动，但对话的过程，只是教育过程师生关系的一种改善，对话德育从本质上说，还没有脱离知性德育的套路，因为师生间通过对话传递的，仍然是一种"德知"，而要将"德知"转化为"德行"，仅仅通过对话是不行的，还需要道德外化的检验。高校德育向外化德育转向必须改变传统的师生关系模式，学生在教师的指导下主动实践，主动建构道德。

活动德育和生活德育理论强调，在德育过程中重视活动和现实生活对个体道德生成的重要作用，为外化德育转向提供了方法途径借鉴。

活动德育理论将德育的过程看作一个主动的、实践的、流动的而不是消极被动的过程，把道德发展作为学生自身生活的一部分。认为活动是个体道德生成和发展的根源与动力，活动是学生自我教育的基础。基于这样的理念，活动德育的基本框架是：一是道德教育的目的是实践道德生活；二是以活动为主导设计德育的课程体系，把"活动"作为学校正式的课程来开设，并且与其他学科相同的系统的课程内容和评价标准、课程设计和实施原则；三是在德育的过程中，教师肩负着更多的责任，并且要求教师要熟悉并掌握个体道德发展的相关理论，对通过活动设计促进学生的道德生成和发展应具有较强的把握能力。活动德育理论对高校德育的启示在于：将活动看作个体道德生成和发展的根源与动力，强调学生通过活动实现道德外化是有意义的。但是，活动德育中的活动更多的是强调学生的外部活动，较少有内部的、思维的、有意识的活动，缺乏的是内部、外部的双向建构。可以肯定的是，活动可以促进道德外化，但单纯的活动不是道德外化。另外，把活动作为正式的学校课程开设，在当前高校难以做到。高校德育向外化德育转向不能简单将活动作为德育实践，而是在实践过程中主动实现个体内部道德生成与外部道德实践的双向建构。

关于学生道德生成的途径，生活德育理论[①]提供了很好的借鉴，就是学校和教师在以学生发展为本的思想指导下，有目的、有计划地引导学生在生活实践中学会按照一定的品德规范来生活，从而养成一定品德。生活德育理论核心是帮助学生建立相应的品德情感，以现实的、自然的、真实的生活为基本途径对学生实施德育；主张尊重学生的主体性，尊重学生自主发展和独特发展；在教育原则上主张主体性原则、主导性原则、创新性原则，在教育方法上注重学生实践能力、体验能力、感悟能力、选择能力

---

① 参见高德胜《生活德育论》，人民出版社2005年版。

的培养。生活德育理论认为社会生活是道德的起点，学生的道德发展只有通过社会生活才能实现。只有通过社会生活中，学生对道德困惑、冲突和挑战的认识，对道德的体验与感悟才能更真切。也只有在生活中，才能够真正激发学生主体性，激发学生的道德情感，道德意识才能真正内化，道德水平才能不断提高。德育回归生活世界，主要途径包括：一是体现学生是生活的主人；二是设计生活化德育课程；三是全面观照学生的生活空间。生活德育观对高校德育的启示在于：生活是道德教育的起点，引导学生过有道德的生活是德育的目标，在一定程度上解决了本书对传统德育的反思。但生活是一个大概念，既包括学校生活，也包括校外生活、日常生活、学习生活、家庭生活等，生活是道德外化的基本途径，是大概念的生活。德育作为一种价值引导活动，是教育环境的一种创造。高校的德育环境，主要是学校生活。因此，生活德育在高校难以实施，生活德育的理念先进与生活德育范式实施之间存在着一定矛盾。

交往德育认为，在德育活动中，要重视师生间的平等交流，为高校德育向外化德育转向提供了师生关系借鉴。

交往德育观用"交往"来关注德育过程，认为德育是通过师生、生生、师师的交往和人格精神的相遇及意义关系的建立来实现的。基于这样的理念，交往德育的基本框架是[①]：一是德育的过程是以文化力推动师生在交往中对话，通过理解、生成而实现精神世界的觉醒、共享的"体道"过程。它包括对话、理解、生成和共享等阶段；二是德育的主要方法是交往，采用间接德育模式（即通过人文学科等非专门的德育学科和交往实践活动等方式）较多，强调德育内容显示的隐蔽性和交往性；三是在德育的内容和形式上，注重发展学生的道德反思、道德判断、道德选择、道德创新能力和道德交往能力。主张排斥灌输的教育方式，在交往中培养和增强道德能力，在交往中学会交往；四是在师生关系上，强调师生关系是主体间的交往关系，即主体间性（或主体际）关系，把这种关系扩展到学生生活的各个交往领域。进而强调要将师生作为有情感有个性、有自我追求和不断觉醒的具体人来看待，而不能将其视作物般的、被动的、消极的"客体"，师生关系是建立在共同的中介客体基础之上相互理解的、互助合作的主体间性意义关系。交往德育观对高校德育的启示在于：将交往

---

① 参见彭未名《交往德育论》，山西教育出版社2005年版。

作为个体道德生成的动力和方式，超越了灌输德育，将德育根治于师生的交往之中。同样可以肯定的是，交往可以促进道德外化。但交往德育只能作为一种理念，它所能给出的，更多的是对德育、对师生关系的一种观点和理解方式。

另外还有情感德育①、人本德育②等，都从不同视角对改进德育进行了论证。情感德育认为，道德和道德教育是人的一种极其复杂的文化活动，是人的精神实践方式，是人经历道德学习、引发精神发育和成长的生命过程。德育的对象是人，人是一种复杂的存在，人与动物的其中一点区别在于人具有主观能动性，人渴望自我实现，而情感德育关注的最重要一点恰恰是引导人们享受生活、滋养人性，促进实现自我生命价值。人本德育认为，德育应以人为本，即德育应以对人的深刻理解和研究为出发点，在德育过程中贯彻人本理念和人性关怀，最终目的或者主要价值是促进人的德性发展。

可以说，不同的德育理论，都对传统德育提出了挑战，对高校德育外化转向都具有积极的借鉴意义。首先，认为德育不能同单独的传授道德知识相等同，用智育的方式、途径开展德育不会有好的效果；其次，道德知识、道德情感和道德行为不能割裂，德育要培养的是有道德的人，引导学生过有道德的生活，而不是对其中某一因素的强调；再次，德育不能漠视学生的主体性，要充分发挥学生在德育中的主体作用。最后，由于研究视角的限制和对某一重点的强化，使这些理论在研究德育过程中对道德外化的关注仍然不够。用这些理论指导高校德育实践，有很多值得借鉴的地方，但同时也需要改革和创新。

（二）以道德外化为视角的高校德育转向

1. 高校德育着眼点转向道德外化

联合国教科文组织认为，"把一个人的体力、智力、情绪、伦理各方面的因素综合起来，使他成为一个完整的人"③是学校教育的职责。完整的人是以品德发展为内核和基础的。它与人的智力、体力、审美等各种素

---

① 参见朱小曼《情感德育论》，人民教育出版社2005年版。
② 参见袁本新、王丽荣等《人本德育论》，人民出版社2007年版。
③ 联合国教科文组织国际教育发展委员会著，华东师范大学比较教育研究所译：《学会生存——教育世界的今天和明天》，教育科学出版社1996年版，第193页。

质一道构成一个完整的人。没有品德的发展，一个智力再好，身体素质再优秀的人，也不是一个对社会有用的人，更不是一个完整的人。因此，品德生成作为学校教育的任务之一，应该是学校教育的一个重要关注点。长期以来，由于受应试教育的影响，德智体美，在不断变化的应试体系中，始终只有学生的品德较少出现在应试考核体系之中。教育部门对德育的考核，只是简单的德育条目的考核，使德育考核淹没在其他体系之中。德育考核针对的主要是学校德育工作，而不是学生的品德生成。因此对于多数学校德育来说，主要关注点是如何做好德育工作，而不是如何促进学生的品德生成。学校对学生品德生成关注的缺失，是当前学校德育存在的主要问题。

一个人的品德生成会影响他的一生。一个学生要在学校度过漫长的生命成长历程，学校应该为学生的这种经历提供一种良好的道德成长环境。培养学生的品德，引导学生过有道德的生活，应该是学校德育的主要职能之一。古德莱德在《学校的职能》中说，学校应该通过"专注于做出有意识、系统和长期的努力"，培养学生"那些在人文思想与教育目的中长期被颂扬的、增加个人敏感性的素质"。[①] 可以肯定的是，在这些素质中人的品德发展是很重要的内容。然而，培养完整的人的学校德育，却在知识主义教育的背景下成为一种理想化追求。正如鲁洁所言，"只要有学校存在，就离不开知识的学习和传授，这也可能是为大家所公认的。引起当今学校教育面临重重危机的决不是它承担起了传授知识的任务，而是在于它致力于塑造一种知识人。"[②] 在此目标下，知识的学习在各种体制和制度的支配下，已经成为支配学生生活的全部目的。在知识主义教育背景下的学校德育，体现为一种知性德育，即将德育以体系化的道德知识作为载体，认为德育主要是传授道德知识。知性德育的任务就是向学生传授系统的道德知识，以完成人的德性建构。知性德育有着渊远的背景，可以说人类道德发展历史始终与知识为伴。从苏格拉底"美德即知识"的命题、亚里士多德"求知是人类的本性"、柏拉图知识化的理想国，到近代"知识就是力量"，都认为美德需要教育。不可否认的是，人们普遍认为，道德就存在于关于道德的知识体系之中。知性德育主宰了当今的学校德育，

---

① ［美］古德莱德：《学校的职能》，赵晓燕译，甘肃文化出版社2005年版，第126页。
② 鲁洁：《道德教育的当代论域》，人民出版社2005年版，第273页。

正如凯洛夫所说:"学校在用知识武装新生一代时,就形成了学生的世界观和道德面貌,培养了他们的共产主义行为习惯。"①

真正意义上的德育,应该既包含外在的道德规范的学习,也包含内在道德精神的培养;既要涵盖道德知识的教授,又要统摄道德情感和道德行为的培育。知性德育只注重关注外在道德规范的学习和道德知识的教授,显然离真正意义上的德育要求甚远。在学校德育改革的进程中,学校德育虽然力求突破知性德育的限制,围绕如何使外在道德规范内化为学生的道德精神和道德意识做了很多努力,但成效并不明显。因为,学校德育改革关注点虽然由道德知识和道德规范转向了道德精神和道德意识的培养,但由外到内,提升学生个体道德的"德性",重视的是道德内化的过程,而道德精神和道德意识转化为具体的道德行为,即"德行",还需要一个外化的过程。也就是说,学校德育改革突破知性德育的限制,更多地关注了"道德内化"上,而缺乏对"道德外化"的关注,使德育"重知少行"仍然是一个普遍状态。也因此,在德育改革的进程中,学校德育无论使用怎样的载体,采取什么样的模式,都不会达到理想的效果。因为从本质上来说,学校德育的关注点没有变化,只关注"道德内化",即使德育实施怎样的变革,仍没有完全突破知性德育的传统。因为只关注"道德内化"的德育强调的仍然是学生是不是一个"道德人",而这个"道德人"中有道德知识也是应有之义。

学校德育关注"道德内化"的传统由来已久,这一点可以从德育概念的变化上看出。从"德育即是将一定社会或阶级的思想观点、政治准则、道德规范转化为个体思想品德的教育活动。"②到"把特定社会的思想和道德规范内化为受教育者的思想意识和道德品质的过程"③,再到"促进个体道德自主建构的价值引导活动",不同时期德育概念是不同的。张家生专门就德育的概念进行考查,认为"德育就是根据被教育者的需要和特点进行操作演示以熏陶涵养被教育者,被教育者通过模仿仿效教育者和练习模仿仿效的内容而对自然与社会的客观原则(即道)有所理解和遵循(即自化)的活动。"④由德育概念的发展可以看出,传统德育主

---

① [苏联]凯洛夫著:《教育学》,沈颖等译,人民教育出版社1957年版,第224页。
② 胡守棻主编:《德育原理》,北京师范大学出版社1989年版,第20页。
③ 孙喜亭:《教育原理》,北京师范大学出版社1993年版,第290页。
④ 张家生:《德育的概念》,《四川师范学院学报》(哲学社会版)1998年第5期。

要是以社会价值为取向，偏重对作为规范体系的道德的把握。从转化，到内化、建构，德育概念中关键词的演进，实际上反映了人们对德育价值的认识和选择，强调的是个体思想意识和道德品质的提高，即外在的道德规范如何内化为人自身的一种稳定的道德结构，道德显现为德性。德育是致力于发展人的品质的教育活动。实现完善的道德自我，既包含内化德性的要求，更包含外化德行的要求。一个在品德生成过程中不能顺利外化，知而不行的人，不能算是实现了完善的道德自我。德育只有将目标定位为受教育者完善道德自我，既关注道德内化，又关注道德外化，才是真正从人的角度实现德育的价值。正如鲁洁所言"道德教育的终极意义、归宿价值还表现在它要使人回归为一个真正的人。道德教育晓人以生活的意义，……它提高人的精神生活的内涵与层次，使人不断得到提升，人性得到充分弘扬"①。

高校德育是学校德育的重要组成部分，也是学校德育的最后一环。尽管高校受应试教育的影响相对较小，但并不代表高校德育完全摆脱了知性德育的影响。以道德内化为视角的高校德育，德育目的是受教育者思想意识和道德品质的提高，核心关注点是个体的德性形成和发展，强调的是通过环境的影响、教育的引导，以及理性的体认、情感的认同和自愿的接受，外在的规范逐渐融合于自我的内在道德意识，并在道德实践中凝化为稳定的德性。尽管它也关注个体的道德外化，但关注是隐性的。也因此，以道德内化为视角的高校德育，并没有完全摆脱传统德育的影响：一是德育对"行"的关注不够。德育强调的是外在的思想观点、政治准则、道德规范如何转化为个体思想品德，主要是关注学生是否接受了社会的道德规范和价值要求，本质上是对学生品德的塑造，对于德育能否促进学生的内在的思想意识和道德品质转化为"行"，即真正意义上的外在的道德行为，引导学生做一个真正意义上有道德的人，则关注不够。德育对道德外化的关注，始终是隐性的。二是德育对个体价值关注不够。以内化为视角的德育强调学生个体内化"德性"，即做一个有道德的人。但有道德的人，体现的是特定社会和阶级的道德，学生个体要内化的特定社会和阶级的思想观点、政治准则、道德规范，强调的是德育的社会价值。德育的社会性压制了其个体性。三是德育没有完全脱离灌输和传授的方法的影响。

---

① 鲁洁：《德育社会学》，福建教育出版社1998年版，第33页。

从抽象的概念出发，道德学习变成概念学习，贯穿德育过程的是接受知识、形成概念、记忆规范。传统德育的方法对高校德育的影响无处不在，德育实践上脱离生活世界。学生在教师理智的"他律"下被动内化道德规范。以道德内化为视角的高校德育，更多关注的是如何将社会规范的要求，即"社会需要我这样做"，内化为个人品德的自觉提升，即"我要按照社会规范的要求去做"。

以道德外化为视角的高校德育，既是对当前学校德育对道德外化关注的改进，也是实现人的道德发展的必然要求，除了强调学生思想意识和道德品质的提高外，更多的是关注学生是否主动将内在的道德意识转化为外在的道德行为，做一个真正有道德的人，将关注点由"我要按照社会规范的要求去做"更进一步，成为自觉的道德行为，即"我已经按照社会规范的要求去做"。同时，也实现了德育社会价值和个人价值的统一。因此，与以道德内化为视角的高校德育相比，以道德外化为视角的高校德育，将对道德外化的关注从原先的隐性关注转为直接和明确的关注。

需要指出的是，高校德育视角向道德外化的转向，并不是对传统德育的否定，更不是要否认德育对道德内化的关注。以道德外化为视角的高校德育是以个体的道德外化为核心，通过对以道德内化为视角的高校德育的改进和超越来重建高校德育，由过去对道德外化的隐性关注转为直接关注，由不重视转为重视，强调在德育过程中着重促进学生道德内化和道德外化的统一。高校德育不仅要通过道德内化实现社会道德规范内化为学生德性，更要通过道德外化，将内在的思想意识和道德品质转化为道德行为，并形成行为习惯，使学生真正成为一个道德人，过有道德的生活。

2. 实践是以道德外化为视角的高校德育转向的逻辑起点

"实践是在人的理性指导下的感性活动，一切实践都是人的实践，一切实践都是为了人，实践的过程就是一个通过改造外在世界以达到改造内在世界之目的的'成人'的过程。"① 在解读道德外化的思维路径时，本书认为，实践是学生道德认知、道德情感和道德行为的主要途径。道德外化是与改造客观世界紧密相连的改造主观世界的实践活动。道德外化的实践，不仅体现在道德外化的结果表现在行为实践上，检验道德外化是否完成也必须看其行为实践，而且还表现在道德外化的基础亦是实践活动。在

---

① 张伟胜：《实践理性论》，浙江大学出版社2005年版，第4页。

道德外化过程中，个体内化的道德认识需要在实践中验证和加深，道德情感需要在实践中陶冶，道德信念需要通过实践形成和巩固，道德意志需要在实践中锻炼，行为习惯也需要在实践中养成。总之，实践是道德外化的途径。因此，实践性是道德外化的一个根本特征。离开了实践活动和整个实践背景，道德外化就不可能实现。

　　实践是转向的逻辑起点符合道德的本质。决定道德区别于其他社会意识形态的根本特征是实践。亚里士多德在《尼各马可伦理学》中提出，"灵魂的善就是灵魂的现实活动"，"品质的现实活动是必然要行动"，他主张，在教育儿童过程中，应该把功夫用在他们的习惯方面，而培养儿童的习惯的方法就是实践。亚里士多德的论述明确揭示了道德的实践品性。康德亦认为，道德是一种实践理性，道德是为理性自身的规律所决定，而不受任何个人欲望影响的自由意志行为。在他看来，道德在本质上是实践的。尽管他的实践理性还带有一定的虚幻色彩，但并不能掩盖实践是道德的本质。杜威提出道德教育的目的是培养学生的"道德观念"。在杜威看来，"道德观念"能见效于行为之中，并使行为有所改善。没有实践的道德只能是"关于道德的观念"。麦金泰尔更是详细论述了实践和美德的关系，在他看来，对于美德的界定和解释，必须要参照实践概念。美德第一阶段的核心观念是善，一种品质之所以成为美德，正是因为符合了当时的社会历史实践。美德作为一种获得性品质，是通过人的实践活动历史地、社会地形成的。他认为，实践是"任何连贯的，复杂的并且是社会性地确立起来的，协作性的人类活动形式，通过它，在试图获得那些既适合于这种活动形式又在一定程度上限定了这种活动形式的卓越标准的过程中，那种内在于活动形式中的利益就得以实现，其结果是，人们实现卓越的力量以及人们对于所涉及的目的与利益的观念都得到了系统的扩展"[①]。麦金泰尔进一步认为，只有追求"内在利益"的实践，才能使人形成美德，而"内在利益"只能通过某种实践活动获得。我国伦理学中关于道德的定义，也都强调道德的实践属性。如李春秋主编的《新编伦理学教程》认为："道德是一种以指导行动为目的、以形成人们正确的行为方式为内容的精神，因此它又是实践的。"道德"不仅仅是价值，更是实现价值的行动，是有目的的行动"，"实践精神要成为道德的，就必须转化为一定

[①] 转引自秦越存《追寻美德之路》，中央编译出版社2008年版，第144页。

目的和在这目的支配下的行动"①。

按照马克思的观点,实践是人的对象化活动,是人的本质性确证。人的实践活动有两个尺度,一是主体的尺度,一是客体的尺度。任何人类的活动都是这两个尺度互相渗透、互相作用的过程。道德就内在地存在于人的实践活动中,并成为人的实践活动的中心内容。"道德通过对实践主体所从事的行为目的、动机、手段、选择,通过对行为效果、从事活动的社会关系状态评价,以及通过主体行为态度的作用,而获得实践的品性,并渗透、存在于实践的全过程,与此同时,使实践成为人的活动。"② 由此看来,实践是道德的本质。道德生成和道德生活离开实践,就与道德的本质要求相悖。

以道德外化为视角的高校德育转向,强调的是德育过程中,学生通过道德外化,将内化的思想意识和道德品质转化为道德行为,并形成行为习惯,使自己真正成为一个道德人,过有道德的生活。在内在的思想意识和道德品质外化为道德行为这一"由内到外"的转化过程中,道德实践可谓是由德性转化为德行的"行善过程",是德性的内隐状态到德行的显现状态的外在标志。可以说,没有实践活动,学生内化的思想意识和道德品质将永远停留在内隐状态。具体讲,实践是学生的内化阶段的道德品质(德性)在具体道德环境中的践履和印证活动,是包括道德选择、交往、评价及道德行为在内的具有实践特性的道德活动在内的现实行动过程,实践是"由内到外""由理论到实践""由内化到外化"的唯一手段,是个体的内在德性转化为实际道德行为的唯一实现方式。以道德外化为视角的高校德育建构,核心是学生的道德生成,引导学生过有意义的道德生活,主要关注的是学生是否由内化到外化,是否将内隐的道德品质外化为实际的道德行动。而这一关注点,如果没有实践的作用,则没有现实意义。因此,实践作为基于道德外化的高校德育转向的逻辑起点符合道德的本质要求。

实践是转向的逻辑起点符合高校德育的实际。"实践"并不是一般意义上的"活动",而是有意识、有目的的实践活动。因此,实践作为以道德外化为视角的高校德育转向的逻辑起点,可以在高校德育实践中做到

---

① 李春秋:《新编伦理学教程》,高等教育出版社2002年版,第33页。
② 高兆明:《伦理学的理论和方法》,人民出版社2005年版,第37页。

三个统一。第一，德育目标社会价值和个人价值的统一。以实践作为转向的逻辑起点，决定了必须将实践道德生活作为德育的目标，这与高校德育的社会目标并不矛盾，二者是统一的。任何德育总是受一定社会和一定阶级价值引导的。"促进大学生全面发展，将其培养成为建设中国特色社会主义事业的合格建设者和可靠接班人。"是当前高校德育的社会价值。在这一价值中首先是学生的全面发展，而全面发展必然包含着个体道德的全面生成，也包含着实践道德生活，过有道德的生活，缺乏这种意义的全面发展，不是真正意义上的全面发展。第二，教师主导作用和学生主体作用统一。如前所述，高校德育体现了一定社会或一定阶级的价值要求，是教育者主导组织的教育活动。具体讲，"培养什么人、如何培养人"的问题，必须有教师的主导作用才能更好实现。因此，在高校德育的实施过程中，除了学生的主动参与外，教师要积极发挥主导作用，使学生道德的发展在教师能够主导的实践中进行。教师主导作用和学生主体共同发挥，决定了实践的方向，即高校德育的社会价值这一方向。第三，"实践"与"活动"的统一。马克思主义的"实践"概念是在"活动"概念的基础上发展起来的。在高校德育实践中，活动是一个经常出现的概念，但二者不能混淆。高校德育"实践"不是单纯的活动，要排除两种活动：一是内部的心理活动和精神活动。因为内部的心理活动和精神活动如果不与外部世界结合起来，对培养学生的德行意义不大，也就不具有实践意义；二是与行为主义的机械外部活动类似的活动。因为单纯的机械外部活动，不能打动人的内心世界，也就不具有实践性。在高校德育现实中，包含着很多活动，如学生活动、校园文化活动、社团活动、课外活动、文体活动、科技活动，等等。实践是活动，它包含日常人们对活动的通俗理解，但并不是所有活动都具有实践性。"并非所有的外部活动都具有道德教育的功能，都能影响人的道德意识和行为。"[①] 学生只有参加那些有意识、有目的的，将"德知""德情"与"德行"整合在一起的实践活动才具有德育的意义。因此，以实践作为以道德外化为视角的高校德育建构的逻辑起点，可以做到实践和活动的统一。

目前，高校德育实效性差一定程度上是理论研究和实际工作的关注点。学生在道德实践中不能顺利将道德知识和道德判断转化为道德行为，

[①] 戚万学：《活动道德教育模式的理论构想》，《教育研究》1999年第6期。

以至于知行脱节、知行不一。造成这种状况的原因有很多，但其中很重要的一点就是高校德育只重视了道德知识的传授和道德思维能力的培养，而忽视了通过道德实践来实现学生的道德知识外化为道德行为，引导学生过有道德的生活。可以说，学生对道德知识的掌握"讲起来头头是道"，该做什么，不该做什么，并不陌生，但实际做起来，与道德的要求相去甚远。学生是否真正内化了道德规范和道德意识，处在一个隐性状态，即可能有的学生是没有将道德知识和道德规范内化；有的已经内化，但还不能顺利外化为道德行为。因此，高校德育要使学生知行统一，必须重视学生的道德实践，将实践作为以道德外化为视角的高校德育转向的逻辑起点，也只有如此，才能够有效提高德育的实效性。来自实证的调查研究也证实了这一论断。陈会昌在《道德发展心理学》中引用美国当代著名心理学家尤尼斯的实证研究用以证明实践是学生德性生成的根本机制和途径。[①] 尤尼斯在青少年政治实践活动与成人期政治-道德行为关系的追踪研究认为，在10—30年以后，那些在学生时期参加过各种社会、政治和道德活动的成人，在自愿参加市政、慈善和政治协会组织的活动，以及参加选举或某种政治运动方面，积极性显著高于那些以前没有参加过活动的人。如参加1964年密西西比自由之夏活动的白人大学生样本中，25年后，参加者仍然比未参加者参加更多的政治活动；参加公民权示威活动的佛罗里达农工技术大学和州立大学的学生，10—25年后，参加者在婚姻、教育、职业、选举和社会活动中更像"理想公民"。由上述研究结果尤尼斯判断，青少年服务社会活动可以为他们提供与社会互助的实践机会，从而导致其社会责任感、使命感和道德意识的变化。对青少年参加社会实践活动对学生的影响，尤尼斯用道德同一性加以说明。道德行为与道德同一性是相辅相成的，道德行为促成了个体的道德同一性。既成的道德同一性反过来又促进了个体的道德行为，而这种新的水平上的道德同一性和道德行为又推动道德同一性的进一步成熟。[②] 社会实践或社会服务促使个体将自己与社会联系起来，在社会实践中体验到社会规范和价值观念，使自己意识到作为一个社会成员的责任和义务，从而产生强烈的社会责任感并进一步认定特定的社会价值观。实践对于高校德育的重要性，国内也有人专门做

---

① 陈会昌：《道德发展心理学》，安徽教育出版社2004年版，第204—227页。
② 转引自杨韶刚《西方道德心理学的新发展》，上海教育出版社2007年版，第341页。

过调查，验证了实践对学生品格具有积极的影响。曾克强在《基于大学生品格培养的社会实践研究》中，曾针对湖南省内六所高校的800名在校大学生，做过一项关于实践与品格培养的问卷调查。①调查显示，社会实践与品格的各分项（道德修养、政治态度、学习目的、文明行为、劳动卫生、集体观念）以及总项都存在显著相关。因此，高校德育只有突出实践性，引导学生参加道德实践活动，在道德实践中形成和发展学生的德性，外化为道德行为，才能改变传统德育离开道德实践而通过道德思维训练发展学生德性的做法。也因此，实践是以道德外化为视角的高校德育转向的逻辑起点。

二 高校外化德育的建构

高校外化德育，就是以道德外化为视角的高校德育转向的具体策略。即高校德育以道德外化为视角，具体的德育过程以实践为基础，包括目标、途径、师生关系、评价在内的能够有效促进学生道德外化的德育实施方案。高校外化德育较之于传统的内化型德育模式，不仅仅是德育方法的改变，更强调学生主体性的发挥，强调师生关系的改善。特别是在具体的德育过程中，不仅强调个体品德生成的内化阶段学生怎样内化道德观念形成道德意识，即知道"道德要求怎样做"，更关注个体品德的外化阶段，即学生"我要按照道德的要求去这样做"，学生通过德育活动能够将内化的道德观念和道德意识外化为具体的道德行为，德育目标由强调"德性"到强调"德行"。

（一）德育目标：凸显主体道德外化

如前所述，高校德育要引导学生实践道德生活，过有道德的生活。"实践道德生活是德育的最根本、最终的、最高的目标，德育目标本质上是实践的……"②毋庸讳言，把培养"实践的人"作为德育的目标表明，高校德育的根本在于使学生在实践中生成道德，做一个道德人，过有意义的道德生活。通过道德实践所形成的道德主体，是既内化了道德观念和道

---

① 曾克强：《基于大学生品格培养的社会实践研究》，硕士学位论文，中南大学，2009年，第39页。

② 范树成：《当代学校德育范式转换与走向研究》，人民出版社2011年版，第213页。

德意识，又能自觉外化为道德行为的真正意义上的道德主体，是真正的"道德人"，而非"道德知识的专家"。高校德育目标，不单纯是道德主体能在生活中享有道德，更重要的是将道德作为一种实践方式。而这种实践方式，必须凸显道德外化。

1. 将道德作为一种做人、成人的实践方式

道德不是通常所认为的仅仅发生在个体身上，仅仅是个体的修养，它更是发生于社会共同体，是个体道德和社会道德的统一。道德如果仅仅是个体的修养，也就失去了其实践的价值。那么，作为实践意义上的道德，就必须依托实践由意识变为具体的现实活动，正如亚里士多德在《尼各马可伦理学》中指出"灵魂的善就是灵魂的现实活动"，"品质的现实活动是必然要行动"。在由意识变为具体的现实活动过程中，内在的包含着道德主体的目的、动机、手段、态度、行为、彼此关系的评价等道德因素。这样，道德在这一过程中，赋予这些具体的转化活动以道德价值，使这些活动合乎人性并且是为了人自身。在高校德育实践中，学生道德的着眼点是人如何成为人、人与人如何相处，是一种做人、成人的实践方式。同样，高校德育实践中，学生的道德品质、彼此之间的道德关系、学生总体道德状况均不能脱离实践而单独存在。学生的道德品质、彼此之间的道德关系、学生的道德状况同样是学生的做人、成人的实践方式。没有道德外化，学生的道德体现在德性的内隐状态，就不能和周围的人道德地相处，也就无所谓道德。因此，将道德作为一种做人、成人的实践方式，是高校外化德育建构德育目标的内涵之一。

将道德作为一种实践方式，使高校德育走出工具性、功利性和形式化的误区。一方面，过有意义、有道德的生活，是高校德育追求的目标，主要标志是学生践行了德知，愿过、会过有道德的生活；另一方面，在社会生活中，每个人都通过道德的生活方式，与人交流，共同生活，这也是高校德育追求的目标，主要标志是学生以道德的方式与人相处。可见，高校德育追求的目标和学生个体追求道德的目标不是对立的，而是价值的高度统一。现实德育中，道德实践往往带有功利性、工具性的色彩，道德实践中的"实践"是工具和手段，而不是目的，为的是将学生培养成为某种带有功利目的的主体。而凸显道德外化，将道德作为一种实践方式的高校德育，"将道德实践既看做是形成道德主体的手段，更将道德实践本身看

做是目的。"① 以此为目标的高校德育，将道德作为一种做人、成人的实践方式去追求，能够更好地发挥德育过程中教师的主导作用和学生的主体作用。一方面，教师按照道德实践目标的要求，设计和组织学生的道德实践活动，引导学生积极参与道德实践；另一方面，学生从自身个人道德需要出发，积极主动参与活动，努力实现道德自我生成，从而使德育真正摆脱了功利化和工具化的阴影。

2. 将道德作为一种自觉、自律的实践方式

在实践活动中，个体外在道德规范的内化，以及选择道德行为方式和道德行为的外化，是个体自觉、自律的选择。从这个意义上说，道德就是个体在一定道德环境下的恰当行为能力。将道德作为一种自觉、自律的行为方式，既包含个人的良心和意志的自律，也包括在道德实践中对道德方式自觉、自律的选择，即行为的选择总是涉及预测、评价、比较、鉴别等，以此避免选择的盲目性，是一种理性的选择。因此，将道德作为一种自觉、自愿的实践方式，同样是高校外化德育目标的内涵之一。

将道德作为一种自觉、自律的实践方式，使高校德育真正成为一种主体性德育。学生是实践的主体，过有道德的生活是学生自愿做出的选择，教师在其中只能发挥引导作用，而不能替代学生实践道德生活。学生通过实践道德生活，选择一种自觉自律的实践方式，既能主动进行道德认知，更能主动进行道德实践，在道德实践中形成"知行统一、言行一致"的良好品质。需要指出的是，学生自主选择的这种实践方式，是学生在实践的基础上选择的，包含着自律、理性等因素在内，具有鲜明主体性特征的选择。正因此，高校外化德育成为一种主体性德育。

由此可见，高校德育外化，是凸显主体道德外化的德育。凸显道德外化既是德育的目标，也是一种生活方式和一种价值追求。因此，高校外化德育是对知性德育和内化型德育的真正超越。

（二）德育方法途径：道德外化实践

在道德外化的影响因素研究中，本书认为，个体心理、社会环境、道德教育等都会对道德外化产生影响。而道德教育，能够通过创设有利于道德外化的环境，变其他影响因素中的不利影响为有利影响，促进道德外化

---

① 范树成：《当代学校德育范式转换与走向研究》，人民出版社2011年版，第215页。

实现。高校外化德育要求通过一定的方法和途径，创建有利于学生道德外化的环境，促进学生在实践中生成道德。一是要通过课堂、活动和社会实践等有效载体，激发道德需要，培育道德情感，拓展实践空间，以创建有利于道德外化的环境；二是要通过网络、制度等载体，发挥隐性德育资源的作用。

1. 课堂教学激发学生的道德外化需要

在高校，思想品德课目前仍然是学生接受德育的基本形式和主要载体之一。而且部分高校为了体现对道德教育的重视，将思想品德课作为闭卷考试的科目，以此考试方式强化学生背诵和记忆相关的道德知识，如果考试不合格还要参加补考。可以说，这样的思想品德课教学与学生的需求还有一定的差距。笔者针对《思想道德修养与法律基础》课程在学生中做过一个调查，参加调研的有学生300人，涉及文史类、理工类共6个专业，回收有效问卷294份。在大学生中开设思想道德修养课的必要性（单选）选项里，认为很有必要112人，有必要105人，不太必要53人，没必要23人；在对这一课程的总体印象（单选）中，认为非常满意17人，满意54人，较为满意80人，不太满意98人，不满意44人；在思想道德修养课逃课原因（多选）中，认为有比课程更重要的活动119人；对内容不感兴趣111人；教师的原因32人；与自身道德实践关系不大53人；情感上不能打动我64人。调查显示，74%的学生对课程开设的意义是认可的，认为这一课程是帮助学生提高自身修养，迈向大学第一步的一门重要课程。但是，学生对课程开设的现状不太满意，这样的学生能够达到48.4%；学生对课程的不接受，主要是课程和学生的思想实际有一定距离，难以引起学生的共鸣。事实上，学生中绝大多数人并不缺乏对道德规范知识的理解和记忆，甚至认为自己对有关道德规范"很了解"，其原因是"因为我基本上都知道""我每次考试基本都能拿八九十分"。但是，熟记的道德知识却不一定形成道德信仰，有相当多的学生觉得"体验不到道德对自我存在的价值及意义"，富有的"关于道德的观念"也不一定产生道德情感，许多学生说自己"很少感受到现实生活世界中道德关系和道德的意义"①。

思想品德课要做到激发学生的道德需要，必须紧密联系社会实际，联

---

① 刘惊铎：《道德体验论》，人民教育出版社2003年版，第101页。

系学生的思想实际。一是内容来自学生的道德实践。思想品德课教学内容主要是以基本原理为主要内容的知识体系、以现实生活为问题导向的实践案例、以思想主题为主要框架的课程结构。理论本身高于实践、高于生活，其固有的特性使思想品德课学生学习的兴趣不高。如果就理论讲理论，内容和学生道德实践相去甚远，内容不是来自学生道德实践的课程，难以引起学生共鸣，难以使学生接受，因此在课堂上学生是一种被动的学习状态。缺乏学生实践的思想品德课，不论采取什么方式进行课堂教学，都不可避免要陷入灌输的境地。二是内容能够指导学生的道德实践。如思想品德课要涉及理想教育，但并不是遥不可及的理想教育；思想品德课也要涉及榜样教育，但选择的榜眼不能是高不可攀的榜样。理想教育和榜样教育，必须是和学生道德实践相契合的。思想品德课不能让学生进行道德纯学理的研究，要将能够指导学生道德实践的内容纳入课程体系，如能够激发学生的想象力和道德情感，能够帮助学生在思考和辨析中提高道德判断能力，达到更高的心灵境界的相关内容。内容不是来自学生的道德实践，也不能指导学生道德实践的课程，把教学内容和学生的实践生活彻底割裂开来，把学生限制和束缚在书本世界之中。这种课程忽视了学生的自身经验和生活实践，向学生灌输的是来自书本和教师关于道德的间接经验，激发不了学生的道德需要，只能使学生成为"课程"的关注者。这样的课程毫无生机和活力，自然是缺乏成效的。世界各国将学生的道德实践引入课堂教学中的例子并不少见，如"美国顶尖大学的课堂对笛福笔下的鲁滨孙（又译鲁滨逊）特别感兴趣，常常要求学生设想如果自己处在鲁滨孙的环境下，应当怎样解决面临的各种问题。许多经济学、社会学、法学和政治学的理论就是从对鲁滨孙的讨论开始的"[①]。英国学校为发展学生的参政议政能力，将地方、国家和国际的民主制度引入课堂进行讨论，并在课后让学生深入社区进行调研。因此，思想品德课程要取得实效，就要关注学生的实践生活，重视学生从实践中获得的直接经验，彻底打通书本世界和生活实践的界限。但是，课堂教学内容的实践性要注意两个极端：一是只重视直接经验的关注，放弃间接经验，将思想品德课变成道德实践训练营，将道德知识排斥在外，缺乏理论的应有总结和课程的系统性；二是直接经验和间接经验缺乏有效的融合，不能把理论观点的阐述

---

① 秦春华：《三个弊端严重影响高等教育质量》，《光明日报》2015年10月13日。

寓于实践生活和学生道德实践之中，存在两张皮的现象，让学生左右为难，不知所以。

除了思想品德课外，高校各门课程都是思想道德教育的隐性资源。各专业教师在传授学生专业知识的同时，要善于挖掘本学科内在的道德价值，善于在教学内容中涉及活的道德经验和道德案例，把相关的知识概念和学生的道德生活结合起来，将基本知识和学生的道德实践案例结合起来，切实增强课堂教学内容的生动性和感染力，通过激发学生的道德需要，为学生道德成长创造环境。

2. 实践活动拓展道德外化途径

实践是道德外化根本途径。通过开展行之有效的实践活动，包括第二课堂的校园文化活动和第三课堂的社会实践活动，从而拓展学生道德外化的途径。

校园文化活动对培育学生的道德情感具有积极意义。"校园文化是学校师生在长期的教育实践过程中所创造的，具有校园特色的文化活动、规章制度和文化环境，以及反映师生共同信念和追求的校园精神的总和。"① 关于校园文化，其内涵和外延针对不同的研究是不同的，本研究所指的校园文化活动，是针对狭义的校园文化而言的，专指以高校学生为主体创造进行的校园课外文化活动，即"第二课堂"活动。高校在人才培养的过程中，因为历史沉淀和办学模式的不同，形成了各具特色的校园文化。高校外化德育的建构以校园文化活动为载体，主要是通过发挥校园文化的育人功能，培育学生的道德情感。高校要积极引导和支持学生开展校园文化活动，使学生在活泼、自由、更宽松的环境中体验到课堂教学不涉及的道德知识，培育道德情感。重点是做到：一是要在形式上明确校园文化的导向性，营造积极健康向上的校园文化氛围。校园文化活动中的一场课外学术报告，校园歌手大赛、街舞大赛、辩论赛等竞技性的各种比赛以及各种社团的文化活动，都是学生道德形成的环境，表面上是一场场文化活动，实际上是一次次道德体验活动。学生在活动中可以加深感情，形成共同的价值观；二是在内容上要有教育性，给学生一种选择和体验。校园文化在一定程度上反映着学生的价值取向、思维方式和行为规范，也可以说是维系学校一种精神力量。营造奋发向上的校风、创建健康优美的环境、建立

---

① 路琳主编：《校园文化与高校德育》，河南人民出版社2000年版，第11页。

规范有序的秩序、构建和谐民主的人际关系、开展丰富多彩的文化活动都属于校园文化的范畴。而其中，文化活动是校园文化的重要内容。相对于课堂教学这种共性的教育活动而言，文化活动可以使学生充分施展才华，发展个性，让学生在活动中增强一种体验，为道德生成积聚情感力量。可以说，在校园文化看似简单的唱歌跳舞背后，健康、高雅、生动的文化活动就形成了"校园共同体验营"，通过各种活动，发展兴趣爱好，发挥特长，并在各种创造性活动中挖掘个体的潜能。这种教育的作用对其道德习惯和道德信念的形成是不言而喻的。

笔者所在的单位，近年来一直探索开展"通过仪式教育加强对青年学生的思想引领"校园文化精品活动，将仪式教育融入德育中，将传统的说教德育转化为学生的一种亲身体验，使学生能够获得一种陶冶和幸福的内心体验，在潜移默化中受到教育，增强了教育效果。学校紧密结合青年学生的实际特点，积极探索并不断完善"青年学生五四集中宣誓暨向优秀校友雕像献花篮仪式""大学生国旗队历史纪念日主题升旗仪式""青年马克思主义者培训班参训大学生宣誓仪式""青年学生团员骨干重温入团誓词宣誓仪式"四个仪式教育的载体，有效扩大仪式教育的覆盖面和影响群体，形成仪式教育对青年学生教育引导合力。如"传承五四精神，共圆青春梦想"青年学生"五四"集中宣誓暨向邓颖超雕像敬献花篮仪式，就是针对政治信仰教育和爱国主义教育设计的。活动当天，在广场参加集中宣誓活动的是学生党员、团学干部及青年马克思主义者培训班学员近 2000 人。现场活动分为五部分：一是大学生国旗队引领国旗、团旗入场；二是现场师生齐唱国歌；三是师生代表向邓颖超雕像敬献花篮；四是全体学生集中宣誓——《青春的誓言》；五是全体宣誓学生共唱《歌唱祖国》。在仪式的敬献花篮环节，大学生国旗队员列队将写满怀念与敬仰之情段联的花篮护送至校园中的邓颖超主题雕像前，师生代表一同上前扶正花篮。在悠长而充满激情的背景音乐中，现场学生们面对邓颖超先生雕像，真切感受着五四运动重要参与者、学校著名校友的伟大精神和高尚情怀，深深砥砺着自我跃动的青春之心。在仪式的集中宣誓环节，2000 余名青年学生手臂上系上了"青春师大"和共青团团徽标志的"青春红丝带"，他们执着地举起右手，精神振奋，目光坚定，共同诵读《青春的誓言》"青春，就该勇于驰骋，无畏艰险；青春，就应勇于担当，中流破浪；把奋斗写进生命，是青春的必然。把生命写进奉献，是年轻的宣言!"他们在掷地有声的青春誓词中表达了用行动去诠释"奋进的青春最耀眼,担当青春最美丽"的信心和勇气,呐喊出了青春的最强音。同时,为了更好地发挥此项活动的教育引领效果,扩大教育范围,增强引领实效,现场集中活动结束后,全校万余名团员青年利用课前一刻钟,举办了纪念五四动团员青年集中宣誓活动。各团支部首先统一观看了学校团委制作下发的纪念五四运动宣传视频,深切缅怀彪炳史册的伟大先驱,进一步深刻理解了"五四"精神的当代内涵。随后,各团支部全体团员在团支部书记的领誓下进行了集体宣誓,在"五四"当天课前一刻钟,严肃庄重的"五四"青春宣言在全校各个教室同时响起,宣誓声此起彼伏,振聋发聩,团员青年们度过了一个意义非凡、终生难忘的五四青年节,从内心感受到了浓浓的青春正能量。"传承五四精神,共圆青春梦想"青年学生"五四"集中宣誓活动,目的就是要让青年学生牢记革命历史,感受"五四"精神,激发起强烈的爱国情怀,深刻体会青春责任与使命,面对中国梦蓝图,面对民族复兴重任,义不容辞,信心满满地擎起"五四"青春旗帜。该活动设计内容丰富,过程庄严肃穆,校园文化的育人功能发挥明显,让参与的学生受到感染,爱国主义的道德情感得到有效激发。可以说,参加这样一次校园文化活动,比课堂教学中一般性的针对爱国主义和青春责任的讲授都有用。在对参与相关仪式的学生的访谈中,几乎所有的学生都对宣誓活动印象深刻,表示通过参加这一活动受到了教育。

社会实践活动对拓展道德外化空间具有重要作用。发挥社会实践活动的作用,主要是通过实践性的德育方法,创设各种实践活动,拓展道德外化的空间。"实践性德育方法多种多样,各有各的功能和特色,但都要给学生提供时间、机会和活动情境,让学生积极主动地参与到实践活动中去,在其中进行交往、合作、操作、模拟、体验、感受、经历、劳动、探究、角色扮演,从中获知、生情、实现由德知到德行的转化。"[①] 社会实践有两层含义,一是指高校有组织、有计划、有目的地开展的一项实践活动,包括是校园志愿服务活动,如卫生扫除、美化校园环境、各种校园服务等;校外实践活动,包括志愿者活动、公益活动、社区服务等;团组织推行的寒暑假"三下乡"和"四进社区"集中社会实践活动等。二是一

[①] 范树成:《当代学校德育范式转换与走向研究》,人民出版社2011年版,第217页。

切以实践性德育方法开展的道德实践活动。本书所指的社会实践，是指以含义一为基础的，一切以实践性德育方法开展的道德实践活动。以社会实践活动为载体，可以使学生的道德实践不限定于既定的课程和特定的活动形式，在各种社会实践活动中主动参与道德活动，经受道德锻炼；以社会实践活动为载体，可以使学生的道德实践不受校园环境等场地的限制，一切和生活有关的实践场景，学校、家庭、社会，都可以成为社会实践的场地；以社会实践活动为载体，可以使学生的道德实践突破时间的限制，将一切可能的时机均变成道德实践的时间。可以说，以社会实践活动为载体，使学生的道德实践成为全时性、全域性的道德实践。

有组织的志愿者活动具有道德实践的意义。近年来，高校青年志愿者队伍不断壮大，青年志愿服务活动蓬勃开展，在全国上下营造了互帮互助的良好氛围。河北师范大学青年志愿者在长期的志愿服务实践中，建立起了以"七彩课堂，阳光支教"为实践平台的互利联动型志愿服务新模式。"七彩课堂"是将以支教为主要形式的志愿服务作为对大学生进行思想政治教育的实践平台。通过多层次、多角度、多视野的支教方式和支教内容，使高校青年志愿者和授课对象共同促进，共同成长。"七彩课堂"实践平台要求大学生志愿者以每周两天的频率定期前往农民工子女小学授课，并结合志愿者自身优势与学生需求，把课程分为七大板块，分别是：红色爱国主义教育、橙色消防安全教育、黄色学科延伸教育、绿色国旗苗苗班、青色校园行、蓝色课外拓展活动、紫色科普知识讲解。其中，红色爱国主义教育是七彩课堂教学的重要内容。主要是以爱国主义思想为核心，对孩子们的爱国主义思想进行全面辅导和体验。大学生在讲解党的历史，国家的发展的同时，产生强烈的爱国主义情怀和民族责任感，也会在无形中改进自身的思想价值观念。橙色消防安全教育是为小学生传授基本的安全消防知识；黄色学科延伸教育主要针对的是除日常课程以外的其他各色课程，包括兴趣爱好类、科技发明类以及天文地理类等课程；绿色国旗苗苗班是在大学生国旗班志愿者带领小学生熟悉一切队列队形基本要求，培训国旗班基本技术要领；青色校园行是由志愿者带领小学生去体验大学风范，感悟大学气息；蓝色课外拓展活动是由大学生志愿者定期为孩子们设置不同的课外拓展活动；紫色科普知识讲解则是讲授科普知识，共同了解科学，探索科学，积极进取。

志愿活动开展几年来，取得了良好的成效。在针对该活动涉及的一所小学"七彩课堂"活动效果问卷调查中,小学生对"七彩课堂"的认可度方面,70.99%的学生表示很喜欢志愿者老师教授的"七彩课堂",29.00%的学生喜欢志愿者老师教授的"七彩课堂",仅有0.01%的学生不喜欢七彩课堂。而在学生家长对七彩课堂支持度的调查中则显示,79.8%的学生表示家长们很支持,并且经常帮助学生一起完成志愿者老师布置的小任务;19.7%的学生回答家长们支持学生七彩课堂学习,仅有0.05%的学生表示家长不支持。目前,"七彩课堂"已服务学生3000人次,取得了良好教学成果与社会反响。这种志愿服务模式提供了为学生道德实践提供了全新的平台,使之将履行公民义务形成自然的习惯。对于参加实践活动的志愿者而言,这实际上就是一种隐形的课程、实践的课程,是课堂教学的巩固和延伸。这种新模式作为一项道德实践活动,不仅丰富了志愿服务内容,而且贴近大学生志愿者的生活实际,尊重志愿者对更高层次的自我价值的实现需求,为高校德育提供有效载体。这种新模式的推行可以有效地使大学生意识到自身的公民身份及公民责任,夯实了公民意识教育的基础。在针对参与"七彩课堂,阳光支教"活动的志愿者的访谈中,几乎100%的志愿者都表示在活动中受到了锻炼,对自身有很强的教育意义。

集中的"三下乡"社会实践活动同样具有道德实践的价值。由共青团中央等部门倡导的大学生"三下乡"社会化实践活动自20世纪80年代初启动以来,已经坚持了30多年。每年暑期和寒假,一大批大学生走出校园,走进农村、企业、厂矿,在文化、科技、卫生的发展等方面发挥作用,在社会实践中受教育、长才干、做贡献。

2006年,华中科技大学在寒假三下乡社会实践活动中,组织百名大学生为在1949年解放太原战役中牺牲的5名烈士寻找亲人,送交烈士阵亡通知书。这一社会实践活动同样取得了日常德育活动难以达到的效果。

解放军报2006年3月31日消息:[①]

> 今年春节前后,华中科技大学172名大学生踏积雪、穿山路、住农家,走遍了湖北8个县市的相关部门和120多个村庄,把5名在

---

① 辛士红等:《华中科技大学百名大学生踏上为烈士寻亲征程》,《解放军报》2006年3月31日。

1949年解放太原战役中牺牲的烈士阵亡通知书，送到了他们的亲人手中。1月份以来，他们的事迹在荆楚大地广为传颂，而且在社会各界关心下，为其余4名烈士寻亲的脚步还在继续前行。

参与寻亲的大学生说：这是一次寻亲之旅，更是一次净化心灵之旅。

学会担当责任

由于年代久远，社会变迁较大，当年的知情人相继故去，172名学子仅凭烈士阵亡通知书上的线索踏上寻亲旅程。这是一种全新的挑战，一种吃苦的历练，更是对意志力和责任心的考验。

大一学生杨真看上去脸上略带稚气，他说这次报名参加活动只是出于好奇，不料却当了个小"领导"，带着12位同学在茫茫人海中奔波，使他体会到了什么叫责任。开始他顶风冒雪，劲头十足，可是无功而返后，便没有了热情，失去了兴趣，真的不想干了。杨真对记者说，"可是妈妈不同意，说你是组长，只能带着大家干好，哪能带着大家散伙？"他咬牙坚持下来，组织同学们研究方案，联系媒体，分头实施，最终为一名烈士找到了亲人。杨真感慨："第一次承担和完成这样艰巨的任务，我突然觉得长大了，爸妈也说我变得成熟了。"

当他们意气风发地迈进大学殿堂的时候，不少人只是把自己当作"学生"，并没有意识到"责任"；有人认为"两耳不闻窗外事，一心只读圣贤书"才是大学生应有的精神追求，并没有意识到自己的双肩还要扛起"责任"这副担子。面对沉甸甸的烈士阵亡通知书，强烈的社会责任感油然而生。该校一位教授说：大学生作为思想和文化的先行者，也应该是国家和社会责任的担当者。一个牢记责任并付诸行动的人，学习才会有动力，人生才不会迷失航向。

结束采访回京，记者收到聂红波同学发来的电子邮件，他写道："当我走进社会接触百姓，看到他们生活的艰辛时，我会同情；看到社会个别不公现象时，我会气愤。我会思考这些现状存在的原因，也会在力所能及的范围尽自己的一份责任。"不少大学生坦言，有责任才会有压力，有压力才会有动力，大学生唯有积累知识，参与实践，服务社会，才能增进对党对祖国对人民的感情，才能不负重托，担当起更大的社会责任。

饮水当思源

这些大学生出生和成长在和平年代，对战争和英雄的概念只停留在对电影、电视的印象与电脑游戏的虚拟情景中。通过为烈士寻亲，他们仿佛感受到烈士冲锋陷阵的身影、视死如归的悲壮。"千万里我追寻着你，你是我的唯一。"正是在这次寻亲过程中，不少大学生校正了自己的人生坐标，崇尚英雄成为理性的价值选择。

"饮水当思源，作为大学生，我们应该怀着一颗感恩的心。因为先辈们用生命和血汗换来了今天的和平、安宁与幸福，也为我们创造了这么好的学习环境。我们没有理由不好好学习和工作。"这是崔骁凯同学的真情道白。

革命英雄主义是一个民族的精神支柱。校团委副书记陈钢直抒胸臆：一个正在崛起的民族不能没有革命英雄主义的支撑，一个渴望有所作为的大学生不能没有奋发的意志品格、无私无畏的血性气质和为了胜利一无所惜的执着追求。

青年兴则国兴，青年强则国强。大学生作为国家的栋梁，民族的希望，要能担当大任，成就一番事业，不仅要有知识，还要努力锻造拼搏精神这把"锋刃"。女大学生李秋莹说："不论是国家的发展，还是个人的成长，都不会是一马平川，一帆风顺，都需要去拼搏进取，上下求索，都需要发扬烈士们的革命英雄主义精神。崇尚英雄是时代的呼唤，也是历史的必然选择。"

接过前辈的纤绳

据一份社会调查显示，在经济全球化、价值多元化的时代，当代部分大学生更加注重个人价值的实现，同时相对少了一点对社会责任的担当、对民族兴衰的忧患、对人民生活的体察。

记者在与这些大学生座谈时提出："80年代的大学生与你们80年代出生的大学生有哪些不同？"

"他们更注重对理想的追求和精神的完善，饿着肚子也要啃尼采、康德、萨特的著作，我们则面临着学费、就业甚至生活的压力，要考证、考研、考级，生活得非常现实。"

"他们对待工作的态度是坚决服从组织分配，可以舍弃个人一切，我们有些同学的理想是找份体面的工作，过上安逸的生活。"

法学院学生聂红波来自农村，父亲曾反复嘱咐："考出去了，这辈子就别回农村！"可现在聂红波的想法变了。他看到祖辈世代生息的土地还缺少法律的种子，在个别干部和农民心目中，"法"就是"罚"。他说："我一定学好专业，用法律知识为乡亲们服务。"

王志伟是这支寻亲队伍中唯一的国防生。他告诉记者，国防生现在很受其他同学羡慕，"国防热"也在毕业生中持续升温，从军报国成为今年不少同学的首选，学校目前已有100余名研究生和本科生携笔从戎。

学生魏威感慨地说："我和不少同学一样，曾把上大学看作是实现人生价值的'敲门砖'。我通过寻亲认识到，当年烈士为了建立新中国沙场捐躯，今天的大学生应该勇敢接过前辈的纤绳，肩负起建设祖国的重任。唯有把个人命运融入民族命运当中，把个人价值融入国家需要当中，才会拥有壮丽的人生。"

华中科技大学团委策划的这项社会实践活动的初衷，就是要增强大学生的责任意识和政治意识。事实证明，这次"寻亲之旅"社会实践不但为烈士们找寻回家的路，自己也经历了一次心灵的洗礼。正是在这次寻亲过程中，不少大学生校正了自己的人生坐标，崇尚英雄成为理性的价值选择。参加一次社会实践活动，比在课堂上听多少次的讲述体会要深很多。由此可见，实践对大学生品德生成的重要作用。

专业课教学实践活动也具有道德实践的功能。组织师范生到中小学校实习，是多年来师范院校长期坚持的做法。近年来，不少师范类院校，改变传统的教育实习模式，适应教师教育的需要，以强化师范生从教技能为主题，以促进学生成长成才为核心，组织学生到条件艰苦的基层学校全时参与顶岗实习支教，收到了良好的效果。顶岗支教的初衷是培养师范生的从教技能，但学生在基层实践顶岗的过程中，工作、生活的全方位历练，为德育提供了全新的实践育人平台。在参与顶岗实习之前，学生在学校的单一身份，决定了思想的不成熟，对社会问题思考少，学生的依赖性比较强，独立思考问题和解决问题的能力相对较弱。顶岗实习艰苦的环境锻炼，强化了学生的交流与沟通能力，锻炼了学生思考问题和解决问题的能力，更重要的是，通过角色的转变，"学生们清醒地认识到了自身的不足和差距，思想认识得到极大的改变和提高。'郁闷''无聊'之类的流行词语消失得无影无踪，学生的精神面貌变得积极向上；好高骛远、眼高手低的浮躁情绪没有了,学生的态度变得踏实和理智;以自我为中心的倾向和年少轻狂的稚嫩表情不见了,代之以成熟、稳重和从容。"① 达到了学校德育难以达到的效果。如许多参加顶岗实习的学生真切感受到了实践对自己思想产生的影响。一位物理专业的学生参加完顶岗实习后说:"以前我认为吃得好、住得好、玩得好是一种幸福,现在我才发现,奉献与吃喝玩乐相比是更加充实真实的幸福……"② 师范类学校顶岗实践的案例说明,通过参加实践活动,不仅在专业上达到了从教技能的提高,而且通过实践这一平台,促进了自身思想的升华和道德水平的提升。顶岗实习基层学校艰苦的环境,实习学生对知识的渴求,全新的角色体验和师生关系,为学生提供了全新的时间、机会和活动情境,让学生积极主动地参与到这一实践活动中去,从中获知、生情、实现由德知到德行的转化。另外,在顶岗实习过程中师生关系的平等,师生交流的增多,都在一定程度上提升了德育的效果。

可见,实践活动可以让学生认识和把握道德。所以,高校德育要广泛利用各种实践活动拓展学生的道德外化途径。只有在实践中得出的道德体验,学生才有深切的感受、深厚的情感,才能形成源于实践的正确认知。实践中得出的结论,最容易理性认同,最容易坚定道德意志、激发道德情感,有助于学生主动接受和内化道德规范,外化为道德行为。

3. 发挥隐性环境对道德外化的作用

道德外化的研究显示,德育要发挥作用要能够控制和利用好道德环境。个体道德能否外化,除了形成稳定的道德外化图式外,最重要的是接受道德环境的检验。个体品德生成,是道德环境下的内化和外化的复杂建构过程。内化是个体在环境影响下,外在道德"从外向内"建构的结果,外化是个体在环境的影响下,内在的道德意识和道德行为倾向"由内向外"建构的过程,显现为真实可感的道德意识和道德行为。关于环境对个体道德生成的作用,前文中多有论述,如我国古代有著名的"慎染说",即"蓬生麻中,不扶而直。白沙在涅,与之俱黑。"③ "染于苍则苍,染于黄则黄,所入者变,其色亦变,五入必,而已则为五色矣,故染

---

① 李建强:《实践的教师教育——河北师范大学顶岗实习支教工作初探》,《河北师范大学学报》(教育科学版) 2007 年第 5 期。

② 戴建兵:《高等师范院校实习支教研究》,河北教育出版社 2008 年版,第 175 页。

③ 《荀子·劝学》。

不可不慎也。"① 关于环境对道德生成的影响因素有很多,既有物质因素,也有氛围、制度等,当然最主要的是教育因素。培根认为,"假如个人的单独的力量是很大的,那么共有的联合的习惯,其力量就大得多了……天性中美德的繁殖是要仗着秩序井然、纪律良好的社会的。"② 道德环境是无时不在的,一个人所处的社会环境、文化环境都属于道德环境,都会对个体道德生成产生影响。德育所要创设的道德环境,是一种在大的社会环境、文化环境之下的,由教育者主动创设的道德环境,是教育者的有意为之。创设良好的道德环境将有利于道德行为的外化,有利于道德行为习惯的形成,有利于个体良好道德品质的生成。隐性环境同样对学生的道德外化起着重要的作用。

网络信息创新德育方法是一种隐性环境。随着信息技术的发展,网络成为继传统媒体之后的又一大众传媒工具,被称为"第四传媒"。信息网络具有传播速度快、信息量大、互动性强等特征,已经成为学生交流、学习、娱乐的重要平台,是高校外化德育的又一载体。"生存网络化"已经成为学生道德实践依托网络的一种典型描述。网络以其快、新、奇、变等特点影响了学生的学习生活。网络信息是一把双刃剑,在给学生带来便利的同时,也带来了许多负面的问题,必须引起高校德育的注意。以网络信息为载体,要化不利因素为有利因素,强化师生的交流对话,发挥教师的主导作用和学生的主体作用。借助网络信息载体,强化师生的交流对话,一定程度上也是拓展了德育空间,创新了德育方法。可以说,伴随着信息迅猛发展,利用网络解构和重塑学生的生活理念、行为选择、交流方式和聚合状态已经成为一种必然选择。一是通过网络创设德育的氛围。网络特别是新媒体可以在短时间之内将信息和舆论无限度扩大。高校德育要善于整合网络舆论力量,汇聚道德力量。如一些校园文化活动、思想引领活动等从线下实体推进到线上网络推广,就可以让更多的人参与其中。如团中央号召的微博晒光盘行动、青年之声的就业帮扶行动都对学生产生了很大的影响。"为盲胞读书"微信公众号举办的为盲人送温暖行动,就是通过在微信上捐献声音,采取名人领读、众人合读的方式为盲人提供更好的阅读体验。对于一些社会热点事件,要善于通过网络讨论、转发、传播,密

---

① 《墨子·所染》。
② [英]培根:《培根论说文集》,水天同译,商务印书馆 1983 年版,第 145 页。

切关注学生动态，进行适度引导。如中日关系因钓鱼岛事件恶化后，社会上出现了一些针对日本人和日本产品的极端行为，很多高校都通过网络开展了引导和教育活动，有的是线上签名，有的是发出"微倡议"，有的发起网上讨论，借助网络的力量迅速形成网络正能量，让学生理解爱国也要理性，理解什么是真正的爱国。二是利用网络掌握学生的思想动态。网络的发展，使信息的查阅、分享和筛选成为常态。借助网络数据，了解学生的思想动态和情绪变化，以此成为德育的参考成为可能。大数据时代可以轻松获取网络上检索的信息、浏览的记录、讨论的话题、参与的活动，如能搜索、收集、归纳和整理，则可以从中一窥青年学生关注的热点信息，适时介入引导。[①] 例如11月11日的光棍节，是单身一族的另类节日。光棍节是一种流传于年轻人的娱乐性节日，以庆祝自己仍是单身一族为骄傲。光棍节产生于校园，并通过网络等媒介传播，逐渐形成了一种光棍节的文化。大学校园里学生关注脱单指南、表白墙、单身聚餐等，而在社会上，在商家的助推之下，光棍节的各种促销活动、广告宣传也使这个小众活动成了社会化的节日。尽管光棍节不是主流文化，但在校园中的影响力不能小觑。因此高校德育就可以借助这个节日引导学生树立正确的婚恋价值观。从2009年开始，每年的11月11日，以天猫、京东为代表的大型电子商务网站一般会利用这一天来进行一些大规模的打折促销活动，以提高销售额度。"双十一"演变成为中国互联网最大规模的商业活动。据阿里巴巴平台未经审计的数据显示，2016年11月11日零时6分58秒，天猫淘宝平台成交额（GMV）超过100亿元。11日24时，天猫"双十一"全天交易额超1207亿元。高校德育这时候的关注点是引导学生理性购物、适度消费。百度、新浪等媒体每年度都要公布搜索排行榜、年度热词、新闻排行榜等，也在一定程度上能够反映社会和青年的关注点，对高校德育也具有引导作用。三是通过网络加大教师对学生的教育引导。教师可以借助QQ、微信等网络交流工具加强与学生的交流。这种交流看似是文本的，但其中蕴含着情感、交流、沟通等因素，使师生之间通过文本的交流获得生活的直接经验。而且在这一过程中，教师的引导，学生全身心的投入使德育的效果超出传统的载体；同样，教师可以借助博客、微博、人人

---

① 黄建平：《"智慧团建"：大数据时代共青团工作的应对策略》，《青年探索》2013年第5期。

网、QQ 群等网络空间对学生实施引导。网络公共空间不受时空限制，只要有网络，在任何时间、地点都可以进行教育。通过这些公共空间，教师可以及时发现学生在道德实践中出现的各种问题，并根据情况及时进行实践引导。在此基础上，借助 BBS、论坛等网络平台，引导学生将生活实践中出现的问题进行热点讨论，对学生进行科学引导，鉴别是非、去伪存真，提高学生的辨别力。总之，以网络信息为载体，强化师生的交流对话，可以变其不利为有利，使学生的道德实践得到教师的有效引导。

良好的制度建设也能有效发挥隐性教育的作用。改善德育的制度环境，也是高校德育建构内容之一。制度作为一种隐性德育资源，对学生的道德发展也发挥着一定作用，也影响着其他载体作用的发挥。目前，我国学校德育制度主要存在三个方面的缺陷：第一，它是单向的。学校制定有关德育制度并没有征得学生的同意。学校和学生在德育制度上并不是平等的，学校是主动的制定者，学生是被动的执行者。第二，它是错位的，因为它没有将德育的重点放在有利于帮助学生养成积极健康的行为上，而是放在了如何纠正学生的"错误行为"上。正因为如此，教师往往以"管住"学生，不让学生出事为德育工作的目标。第三，它是形式的，因为学校所强调的道德习惯和行为模范以及所开展的训练活动，是特地"创作"出来的，它们只是学校的工作，而不是学生的生活。[①] 德育制度体现的是学校德育的风气，是学生道德成长的环境。在高校德育中，特别是形式化表面化的德育活动，不能使德育收到很好的效果。改善高校德育的制度环境，首先是制定规章制度能够考虑学生道德发展的需要，不能无视学生的利益，使制度真正能够对发展学生道德、外化道德行为创造良好的环境。其次，执行制度时要考虑学生的道德发展，避免功利化、短期化和形式化的倾向。范树成在《学生道德实践的反思与建构》中，对学生道德实践的理性审视中，对道德实践的功利化、短期化和形式化进行了深刻的反思，主要表现在：一是道德实践居于不道德性，学生参加道德实践的机会不均等，没有实践机会或道德实践以一定的功利性为目的，并不是为了学生的道德实践；二是道德实践违背实践的本质要求，学生是被要求参加实践，缺乏主动性；三是道德实践追求形式不注重效果，追求表面的轰动效应，形式主义严重；四是道德实践是运动式而非经常性的。这些实践是

[①] 杜时忠：《制度德性与制度德育》，《高教探索》2002 年第 4 期。

病态式的道德实践，是低效、无效甚至负效的道德实践。① 这种反思实际上是对高校德育制度的反思，道德实践功利化、短期化和形式化的倾向，表面上没有什么影响，实际上深刻地影响着学生的道德发展，给高校德育带来难以估量的消极影响。可以说，道德实践的功利化、短期化和形式化，比没有道德实践更可怕。高校外化德育建构，要发挥制度建设隐性教育的作用，为学生道德外化创造良好的环境。

（三）师生关系：强调对道德外化的引导

知性德育重视教育者将外在道德规范对学生的灌输，德育的结果是学生对外在道德规范的依从，是对特定道德规范和行为准则的记忆。可以说，知性德育以外在的约束性代替了价值的主体性，以教育者的灌输代替了学生的品德形成，从根本上消除了学生在德育中的重要位置。可以肯定的是，德育可以让学生掌握一定的道德知识，也可以要求学生说什么，不说什么，做什么，不做什么，暂时地改变学生的内在德性和外在德行之外的一切和品德有关的因素。如果德育不能唤起学生内在的道德需要，不是真正的道德生成，那么说什么、做什么都可以看成是对外在道德规范的依从，是对学校德育的一种"被动服从"。而这种行为一旦失去德育的外部力量，道德行为将不复存在。真正的德育是要将学生作为德育的积极主体，引导学生主动道德外化，过有道德的生活。个体道德的生成不是单纯的服从和适应外在的道德规范，而是个体在任何环境下都能够自主做出道德行为的选择。自主做出道德行为的选择不仅是个体自主、自觉将外在的道德规范内化为个体的道德意识，更重要的是，能够自主、自觉地突破外在环境的限制，以一种自律的状态做出道德行为的选择，并成为一种习惯，实现道德的外化。德育就是要引导和启发学生意识到学生是德育的主体，通过自主、自愿的活动，主动地选择和接受各种活动的影响，从而实现道德内化和外化的双向建构。因此，德育就是要积极引导学生在道德内化的基础上，完成内在道德意识向外在道德行为的转化，实现学生的道德生成。这种转化需要个体情感、能力、行为全方位的参与，没有主体自觉参与的德育，就不是真正意义上的德育。高校外化德育建构，在师生关系上，要强化教师对学生的道德外化的引导。

---

① 范树成：《学生道德实践的反思与建构》，《中国教育学刊》2007年第9期。

教师引导学生道德外化，要善于激发学生的主体性。如前所述，道德外化是一个动态的复杂过程，其动态特征表现为，道德规范从他律到自律、道德行为从自觉到自然、道德主体从潜在到形成。可以说，在道德实践中，个体只有将道德认识转化为道德行为，才能真正成为道德主体。在道德外化过程中，从道德行为方式的选择、道德意志的增强到道德习惯的养成，都是个体自主做出的行为，没有个体的主体性的发挥，就不能做到道德行为的选择和实施，即使是有，在外在环境的制约下，道德行为的实施也只是昙花一现，不可能形成道德行为习惯，更不能使个体实现完善的道德自我。可见，道德外化的主体性体现了个体在道德外化过程中的地位，表现为不盲从、理性、自觉等特征，使个体能够摆脱外在环境的控制，主动自愿地按照社会道德规范的要求做出外化的选择和行动。当前，高校学生中出现的道德行为的失范，很重要的一个原因是德育的"无人"，德育活动学生主体性的缺失。缺乏主体性的高校德育，无法培养和提高学生的道德能力，德育过程无视学生的道德实际需要，压制了学生的自主性和创造性，很难将道德规范和道德要求内化到学生心灵深处，学生即使内化了道德规范和道德要求，也不能主动外化为道德行为。因此，教师引导学生道德外化，要主动使德育走出"无人"的状态，善于激发学生的主体性。美国著名道德哲学家弗兰克纳（William K. Frankena）曾指出，"从道德上讲，任何道德原则都要求社会本身尊重个人的自律和自由。一般地说，道德要求社会公正地对待个人；并且不要忘记，道德的产生是有助于个人的好生活，而不是对个人进行不必要的干预。道德是为了人而产生，但不能说人是为了体现道德而生存。"他认为，只有发挥人在道德活动当中的主体性，才能担当起对社会的道德责任和道德义务。因此，教师引导学生道德外化，就是要善于抓住学生日益突出的独立性、选择性、多变性、差异性等特征，激发学生的主体意识，尊重学生在道德外化的过程中行为的自主性、选择的自由性、状态的超越性，引导学生完成从被塑造到自主建构的转变。只有这样的个体，才是具有在道德外化过程中具有了主体性特征的个体。从而在道德外化过程中，个体将道德认识转化为道德行为，使个体成为不仅能够进行道德认识活动，而且能够从事道德实践活动的人。

在这一引导过程中，教师的作用主要在三个方面：一是引导学生进行独立道德情景判断。一个已经充分内化的道德主体在道德行为的选择时，无论其道德外化图式多么完善，都无法涵盖全部的道德生活和现实的道德环境。对道德环境的判断，特别是对生活中两难问题的解决，更能反映出一个人的道德状况。这一过程不是唯一的或者既定的，而是带有深刻的自主性特征。教师对学生道德外化的引导，就是要通过道德实践活动，培养学生独立进行道德情景判断的能力，使学生能够将道德情景与自己的道德外化图式很好地结合起来，在任何情况下都能做出自主的选择，外化为道德行为，体现自己完善的道德。二是对道德情感和能力的锤炼。对于不同的个体，道德情感和道德能力是不同的，这既影响个体对外在道德规范的内化，更影响个体道德行为的外化。道德外化影响因素众多，没有坚强和意志和完善的道德能力作保障，道德过程就不能实现。教师对学生道德外化的引导，要通过道德实践活动，将个体的情感态度（包括理性认同、情感体验、意志激发）和道德能力（包括判断能力、选择能力、践履能力）进行完美的结合，形成一个个活生生的各不相同的道德主体。三是对道德行为的引导。教师对学生道德外化的引导，要正视学生自主做出的道德选择，正视学生富有个性差异的道德表达方式和道德行为结果。在鲁洁看来，"道德所反映的不是实是而是应是，它不是人们现实行为的写照，而是把这种现实行为放到可能的、应是的、理想的世界去加以审视，用应是、理想的标准来对它做出善与恶的评价，并以此来引导人的行为"①。教师要正视学生道德行为"应是与实是、理想与现实"的差异和矛盾，有针对性地进行道德行为的引导。

（四）德育评价：关注学生道德外化

如前所述，道德评价是道德规范发挥作用的杠杆。任何道德活动都需要通过评价来进行反馈、优化和完善。道德外化作为个体道德生成的一部分，也需要通过评价对个体道德外化的状况及实际效果做出判断。可以说，科学规范的道德外化评价既是德育过程不可缺少的一个重要环节，也是提高德育实效性的重要条件和保障。高校外化德育建构，必须有完善的德育评价体系。这一评价体系主要是以能否促进学生的道德行为外化为主要参照，看德育活动能否促进学生自觉外化道德行为，过有道德的生活。这一体系要求德育评价必须具有实践性，要以学生的道德外化实践为基本

---

① 鲁洁：《道德教育的当代论域》，人民出版社2005年版，第36页。

标准，是能够促进学生道德外化实践的评价，是反映学生真实道德状况的评价。德育评价的实践性体现在：德育评价必须关注学生道德外化，即外化实践是学生品德评价的标准；评价方法有利于学生道德外化。

1. 外化实践是学生品德评价的标准

道德外化实效，是个体在道德生成过程中通过道德外化活动达到的实际效果，是检验个体道德生成的重要评价标准。

外化实践是学生品德评价的标准，实际是把道德外化实效作为品德评价的标准，体现在学生品德评价要以学生道德外化实践为参照，主要看学生是否主动外化道德行为，自觉过有道德的生活，是一个"实践人"。在这里，学生的品德评价就成为德育评价的标准。外化实践是学生品德评价的标准，强调高校德育评价，应以学生道德外化的实效为评价标准，应强调学生道德外化的效果，看德育活动是否能促进个体道德外化，保障学生的德性的发展与完善。道德外化是在个体充分道德内化基础上，以道德行为为外在标志的个体道德生成过程，目标是建构个体的道德结构，促进个体道德生成，过有道德的生活。因此，学生道德外化的实效不单单是看个体是否外化道德行为，还要看这一行为是不是在道德内化基础上自主做出的道德行为选择，即个体的道德行为是不是具有道德价值。换言之，评价道德外化的实效，不仅要看道德外化的效果，还要参考道德内化的程度和实际效果。所以，对道德外化实效的评价，既要通过外化的道德行为来评价，又要考虑个体在道德内化的基础上外化道德行为的过程。完善的德育评价，是对个体外化实践的总体评价，既包含外化实践的结果，也包含外化实践的过程；既包含学生最终品德建构的水平的评价，也包含学生外化实践的状态评价。

外化实践是衡量外化效果的重要依据，人的品德可以通过外化的言行表现出来，能够反映在一个人的工作、生活中的具体行为、态度表现和语言表情，这就为我们进行德育评价提供了可测定的客观基础，为我们进行德育评价提供了直观的依据。通过外化实践，我们可以对一个个体"听其言、观其行"，通过观测个体的行为表情、态度表现和具体的行为方式直观具体感受到外化的效果，从而来判断个体的思想道德状况。但是，仅仅是单独一次或偶尔的道德行为外化，很难深入认识个体外化的道德行为是否是在道德内化的基础上做出的，也很难判断个体的道德内化状况，因而这一评价也很难说是客观的，不能断定真实的道德水平。因此，以学生道德外化实践为德育评价的主要标准，不是以一次道德行为和道德分数评价学生，主要是看看一个人与他人相处是不是道德的方式，看一个人是不是道德地生活。"判断一个人当然不是看他的声明，而是看他的行为；不是看他自称如何如何，而是看他做些什么和实际是怎样一个人。"[①] 单纯一个道德行为，不能充分反映学生的品德状况，但长期的、大量的、能够和周围学生比较的道德行为却可以反映学生的整体品德状况。因此，高校对学生的品德评价，不能和中小学一样，通过简单的一次迟到、一次违纪，折合成相应的分数，代表学生的品德评价。高校对学生的品德评价，要通过对学生一个较长时期的、系统的、连续的道德外化实践过程的综合考察，科学判断学生道德外化的基本状况，并有意识去除那些可能影响评价的表面现象，以便综合判断学生的品德状况。

2. 评价方法有利于学生道德外化

德育评价的方法要与评价标准、内容相适应。高校外化德育建构，德育评价不能向智育一样采取考试的方法进行，德育考试代表是学生德育知识的分数，而不是学生道德的真实状态。要准确评价学生的品德状况，必须采取有利于学生道德外化、促进学生道德外化的评价，即以学生的行为为关注点的综合评价。例如目前多数高校实行的品德综合测评的方法，就是以学生的品行表现（行为结果）为关注点，既包括多个观测点的定性的分数评价，也包括定量的多个观测点的加分和减分项，综合运用的多种评价方法。

案例：某高校的学生品德评价条例

第一条　品德表现测评满分为100分，由基本分、奖励分、扣分三部分构成，其中基本分占60%，奖励分占40%。品德表现测评得分计算公式为：品德表现测评得分＝基本分+奖励分-扣分。

第二条　品德表现基本分满分为60分，测评内容包括以下五项：

（一）政治与思想表现。主要包括：热爱祖国，坚持四项基本原则，关心时事政治，积极参加各种政治学习活动和思想政治理论课教学活动，自觉学习邓小平理论、"三个代表"重要思想、科学发展观以及党的路线、方针、政策，能够树立科学的世界观、人生观、价

---

① 《马克思恩格斯选集》（第1卷），人民出版社1995年版，第560页。

值观。

（二）法纪与集体观念。主要包括：遵守国家法律和学校的各项规章制度，自觉维护学校和社会稳定，积极参加各项集体活动和党团组织生活，有较强的集体荣誉感。

（三）道德与个人修养。主要包括：能够正确处理个人与他人之间关系，遵守社会公共秩序和社会公德，诚实守信，谦虚谨慎；说话和气，待人有礼，尊敬师长，尊重他人；团结协作，乐于助人；热心公益，积极参加志愿服务活动；遵守《高等学校学生行为准则》，维护公共秩序，爱护公共财物和公共设施。

（四）劳动与社会实践。主要包括：积极参加各种公益性劳动，能够自觉完成宿舍、教室、卫生区清洁等轮值工作，完成布置的各种工作任务，积极参加社会实践活动。

（五）学习与进取精神。主要包括：能够树立正确的专业思想、学习动机和学习态度，具有奋发向上、竞争进取、自强不息的意识和勤奋好学、刻苦钻研的精神。

以上五项，根据学生的现实表现，以年级（班级）全体学生（或部分学生代表）、辅导员打分的方式，按照优秀（A）、良好（B）、一般（C）三个等级（分别评 60 分、50 分、40 分）进行测评取其平均分，其中辅导员打分占 10%，学生打分占 90%，两部分累加为其品德表现基本分。

第三条　品德表现奖励分满分为 40 分，最低分为 0 分。计算公式为：

品德表现奖励分＝本人原始奖励分÷年级（班级）或专业最高原始奖励分×100×0.4

品德表现奖励分的适用条件和标准如下：

（一）积极参加社会实践者加 2 分，受到院级、校级、市级、省级（及以上）表彰奖励者分别加 4 分、6 分、8 分、12 分。参加顶岗支教者加 3 分，被评为优秀实习生者加 6 分。

（二）热心公益，积极参加志愿服务活动者加 2 分，获得校级"优秀青年志愿者"称号者加 6 分，获得校级"杰出青年志愿者"称号者加 10 分，获省级及以上表彰者加 15 分。

（三）义务献血者加 3 分（不累加）。

（四）见义勇为、拾金不昧、助人为乐等行为受到班级、院级、校级、市级、省级及以上表彰者分别加 5 分、10 分、20 分、30 分、50 分。

（五）被评为校级文明宿舍的，该宿舍每人加 2-5 分。

以上各项得分为一学年中该项的最高得分值，不重复累计。

第四条 品德表现扣分的适用条件和标准如下：

（一）违反四项基本原则，参加非法组织、非法游行、示威或在校内进行宗教传播等活动者扣 50 分。

（二）未经请假而不参加学校、学院组织的政治学习、组织生活、公益劳动等集体活动者每次扣 2 分。

（三）违反校纪校规，受学校通报批评者扣 10 分，受警告处分者扣 15 分，受严重警告处分者扣 20 分，受记过处分者扣 30 分，受留校察看处分者扣 50 分。

（四）在教室或宿舍内违章使用电器，受学校、学院通报批评者扣 10 分。

（五）因违反党纪、团纪，受党内、团内警告处分者扣 15 分，受严重警告处分者扣 20 分，受撤销党内、团内职务处分者扣 30 分，受留党、留团察看处分者扣 40 分，受开除党籍、团籍处分者扣 50 分。

要做到评价方法有利于学生道德外化，必须注意以下几点。

一是力求评价的客观性。任何评价都应该以科学、客观为基础，真实反映被评价个体的道德状况。由上述品德评价可以看出，这一品德评价是对学生一年来的各种行为表现综合考虑的结果，虽然也是分数的形式，但总体上能够反映出一个学生的真实道德状况。品德评价基本分、奖励分、扣分三部分构成，其中基本分占 60%，奖励分占 40%。基础分部分包含了政治思想表现、法纪与集体观念、道德与个人修养、劳动与社会实践、学习与进取精神等方面，根据学生的现实表现，以年级（班级）全体学生（或部分学生代表）、辅导员打分的方式，按照优秀（A）、良好（B）、一般（C）三个等级（分别评 60 分、50 分、40 分）进行测评取其平均分，最后形成品德测评的基础分。这一测评运用了等级定性打分的办法，从辅导员和学生两个观测点对政治思想表现、法纪与集体观念、道德与个人修养、劳动与社会实践、学习与进取精神五个方面进行等级评级，主要是从主观感受方面参照了学生的日常行为表现进行定性评价；奖励分部分主要是将参与社会实践、公益活动、义务献血，有见义勇为、拾金不昧、助人为乐的道德行为以及在文明宿舍建设中做出突出贡献等行为折合成一定分数给予定量评价，有以上行为的分别给予一定分数的奖励；在减分项，主要是将学校明令禁止的违法违纪行为折合成一定分数给予定量评价。应该说，案例中的评价不论是参照项还是评价方法都是综合参照了学生品德评价的各方面表现，具有一定科学性，客观反映了学生的品德状态。

二是力戒评价的功利性。高校外化德育评价的目的是促进学生道德外化的完成，是为了实现学生品德的发展，而不是为了检验学生的品德表现，更不是为了给学生排名次、分等级。但现实高校的德育评价，特别是针对学生个体的综合测评，很重要的一个目标就是根据测评的结果排队，并以此作为评奖评优、学生入党的参考。因此，高校外化德育评价方法应着眼于通过评价，激励学生主动在日常生活和学习中建构道德，而不是对照评价条目，功利化选择品德评价的加分项。如在上述案例中，评价方法将社会实践活动、公益活动、拾金不昧、义务献血、做好人好事都折合成一定的分数，作为加分项，看似是科学的，一定程度上也有参考意义。但有时候，这种评价方法会给学生一个功利的导向，即追求加分项目标。导致学生在道德实践的过程中，通过"努力"去可以设计和创造加分项，追求品德的高分数。因此，对加分项中的评价项，也要做辩证的考虑，尽量避免一次行为影响综合评价的结果。只有坚持公平、公正的评价，学生才会相信评价的结果，并以评价结果为导向，反思自身存在的问题与不足，以便做出新的努力。

三是坚持评价的多样性。高校外化德育评价不能是单一评价，要体现多样化。评价主体多样化，既要有教育部门的评价，又要有学校的评价；既要有教师的评价，又要有家长的评价，并结合多种方式进行整合评价，以达成较为客观的评定，来提高评价的准确度，真实反映学生品德的现状。特别要发挥学生的积极性、主动性和创造性，引导他们进行自我评价。上述案例中在评价过程中，有班级辅导员和同学打分，有各种荣誉的加分，可以看作综合评价的结果，应该体现了评价的多样化。特别是在整个评价的过程中，个人提供材料是打分的基础，学生在评价过程中发挥了一定作用，通过个人评价可以意识到自己的不足。高校外化德育评价要充分调动学生的积极性、主动性和创造性，评价标准应吸收学生参与制定，使学生成为评价标准的制定主体之一，这样制定的评价标准才能符合学生道德外化的实际，既不是高高在上怎么努力也够不上，也不是不需努力就能轻松"完成"。只有多方参与制定和参与评价的德育评价，才符合德育评价的实际，也才能增强学生对评价标准的认可度，促进学生按照评价标准的要求去努力，从而提高德育评价的实效性。

四是坚持评价的发展性。高校外化德育评价要充分考虑学生道德发展的实际，不能用一次定量的评价结果给学生的道德状况定性，要多使用表现性评价、记录式评价、过程式评价，通过评价结果观测学生思想品德发展的过程和思想品德发展的不同方面的前后对比，对学生的道德认知、道德情感、道德信仰和道德行为横向和纵向的比较，得出评价结果。比如，教师和辅导员要主要观察学生在参与活动时的表现，注重收集同学对学生的评价，在此基础上，肯定成绩，找出不足，确定新的发展目标。高校外化德育评价是一个持续的、动态的、发展的过程，两个已经内化同样道德规范的学生，没有外化道德行为的检验，很难对思想品德状况进行比较和区分。因此，高校外化德育评价要将评价贯穿到德育活动的每一个环节，贯穿于学生的日常生活，只有在长期的大量的观测基础上，才能看出学生思想品德的实际状况。

五是坚持评价的全面性。高校外化德育评价要关注学生思想品德的全貌。评价内容不仅仅看学生是否内化道德规范，既作为一个道德知识人，也是一个从内化角度看有道德的人，还要关注学生从内化到外化过程中在道德情感、道德意志等方面的准备，特别是看能否外化为道德行为，以便全面了解和评价学生的品德发展状况。

因此，高校外化德育的评价方法，是以道德行为的外化为目标，引导学生主动参照目标，主动进行道德建构的方法。要通过德育评价方法的改进，充分发挥在学生在品德建构中的积极性，反思自己的生活状态，是不是过有道德的生活，是不是与他人能够道德地相处，从而不断完善自我、提升自我，使学生愿意、主动地过有道德的生活，做有道德的人。

德育目标、德育方法、途径、师生关系、德育评价，是高校外化德育建构的具体框架，但它不是高校德育实施的完整的体系。高校外化德育创建，只是为我国高校德育提供一个可供选择的尝试。

高校外化德育的展开，受到各种因素的影响，如如何保证学生真正成为道德实践的主体，德育实践如何和生活实践进行有机结合，德育实践如何更具有针对性，都是需要深入探讨的问题。

高校外化德育的建构，重要的是以道德外化为视角，将实践作为一种德育的理念，以期为高校德育的改革提供借鉴。

结 论

道德外化是哲学、心理学、教育学等多个学科共同探讨的基本理论问题，也是解决德育实践中道德困境的现实问题。尽管对道德外化的研究还未成系统，但并不表明在道德实践中它没有应有的位置。目前，社会转型不断深入所带来的利益关系、文化和价值观的多元化，以及社会群体思想意识的深刻变化，使道德外化越来越成为德育实践中一个凸显和复杂的问题，同时也把我们对这一问题的探讨推向了新的高度。

目前，理论界对道德外化的研究尚缺乏共识，尚未综合哲学、心理学、教育学的研究成果，对道德外化的内涵、过程、影响因素进行系统的研究，因而其教育价值就没有引起德育足够的重视。如何解决德育理论和实践中对道德外化关注不够的问题，深入挖掘道德外化对个体道德生成的重要作用和教育价值，笔者认为，首要的是转变解决问题的思路，站在辩证唯物主义认识论和方法论的角度审视问题的实质和产生的根源。从历史的角度看，对道德的服从是解决道德秩序和道德冲突的首要原则，这一观点虽然在利益多元化的市场经济时代受到了挑战，但尊重学生的主体意识和自由选择的权利并不表示德育社会性价值的消解。以道德内化论为主导的内化型德育实践，凸显学生的主体性特征，打破了单一性，突出了丰富性，抛弃了灌输性，突出了参与性。但这只是德育策略的转变，因为其关注点是学生是否做到了对道德的真知、真信，从本质上来说，重视的仍然是德育的社会性价值，它对德育最大贡献是方法的超越。只有将德育的视角转变为看学生是否知行统一，不只是做到了真知、真信，更要真行，才能实现对现有德育模式的真正超越。从现实来看，现实社会中"知而不信，言而不行，知行不一"仍是比较普遍的现象，学生作为一个社会人，也难逃其左右，表现为不能做到真信、真行，理论上是一个道德人，但实际生活中却不以道德的方式生活，不是一个真正道德的人。德育困境的真正原因是德育实践对道德外化的重视不够。

研究道德问题，在继承传统道德价值体系的同时，也要立足于社会发展现实，与道德实践中的新因素和新问题进行有效的对接，以借鉴和创新的态度，积极探索道德外化与道德教育的时代新解。

本书认为，当前，要在以下几个方面实现新的突破：

第一，要对道德外化进行科学的解读，抓住问题的实质。道德外化理论的逻辑性、理论与现实的切合度是道德外化研究的基础性工作。对道德外化的解读，要在道德外化行为的主动性、过程复杂性、结果外显性等特征分析的基础上，定义其内涵，认识到道德外化是在道德内化的基础上，个体自主地将内化的思想观点、道德意识转化为道德行为，从而实现完善的道德自我的复杂过程。并将其放在不同的思维路径中进行解读，明确道德外化具有三个具体特征：一是从思想到行动的过程；二是目标是德行价值的实现，三是途径是回归生活实践。对道德外化的解读，还要从静态和动态不同的视角分析道德外化的复杂过程，明确道德外化的运行过程，就是道德外化的各构成要素，按照一定的运行机制，相互联系、相互作用，促进矛盾转化的过程。对道德外化进行科学解读，更要对道德外化的影响因素进行全面的分析，认真考察影响道德外化的因素，将对道德外化的研究与影响因素的研究结合起来，对于认识道德外化过程，了解道德外化的复杂性，促进道德外化实现具有积极意义。

第二，道德外化研究不是对道德内化的否定，而是追求在德育实践中二者的统一。道德外化和道德内化是道德生成中不可分割的两个方面，对道德外化的强调，不是否定道德内化。因为没有道德内化，就无所谓道德外化。二者不是非此即彼的关系。德育是致力于发展人的品质的教育活动，最终目标是受教育者实现完善道德自我。终极意义、归宿价值表现在它要使人回归为一个真正的人。实现完善的道德自我，既包含内化德性的要求，更包含外化德行的要求。一个在道德上不能很好外化，知而不行的人，不能算是实现了完善的道德自我。德育只有将目标定位为受教育者实现完善的道德自我，才是真正从人的角度实现德育的价值。以道德外化为视角审视德育，虽然是出于对当前德育对外化缺失的思考，但更主要是从道德外化角度对人的道德发展问题提出的要求。

第三，基于道德外化视角的高校德育创建，为我国高校德育提供一个可供选择的尝试。当前,高校德育与学生品德发展的特点与趋势,与学生品德发展的要求和学生对德育的吁求存在明显的不适应,是基于道德外化视角高校德育创建的现实基础。基于道德外化视角的高校外化德育创建,不是根本上对现有的高校德育的否定,而是以道德外化为视角,将实践作为一种德育的理念,以期对高校德育的改革提供借鉴。尽管就高校德育现状而言,现有的德育模式存在着轻道德外化的倾向,不能适应学生和社会发展的需要,但是其中的一些具体的策略和方法仍然具有一定意义。也可以说,基于道德外化视角的高校德育创建并非要彻底否定、抛弃原有德育模式的一切构成要素,而是在原有模式基础上的改革尝试。基于外化视角的高校德育创建只具有相对意义,表现在高校德育在过去重道德内化的基础上,实现向重道德外化的一个转变。这个转变是相对于过去的不重视而言的,它并不是要轻视、忽视或否定道德内化,而只是说,高校德育要在过去的基础上,更重视道德外化,加强道德外化。

第四,道德外化不能解决现实德育实践中的所有困惑,道德外化的教育价值主要是着眼于视角的转变。以道德外化视角反思高校德育,尽管能为德育改革提供可供选择的借鉴,但道德外化不能解决现实德育中的所有困惑,道德外化提供的只是一个视角。道德外化本身就是一个复杂的过程,受到心理、环境、文化等各方面因素的制约,因此,以道德外化为视角的高校德育构建策略,在实施的过程中也会受到各种社会因素、文化因素、环境因素的影响。但是,可以肯定的是,高校德育关注视角向道德外化的转变,可以带来德育理念的变化,它引导德育关注学生道德的实践,引导学生在道德实践中自觉做一个享受生活、真正有道德的人,而这正是德育的终极意义。

第五,引导学生追求道德的应然状态,开创道德的生活,是道德外化赋予高校德育的历史使命。道德体现为人的一种应然的存在状态,是人所追求的完美的存在状态。道德外化理论的提出,也是道德教育的应然状态。一个理论是否能真正指导德育实践,是否会对学生道德生成产生积极的影响,必须要经过德育实践的考验。道德外化理论要求德育不仅要引导学生学会适应现实社会的需要,而且要引导学生学会以道德的要求审视和发展自己,即学会对现实生活展开反思和批判,进而开创道德的生活。为此,高校德育要引导学生学会在有道德的生活中积极开创新生活,促进学生观照道德的应然也观照道德的实然,这是道德外化赋予高校德育的一个历史使命。

　　道德外化作为一个交叉学科关注的理论，内容复杂，体系宏阔，从多学科的视角对其理论和实践的研究是一个新的课题。由于本人学科知识和理论素养的欠缺，对道德外化基本理论的阐述和对当前实践价值的把握还不够深入，特别是对于以道德外化为视角的高校德育创建只是提出了具体策略，还没有上升到一种模式或范式，因此，一定程度上影响了道德外化理论和现实意义的凸显。

参考文献

[美] 安德森:《认知心理学》,杨清等译,吉林教育出版社1989年版。

[古希腊] 柏拉图:《理想国》,郭斌和等译,商务印书馆1997年版。

[苏联] 彼得罗夫斯基主编:《普通心理学》,朱智贤等译,人民教育出版社1981年版。

蔡应妹:《论道德能力的涵义及其特征》,《浙江师范大学学报》(社会科学版)2006年第2期。

蔡志良、蔡应妹:《道德能力论》,中国社会科学出版社2008年版。

陈秉公:《21世纪思想政治教育工作创新理论体系》,吉林教育出版社2000年版。

陈秉公:《思想政治教育学原理》,高等教育出版社2006年版。

陈会昌:《道德发展心理学》,安徽教育出版社2004年版。

陈会昌:《德育忧思——转型期学生个性心理研究》,华文出版社1999年版。

陈述:《行为心理理论》,湖南师范大学出版社2010年版。

戴建兵:《高等师范院校实习支教研究》,河北教育出版社2008年版。

[美] 杜威:《新旧个人主义——杜威文选》,孙有中等译,上海社会科学院出版社1997年版。

范树成:《当代德育模式分类研究与评价》,《外国教育研究》2004年第7期。

范树成:《当代学校德育范式转换与走向研究》,人民出版社2011年版。

范树成：《德育过程论》，中国社会科学出版社2004年版。

范树成：《实践德育论纲》，《教育理论与实践》2006年第7期。

范树成：《学生道德实践的反思与建构》，《中国教育学刊》2007年第9期。

冯建军：《当代主体教育论》，江苏教育出版社2001年版。

冯契主编：《哲学大词典》（修订本），上海辞书出版社2001年版。

高得胜：《道德教育的时代遭遇》，教育科学出版社2008年版。

高得胜：《生活德育论》，人民出版社2005年版。

高得胜：《知性教育及其超越——现代德育困境研究》，教育科学出版社2003年版。

高兆明：《伦理学的理论和方法》，人民出版社2005年版。

［美］古德莱德：《学校的职能》，赵晓燕译，甘肃文化出版社2005年版。

顾海根：《道德内化的心理学分析》，《上海师范大学学报》（教育版）1999年第2期。

顾明远主编：《教育大辞典》（增订合编本），上海教育出版社1998年版。

郭本禹：《道德认知发展与道德教育》，福建出版社1999年版。

何建华：《道德选择论》，浙江人民出版社2000年版。

［德］黑格尔：《法哲学原理》，范杨、张企泰译，商务印书馆1961年版。

［德］黑格尔：《小逻辑》，贺麟译，商务印书馆1980年版。

胡斌武：《学校德育的现代化》，中央编译出版社2006年版。

胡林英：《道德内化论》，社会科学文献出版社2007年版。

胡守棻主编：《德育原理》，北京师范大学出版社1989年版。

胡晓莺：《试论德育过程的内外化关系》，《教育评论》1996年第10期。

黄富峰：《道德思维论》，中国社会科学出版社2003年版。

黄志成：《西方教育思想的轨迹》，华东师范大学出版社2008年版。

黄志勇：《论思想政治教育中的自我教育内化外化律》，《中山大学研究学刊》2005第4期。

贾新奇：《论道德践行中的几个难题》，《道德与文明》2007年第

5 期。

贾新奇：《论道德选择中的权变问题》，《北京师范大学学报》2004年第 2 期。

蒋一之：《道德原型与道德教育》，浙江大学出版社 2008 年版。

教育管理词典编辑委员会：《教育管理词典》，湖南人民出版社 1989年版。

[苏联] 凯洛夫：《教育学》，沈颖等译，人民教育出版社 1957 年版。

[德] 康德：《实践理性批判》，邓晓芒译，人民出版社 2003 年版。

[美] 克里夫·贝克：《学会过美好生活——人的价值世界》，詹万生等译，中央编译出版社 1997 年版。

寇彧、张文新：《思想品德教学心理学》，北京教育出版社 2000 年版。

蓝维：《道德需要与道德行为》，《当代青年研究》2006 年第 5 期。

篮维：《德育学科教学心理研究》，首都师范大学出版社 1998 年版。

李伯黍：《品德心理研究》，华东化工学院出版社 1992 年版。

李伯黍、周冠生：《少年儿童道德行为动机特征的心理分析》，《心理学报》1964 年第 1 期。

李丹：《儿童发展心理学》，华东师范大学出版社 1987 年版。

李丹：《儿童亲社会行为的发展》，上海科学普及出版社 2002 年版。

李菲：《学校德育的意义关怀研究》，教育科学出版社 2009 年版。

李建华：《德性与德心——道德的社会培育及其心理研究》，教育科学出版社 2000 年版。

李建强：《实践的教师教育——河北师范大学顶岗实习支教工作初探》，《河北师范大学学报》（教育科学版）2007 年第 5 期。

李建周主编：《心理学》，高等教育出版社 1991 年版。

李世芬：《论德育过程及其规律》，《中国高教研究》2001 年第 7 期。

李涛：《制约思想政治教育的内化与外化因素及相关问题的研究》，《山东工会管理干部学院学报》2006 年第 9 期。

李勇：《道德认识向道德行为转化的关节点》，《河南师范大学学报》（哲学社会科学版）1999 年第 5 期。

李幼穗：《儿童社会性发展及其培养》，华东师范大学出版社 2004 年版。

联合国教科文组织国际教育发展委员会著:《学会生存——教育世界的今天和明天》,华东师范大学比较教育研究所译,教育科学出版社 1996 年版。

梁斯:《内化与外化的辩证统一——谈思想政治教育过程的基本规律》,《教育与职业》2005 年第 6 期。

林崇德:《发展心理学》,人民教育出版社 1995 年版。

林崇德:《品德发展心理学》,上海教育出版社 1989 年版。

刘东方:《对目前我国传统德育的思考》,《教育探索》2001 年第 6 期。

刘合行:《道德评价标准论》,吉林大学出版社 2008 年版。

刘惊铎:《生态体验:道德教育的新模式》,《教育研究》2006 年第 11 期。

刘惊铎:《体验:道德教育的本体》,《教育研究》2003 年第 2 期。

刘行坦、汤绍平、许亚萍:《论大学生的认知、情感、意志与成才的关系》,《继续教育研究》2006 年第 2 期。

刘志军:《主体教育理论与实践的跨实纪探索》,《教育研究》1999 年第 4 期。

刘筑:《在德育过程中发展学生的主体性》,《贵州教育》2006 年第 7 期。

鲁洁:《道德教育的当代论域》,人民出版社 2005 年版。

鲁洁:《德育社会学》,福建教育出版社 1998 年版。

鲁洁:《人对人的理解:道德教育的基础——道德教育当代转型的思考》,《教育研究》2000 年第 3 期。

鲁洁、王逢贤主编:《德育新论》,江苏教育出版社 2000 年版。

路琳主编:《校园文化与高校德育》,河南人民出版社 2000 年版。

吕耀怀:《论道德图式》,《哲学动态》1994 年第 2 期。

《论语》,岳麓书社 2000 年版。

罗国杰:《伦理学》,人民出版社 1989 年版。

罗国杰:《论道德需要》,《湖北社会科学》1992 年第 9 期。

罗国杰、宋希仁编著:《西方伦理学史》(下卷),中国人民大学出版社 1988 年版。

[美] 马丁·L. 霍夫曼:《移情与道德发展》,杨韶刚等译,黑龙江

人民出版社 2003 年版。

马进：《论道德行为形成的四要素、四阶段模式》，《道德与文明》2009 年第 2 期。

《马克思恩格斯全集》第 1 卷，人民出版社 1956 年版。

《马克思恩格斯全集》第 20 卷，人民出版社 1971 年版。

《马克思恩格斯全集》第 3 卷，人民出版社 1960 年版。

《马克思恩格斯全集》第 42 卷，人民出版社 1979 年版。

《马克思恩格斯选集》1—4 卷，人民出版社 1995 年版。

《毛泽东选集》1—4 卷，人民出版社 1991 年版。

《孟子》，岳麓书社 2000 年版。

《墨子》，山西古籍出版社 2003 年版。

宁娜：《皮亚杰道德发展思想述评》，《苏州大学学报》1991 年第 1 期。

[美] 帕森斯：《社会行动的结构》，张明德等译，译林出版社 2003 年版。

彭柏林：《道德需要论》，上海三联书店，2007 年版。

彭聃龄等：《认知心理学》，黑龙江教育出版社 1990 年版。

彭未名：《交往德育论》，山西教育出版社 2005 年版。

[瑞士] 皮亚杰等：《儿童心理学》，吴福元译，商务印书馆 1980 年版。

[瑞士] 皮亚杰：《儿童的道德判断》，傅统先、陆有铨译，山东教育出版社 1987 年版。

[瑞士] 皮亚杰：《结构主义》，倪连生等译，商务印书馆 1984 年版。

戚万学：《冲突与整合——20 世纪西方道德教育理论》，人民教育出版社 1995 年版。

戚万学：《活动道德教育模式的理论构想》，《教育研究》1999 年第 6 期。

邱伟光、张耀灿：《思想政治教育学原理》，高等教育出版社 1999 年版。

沈建：《体验性：学生主体参与的一个重要维度》，《中国教育学刊》2001 年第 2 期。

沈丽萍：《试论班巴拉社会学习理论的道德发展观》，《教育探索》

2001年第1期。

施春华：《心灵本体的探索：神秘的原型》，黑龙江人民出版社2002年版。

《四书章句集注》，中华书局1983年版。

孙伟平：《价值哲学方法论》，中国社会科学出版社2008年版。

孙喜亭：《教育原理》，北京师范大学出版社1993年版。

谭传宝：《德育原理》，北京师范大学出版社2007年版。

唐凯麟、龙兴海：《个体道德论》，中国青年出版社1993年版。

唐凯麟：《伦理学》，高等教育出版社2001年版。

汪淑涓：《思想政治教育过程的转化规律研究》，《学校党建与思想教育》2002年第7期。

王滨有：《道德品质形成发展的内化与外化运行机制》，《北京化工大学学报》（社会科学版）2004年第1期。

王炳书：《实践理性论》，武汉大学出版社2002年版。

王道俊、王汉澜：《教育学》，人民教育出版社1989年版。

王逢贤：《学校德育过程特点初探》，《教育研究》1979年第3期。

王国银：《德性伦理研究》，吉林人民出版社2006年版。

王海明：《新伦理学》，商务印书馆2001年版。

王健敏：《道德学习论》，浙江教育出版社2002年版。

王敬华：《道德选择研究》，中国社会科学出版社2008年版。

王美芳、庞维国：《艾森伯格的亲社会行为理论模式》，《心理学动态》1997年第4期。

王树洲：《试论道德行为产生的心理机制》，《江南大学学报》（人文社会科学版）2007年第8期。

王效仿：《对思想政治教育过程基本矛盾的思考》，《思想教育研究》1999年第6期。

王玄武、骆郁廷主编：《思想教育、政治教育、道德教育比较研究》，武汉大学出版社2002年版。

《王阳明全集》，上海古籍出版社1992年版。

［美］威尔逊：《论人的天性》，林和生等译，贵州人民出版社1987年版。

韦冬雪：《论思想政治教育外化过程的内涵及其实现条件》，《学术论坛》2008 年第 2 期。

魏英敏：《试论道德行为与道德品质》，《湖南师范大学社会科学学报》2009 年第 5 期。

文福荣、肖少北：《道德推理、道德情感与道德行为关系的研究进展》，《江南大学学报》（教育科学版）2009 年第 4 期。

吴帆：《集体理性下的个体社会行为模式分析》，经济科学出版社 2007 年版。

夏征农：《辞海缩印本》，上海辞书出版社 1989 年版。

肖川：《主体道德人格教育刍议》，《现代教育论丛》1998 年第 2 期。

肖川：《主体性道德人格教育》，北京师范大学出版社 2002 年版。

［英］休谟：《人性论》，关文运译，商务印书馆 1980 年版。

徐启斌：《论道德情感的基本特征》，《江西社会科学》1997 年第 2 期。

徐志远、高辉：《现代思想政治教育学内化与外化之关系及其意义》，《广西社会科学》2007 年第 10 期。

《荀子》，岳麓书社 2000 年版。

［古希腊］亚里士多德：《尼各马可伦理学》，廖申白译，商务印书馆 2003 年版。

严先元：《组织道德践履，培养道德行为习惯》，《道德与文明》1985 年第 3 期。

杨国荣：《伦理与存在——道德哲学研究》，华东师范大学出版社 2009 年版。

杨韶刚：《道德教育心理学》，上海教育出版社 2007 年版。

杨伟涛：《道德自我的确证及其价值意蕴》，《浙江社会科学》2011 年第 5 期。

杨炎轩：《中国当代德育理论发展研究》，中国海洋大学出版社 2009 年版。

姚新中：《道德活动论》，中国人民大学出版社 1990 年版。

叶浩生：《文化模式及其对心理与行为的影响》，《心理科学》2004 年第 5 期。

［苏联］伊·谢·科恩：《自我论》，佟景汉译，生活·读书·新知三联书店，1986 年版。

宜凤云：《论个体道德意志的心理机制》，《苏州大学学报》（社科版）2005年第2期。

易法建：《从"生物人"到"道德人"——道德社会化研究》，红旗出版社2006年版。

俞世伟、白燕：《规范·德性·德行——动态伦理道德体系的实践性研究》，商务印书馆2009年版。

愈世伟：《完善社会控制系统对德行代价补偿的激励功能》，《社会科学》2002年第12期。

袁本新、王丽荣等：《人本德育论》，人民出版社2007年版。

[美]约翰·杜威：《确定性的寻求——关于知行关系的研究》，傅统先译，上海世纪出版集团，2005年版。

曾钊新：《道德认知心理学》，湖南人民出版社2008年版。

曾钊新等：《心灵的碰撞——伦理社会学的虚与实》，湖南人民出版社1993年版。

曾钊新、李建华：《道德心理学》，中南大学出版社2002年版。

詹万生：《整体建构德育体系总论》，教育科学出版社2001年版。

张澍军：《德育哲学引论》，中国社会科学出版社2008年版。

张天宝：《主体性教育》，教育科学出版社2001年版。

张天宝：《走向交往实践的主体性教育》，教育科学出版社2005年版。

张伟胜：《实践理性论》，浙江大学出版社2005年版。

张文新：《儿童社会性发展》，北京师范大学出版社1999年版。

张应杭：《伦理学概论》，浙江大学出版社2009年版。

章永生：《教育心理学》，河北教育出版社1996年版。

赵菁：《道德认知与道德行为的断裂——对高校德育困惑的理论反思》，《思想政治教育研究》2005年第2期。

郑杭生、李强等：《社会运行导论——有中国特色的社会学基本理论的一种探索》，中国人民大学出版社1993年版。

朱仁宝：《德育心理学》，浙江大学出版社2005年版。

朱小蔓等：《中国传统的情感性道德教育及其模式》，《教育研究》1996年第9期。

朱小蔓：《情感德育论》，人民教育出版社2005年版。

《朱子语类》，中华书局 1986 年版。

《庄子》，山西古籍出版社 2001 年版。

［加拿大］A. 班杜拉：《思想和行动的社会基础——社会认知理论》，林颖、王小明等译，华东师范大学出版社 2001 年版。

［英］F. 达尔文编：《达尔文生平》，叶笃庄等译，科学出版社 1983 年版。

［美］N. 维纳：《人有人的用处——控制论和社会》，陈步译，商务印书馆 1978 年版。

David Ross: *Foundation of Ethics*, Oxford University Press, 1939.

Durkheim, Emile: *Moral Education: A Study in the Theory and Application of the Sociology of Education*, Free Press, 1961.

Hall R. T: Moral Education: *A Handbook for Teacher*, Winston Press, 1979.

Kant: *Critique of Practical Reason*, Cambridge University, 1997.

Peters, R. S: *Moral development and education*, Georfe All and Unwin Ltd., 1981.

Philippa Foot: *Virtues and Vices and Other Essays in Moral Philosophy*, University of California Press, 1978.

P. Mcphail, J. Ungoed-Thomas, H. Chapman: *Moral Education in Secondary School*, Longman Group Limited, 1972.

Robert Audi: *Moral knowledge and Ethical Character*, Oxford University Press, 1997.

Robert B. *Louden: in Virtue Ethics: A Critical Reader*, Edainburgh Univercity Press, 1997.

Rosaland Hursthouse: *On Virtue Ethics*, Oxford University Press, 1999.

Youniss J, & Yates M. Youth service and moral identity: A case foreveryday morality. *Educational Psychology Review*, 1998: 4.

后　　记

　　本书是在我的同名博士论文的基础上经过进一步的加工、修改而成的。尽管书中的一些观点仍然需要推敲和完善，但为了保持攻读博士期间对道德外化问题的思考，在本书出版时只是对高校外化德育部分进行了较多的修改和完善，论文的基本观点和整体结构未作变动。

　　从1995年走上工作岗位，20多年的时间，从学生政治辅导员，到学生处、党办、团委、学院副书记多个岗位的历练，从未间断始终工作在德育工作第一线，其间苦辣酸甜只有自知。做好德育工作，不能只靠工作经验和工作热情。做一个研究型的学生工作者，一直是我心中的追求。为此，在工作之余，我也广泛地涉猎德育的相关书籍，但毕竟是没有专业的指导，读书没有系统。能够在工作的同时，系统读书并攻读博士学位，是此生最大的幸运。结合读书，我一直在思考高校德育实效性的问题，思考德育如何改进，才能适应学生的需求，思考高校德育能够给学生的学习和人生带来什么影响。其中最大的困惑莫过于，在全社会都重视高校德育的现实中，学生的道德状况却越来越不尽如人意。

　　道德外化与高校德育的选题，对我而言，是解决诸多困惑的钥匙。道德外化对我来说，既熟悉又陌生。什么是外化？道德外化的规律是什么？道德外化对高校德育有怎样的作用……诸多问题让我十分彷徨。选题的过程，我不断地问自己：这样一个题目是否有价值，是否能做下去，自己能否驾驭。写作的过程确实是苦闷和艰辛的。我不断在思考现实的同时思考这个题目，发现越来越多的挑战。之所以想选择一个理论性较强的题目，是想将自己多年的德育工作实践变成理论的思考，进而提升自己的理论功底，向着研究型学生工作者的目标努力。但随着研究的逐步深入，我才真切感受到问题的难度和自己的无力。然而，现实中高校德育的现状和工作中的困惑，使我坚信，这样一个题目对于高校德育和学生道德成长的意义。也正是这样一种信念使我坚定了自己的选择，尽管对很多问题的思考还缺乏深度，但是在写作过程中，我学习、借鉴了诸多与该选题有关的研究成果及相关理论，感觉自己充实了许多，发现整个写作的过程就是一个很好的学习过程。在论文的写作和修改成书的过程中，自己不时因为获得一些"新发现"而感到欣喜。在导师的精心指导和鼓励下，我在一片迷茫中看到了一丝丝曙光和希望，从一次次"歧途"中找到了正确的方向。

四年读博时光荏苒，还记得当初即将毕业的样子，手里拿着刚刚写完的论文样稿，既惶恐又激动。就像自己孩子，无论美丑，总是自己亲生的。毕业后的几年，在自己的工作岗位上，始终在尝试将论文中的一些观点用于工作实践。特别是用高校外化德育的视角思考工作中面对的现实问题，并将实施的效果记录下来。本书也许只能算是研究的起步，在未来的工作生涯中，仍需上下求索。

非常感谢我的导师范树成教授！是他引发了我对道德外化的思考，也是他的不断鼓励使我坚定了这个研究。没有他的支持、鼓励与鞭策，也许我无法准时完成学习任务。传道解惑、悉心指导，从论文准备，到开题、写作的各个环节，导师都倾注了大量的时间和精力，对论文提纲进行了反复的修改，对论文每一部分字斟句酌，精心修改和批注。毕业后，鼓励我将论文进一步修改成书，才使本书得以出版。导师严谨治学、刻苦勤勉的学风，谦逊文雅、热诚达观的作风永远是我人生不断向上攀登的榜样。

感谢在论文开题等环节，李建强教授、李士菊教授、田秀云教授、王玉平教授、王军教授、王莹教授对我的指导和帮助，他们提出的宝贵意见让我受益匪浅。感谢读博期间在课堂上给我们传道授业的张继良教授、张骥教授、王凤鸣教授、齐守印教授、周振国教授；感谢班主任李素霞教授和科研办邓春老师，感谢所有同学，大家彼此合作、探讨、交流，使求学的生活格外温暖和亲切。

衷心感谢父母和妻儿，在我的求学路上他们始终在背后默默支持。

本书的写作参考了不同作者的大量相关文献，在此对文献的作者一并表示诚挚的感谢。

道德外化是一个极其重要而又具有挑战性的研究领域。由于学识水平有限,本书的研究只是刚刚起步,尚有许多不成熟之处,恳请各位专家、老师不吝赐教。

马建国

2016 年 10 月